KB264262

송강스님의 벽암록 강설

碧 巖 錄

中권 30~64칙

차 례

다른 곳에서는 '조주선사의 큰 무(趙州大蘿蔔頭)'로도 되어 있음.

설두스님께서 선택한 서른 번째 얘기는 조주(趙州)선사께서 어떤 스님의 질문에 답한 내용이다.

조주스님(趙州, 778~897)은 종심(從諗)선사이시다. 십대에 출가하여 다른 절에 있다가 남전 보원(南泉普願)선사를 찾았다. 남전선사는 비스듬히 누운 상태로 어린 사미를 맞았다.

"어디서 왔느냐?"

"서상원(瑞像院)에서 왔습니다."

"그럼 훌륭한 상(瑞像 - 부처님)은 이미 보았겠구나."

"훌륭한 상은 모르겠으나 누워계신 부처님(누워계신 남전선사)은 뵈옵니다."

남전선사께서 벌떡 일어나 앉으시며 다시 물었다.

"네게 스승이 있느냐?"

"아직 일기가 찬데 스승님께서 법체 강녕하시옵니까?"

이렇게 남전스님의 제자가 되었고, 남전스님께서 입적하실 때까지 40년을 모셨다. 60세부터는 여러 곳을 다니시며 운수행각을 하시다가, 80세에 조주현 관음원[현재 백림선사 柏林禪寺]에 주석하시고, 그곳에서 40년을 후학을 지도하시었다.

擧 僧問趙州호대 承聞和尙親見南泉이
거 승문조주   승문화상친견남전

라하니 是否아 州云 鎭州에 出大蘿蔔頭
시부   주운 진주   출대라복두

니라

승문(承聞) 존경하는 분에 대한 얘기를 전해 들음.

남전(南泉) 마조(馬祖)선사의 제자이시며 조주선사의 스승. 안휘성 남전산(南泉山)에 주석하셨던 보원(普願)선사. 성씨가 왕(王)씨였으므로 가끔 스스로 왕노인(王老人)으로 자칭하기도 함.

친견(親見) 어른을 친히 만남. 여기서는 법을 이었다는 뜻까지 들어 있다.

진주(鎭州) 조주 지방과 가까운 지명으로 큰 무가 생산되기로 유명했다고 함.

이런 얘기가 있다[擧].

어떤 스님이[僧] 조주선사께[趙州] 여쭈었다[問].

전해 듣기로는[承聞] 스님께서[和尙] 남전선사를[南泉] 친히 뵈었다는데[親見] 사실입니까[是否]?

조주선사께서[州] 답하셨다[云].

진주에는[鎭州] 큰 무가[大蘿蔔頭] 생산되느니라[出].

　조주선사는 스승 남전선사를 40년이나 모셨던 인물이다. 이것은 모든 선객들이 다 알고 있던 사실이다. 그런데 여기 대단한 질문을 던진 스님이 있었다.

　"소문대로 조주스님께서는 남전선사를 모시면서 그분으로부터 법을 전해 받으신 것입니까?"

　"그렇다!"고 해야 할까. 뭐라고 하나? 만약 그렇다고 해도 당하는 것이고, 멈칫거린다면 더더욱 낭패다.

　하지만 상대는 천하의 조주선사였다.

　"자네도 알다시피 진주지방에는 큰 무가 생산되지."

　조주스님께서는 질문을 한 스님에게 다 알고 있는 사실을 왜 묻느냐고 되짚은 것일까? 이렇게 생각했다면 이미 조주스님의 함정에 꼬꾸라진 것이다.

　장면을 바꿔 보자.

　석가세존께서 수보리존자에게 질문을 던지셨다.

　"내가 과거 오랜 옛적에 연등불을 뵙고 수기를 받았는데, 그때 연등불로부터 얻은 법이 있겠느냐?"

　수보리존자의 답은 이렇다. "아닙니다. 제가 세존의 뜻을 이해하기로는 연등불로부터 얻은 법이 없습니다."

　질문을 한 스님이 비록 조주선사께 날카롭게 묻긴 했으나, 그게 도대체 어떻다는 말인가?

세상 사람들 보아하니 제 살림살이도 아닌 일로 밤새워 열변을 토하면서 고주망태가 되더구먼.

조주선사께서 주석하셨던 조주 백림선사의 장경루와 관음전

鎭州出大蘿蔔이여
진 주 출 대 나 복

天下衲僧取則이로다
천 하 납 승 취 칙

只知自古自今이나
지 지 자 고 자 금

爭辨鵠白烏黑이리오
쟁 변 곡 백 오 흑

賊아 **賊**아
적　　　적

衲僧鼻孔曾拈得이로다
납 승 비 공 증 염 득

취칙(取則) 칙(則)으로 취하다. 공부의 모범으로 삼다. 공안으로 삼다.

자고자금(自古自今) 예로부터 지금에 이르도록.

곡백오흑(鵠白烏黑) 백조는 희고 까마귀는 검다. 본래 그러한 것. 근본의 진실.

적(賊) 도적. 조주선사를 가리킴. 조주선사의 뛰어난 솜씨를 극찬한 말. 조주선사는 무엇을 훔친 것일까?

진주에서[鎭州] 큰[大] 무가[蘿蔔] 생산됨이여[出]

천하의[天下] 수행자가[衲僧] 공안으로[則] 삼네[取].

예로부터[自古] 지금까지[自今] 다만[只] 그리 아나[知]

백조[鵠] 희고[白] 까마귀[烏] 검은 것[黑] 어찌[爭] 가리랴[辨].

도적아[賊], 도적아[賊]!

수행자[衲僧] 콧구멍[鼻孔] 벌써[曾] 잡혀[拈] 버렸네[得].

 **松江**

　어떤 사람은 전 세계 국가들의 수도를 줄줄이 외는 것으로 일과를 삼는 이도 있더라. 그런데 자신은 정작 그 어떤 나라도 가 본 적이 없다고 하니, 외우고 있는 그 수많은 나라의 수도들이 무슨 소용이란 말인가.

　한국의 어른들이 '나주 배'를 모르는 사람 있겠는가. 그런데 외국인이 관광가이드에서 외워서 외치는 '나주 배'가 한국 사람의 그 나주 배와 같을까 다를까?

　자칭 보이차의 대가라고 하는 사람이 내게 왔었다. 나는 그가 자기의 저서에서 최고의 차(茶)라고 극찬한 보이차를 달였다. 그런데 그 대가는 자기 자랑만 잔뜩 늘어놓았다. 책에서 되풀이했던 그 최고의 차에 대한 감탄사가 정작 그 차를 마시면서는 단 한 마디도 나오지 않았던 것이다. 남의 책에서 고스란히 베낀 것임을 알 수 있었다. 그가 일어서면서 말했다. "이 차 그런대로 마실 만하네요. 이름이 뭐죠?" 진정한 대가는 좋은 차와 나쁜 차를 곧바로 가릴 줄 안다.

　조주스님은 정말 대단한 도둑이다. 남전선사에 대해 물었던 그 스님이 눈앞의 조주선사를 보기나 한 것일까? 진주에 가면 큰 무를 볼 수 있을까? 이미 김장철도 지났으니 빈 밭만 있을 것이다. 하긴 어느 때인들 그렇지 않았던가.

조주선사께서 거닐었을 백림선사(관음원)
도량을 살피면 조주가풍을 알 수 있을까

제31칙

마곡진석
(麻谷振錫)

마곡이 석장을 흔듦

다른 곳에서는 '마곡이 두 곳에서 석장을 흔듦(麻谷兩處振錫)' '마곡이 석장을 가지고 선상을 돎(麻谷持錫遶床)'으로도 되어 있음.

설두 스님께서 선택한 서른한 번째 얘기는 마조도일(馬祖道一)선사의 제자인 마곡(麻谷), 장경(章敬), 남전(南泉)스님의 얘기이다.

　　마곡스님은 보철(寶徹)화상으로, 생몰연대가 알려져 있지
않다. 마조선사의 법을 이어받고는 산서성(山西省) 마곡산
(麻谷山)에 머물면서 선풍을 드높인 분이다.

動則影現하고 覺則氷生이라 其或不動
동 즉 영 현　　　각 즉 빙 생　　　기 혹 부 동

不覺이라도 不免入野狐窟裏니라 透得徹
불 각　　　　불 면 입 야 호 굴 리　　　투 득 철

하고 信得及하야 無絲毫障翳하면 如龍得
　　　신 득 급　　　무 사 호 장 예　　　여 룡 득

水하고 似虎靠山이라 放行也에 瓦礫生
수　　　사 호 고 산　　　방 행 야　　　와 력 생

光하고 把定也에 眞金失色이라 古人公
광　　　파 정 야　　　진 금 실 색　　　고 인 공

案도 未免周遮라 且道하라 評論什麼邊
안　　　미 면 주 차　　　차 도　　　평 론 십 마 변

事오 試擧看하라
사　　　시 거 간

각즉빙생(覺則氷生) 깨달았다고 하면 곧 얼음이 생긴다. ⇒깨달았다는 생각이 있으면 곧 얼음처럼 굳어져 자유롭지 못하다.

야호굴리(野狐窟裏) 여우 굴 속. 여우는 흔히 '의심' '망상' 등의 뜻으로 쓰임. 분별망상의 경계.

투득철(透得徹) 본성에 대하여 철저하게 파악하는 것.

신득급(信得及) 파악한 것에 대하여 흔들림 없이 확신하는 것.

방행(放行) 풀어놓음. 긍정적 자세. 능동적 자세. 분별적인 것.

파정(把定) 잡아 둠. 부정적 자세. 소극적 자세. 본질적인 것.

(마음이) 움직이면[動] 곧[則] 그림자가[影] 나타나고[現], 깨달았다고 하면[覺] 곧[則] 얼음처럼 굳어진다[氷生]. 그렇지만 만약[其或] 움직이지도 않고[不動] 깨달았다고 하지 않아도[不覺], 여우[野狐] 굴[窟] 속에[裏] 들어가는 것을[入] 면하지[免] 못한다[不].

본성에 대해 철저하게 파악하고[透得徹] 그것을 확신하게 되어[信得及] 털끝만큼도[絲毫] 가로막는 것이[障翳] 없게 되면[無], 용이[龍] 물을[水] 얻는 것과[得] 같고[如] 범이[虎] 산에[山] 있는 것과[靠] 같다[似].

풀어 놓으면[放行也] 기와와[瓦] 돌멩이도[礫] 빛을[光] 낼 것이요[生], 잡아 두면[把定也] 진짜 금도[眞金] 빛을[色] 잃을 것이다[失].
(이렇게 되면) 옛 사람의[古人] 공안도[公案] 쓸
데없는 잔소리에[周遮] 지나지 않는다[未免].
자, 말해보라[且道]. 어떤[什麼] 일에 대하여
[邊事] 말하는 것인가[評論]. 다음 얘기를 살펴
보자[試擧看].

사람들이 부자유스러운 것은 자신이 일으킨 망상의 그림자 때문이다. 또한 무엇인가를 성취했다고 집착하는 순간 유연성이 사라져 굳어져 버린다. 그럼 화두에 마음을 묶어두고 소위 선정에만 잠겨 있으면 좋을까? 그도 또한 미망의 또 다른 모습일 뿐이다.

본성을 철저하게 찾아 한 점 의심도 남지 않는 경지에 이르러야 비로소 그 무엇에도 걸리지 않게 되는데, 이렇게 되면 큰 바다에 머무는 용처럼 깊은 산에 머무는 범처럼 두려움 없고 용맹한 대장부의 경지에 이르는 것이다. 대장부의 경지에 이른 사람은 기와와 돌멩이에서 빛을 발하게 할 수 있고, 황금도 빛을 잃게 할 수 있다. 사람을 살리는 칼도 자유로 쓰고, 사람을 죽이는 검도 자재하게 쓰는 것이다. 이 경지에서는 공안이니 화두니 하는 것이 잠꼬대일 뿐이다.

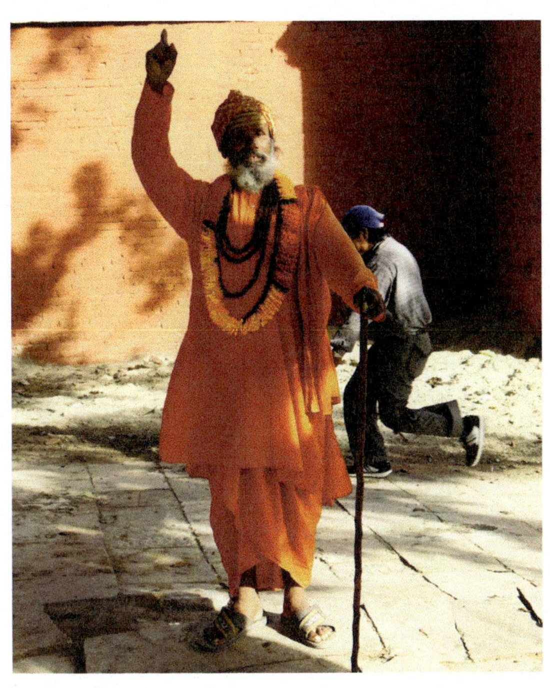

이 자세를 취해주고 사진 촬영하는 사람에게 돈을 요구함

바다에 노닐고 산에 노닐어 용과 범을 제압하도다

擧 麻谷이 持錫到章敬하야 遶禪床三
거 마곡 지석도장경 요선상삼

匝하며 振錫一下하고 卓然而立하니 敬云
잡 진석일하 탁연이립 경운

호대 是是라하다 雪竇着語云호대 錯이라
시시 설두착어운 착

麻谷이 又到南泉하야 遶禪床三匝하며
마곡 우도남전 요선상삼잡

振錫一下하고 卓然而立하니 泉云호대 不
진석일하 탁연이립 전운 불

是不是라하다 雪竇着語云호대 錯이라 麻
시불시 설두착어운 착 마

谷이 當時에 云호대 章敬은 道是어늘 和
곡 당시 운 장경 도시 화

尙은 爲什麼道不是오 泉云호대 章敬은
상 위십마도불시 전운 장경

卽是어니와 是汝不是니라 此是風力所轉
즉시 시여불시 차시풍력소전

이니 **終成敗壞**니라
종 성 패 괴

석(錫) 석장(錫杖). 흔히 육환장(六環杖)이라고 하며, 길을 갈 때 여섯 개의 쇠고리가 소리를 내어 짐승이나 곤충 등이 미리 피하게 하는 용도로 쓰였음.

요선상삼잡(遶禪床三匝) 좌선하는 평상 주위를 세 바퀴 돎. 제자들이 부처님께 극진한 예를 갖출 때 부처님 주변을 오른쪽으로 세 번 돌았는데, 여기에서 비롯된 예법으로 선지식에 대한 예를 갖춘 것.

진석일하(振錫一下) 석장을 한 번 바닥에 찍음.

탁연이립(卓然而立) 의젓한 모습으로 서 있음. 뻣뻣하게 서 있음.

풍력소전(風力所轉) 풍력으로 일어난 일. 움직임에 의한 현상적인 일.

이런 얘기가 있다[擧].

마곡스님이[麻谷] 석장을[錫] 지니고[持] 장경스님 처소에[章敬] 이르러[到] (장경스님이 좌선하는) 선상[禪床] 주위를[遶] 세 바퀴[三] 돌고는[匝] 석장을 한 번 내리치고[振錫一下] 꼿꼿이[卓然] 서 있었다[而立].

장경스님이[敬] 말씀하셨다[云].

"그렇지[是], 그래[是]!"

(훗날) 설두스님이[雪竇] 촌평하여[着語] 말씀하셨다[云].

"어긋났다[錯]."

마곡스님이[麻谷] 다시[又] 남전스님의 처소에[南泉] 이르러[到] 선상[禪床] 주위를[遶] 세 번

[三] 돌고는[匝] 석장을 한 번 내리치고는[振錫
一下] 꼿꼿이[卓然] 서 있었다[而立].

남전스님이[泉] 말씀하셨다[云].

"아니지[不是], 아니야[不是]."

(훗날) 설두스님이[雪竇] 촌평하여[着語] 말씀
하셨다[云].

"어긋났다[錯]."

마곡스님이[麻谷] 그때[當時] 여쭈었다[云].

"장경스님은[章敬] '그렇지'라고[是] 말씀하셨
는데[道], 스님께서는[和尙] 무엇 때문에[爲什
麼] '아니야'라고[不是] 말씀하십니까[道]?"

남전스님이[泉] 말씀하셨다[云].

"장경스님은[章敬] 곧[卽] 바르게 하였지만[是]
바로[是] 자네가[汝] 옳지 않다네[不是]. 이런 것
은[此] 바로[是] 바람의[風] 힘에[力] 의한 것인지
라[所轉] 결국[終] 무너지고[敗壞] 만다네[成]."

松江

　여기 마곡이라는 패기만만한 수행자가 있다. 그는 모든 것을 쓸어버릴 듯한 기세로 사형인 장경스님을 찾았다. 우선 사형에 대한 존경을 표하는 뜻에서 사형이 앉아 있는 선상을 세 바퀴 돌았다. 그리고는 자신의 대장부 기상을 보라는 듯이 육환장으로 바닥을 탁 치고는 꼿꼿이 서 있었다.

　장경선사는 긍정적인 지도자상을 보여주었다. 그래서 마곡의 장점을 한껏 북돋워주는 모습을 취하고 있다. 마곡의 행위에 대해 인정해 주는 듯 "그렇지, 그래!"라고 흔쾌히 말해준 것이다. 하지만 잘 살펴야 한다. 장경스님의 이 긍정적 표현이 얼마나 차가운 것인지를 알아야만 한다.

　훗날 설두스님이 여기에 대해 "어긋났다."고 촌평을 했다. 설두스님은 누굴 향해 무엇이 어긋났다고 한 것일까?

　장면이 바뀌어 남전스님의 처소에 마곡이 나타났다. 남전스님에게도 장경스님의 처소에서 했던 그대로를 보여주었다. 그랬더니 남전스님은 "아니지, 아니야!"라고 부정해 버렸다. 남전스님은 냉철한 지도자상이다. 어설프게 넘어가는 분이 아니다.

훗날 설두스님이 여기에 대해서도 "어긋났다."고 촌평을 했다. 설두스님이 이번에 또 누굴 향해 무엇이 어긋났다고 한 것일까?

마곡이 남전스님에게 따지고 들었다.

"장경스님은 '그렇지, 그래!'라고 하셨는데, 어째서 스님은 '아니지, 아니야!'라고 하는 것입니까?"

마곡의 공부가 어느 정도인지를 보여주는 대목이다. 아무리 단 과일이라도 익기 전에는 쓰거나 싱거운 법이다.

마곡이 따지자 남전스님은 핵심을 찌르는 답을 하셨다. "자네는 장경스님의 말도 못 알아듣고 내 말도 못 알아듣는구나. 자네의 그 따위 행위는 외형적인 움직임의 모습 아닌가? 설마 그걸 진짜라고 우기려는 건 아니겠지?"

이 답을 보면 남전스님은 얼마나 따뜻한 지도자인지를 알 수 있을 것이다.

공부하는 사람이라면 설두스님이 지적한 '어긋났다'는 것을 잘 살펴야만 할 것이다.

이 모습이 진짜일까, 영단의 모습이 진짜일까

頌

此錯彼錯을 切忌拈却이라
차 착 피 착 　 절 기 념 각

四海浪平하고 百川潮落이로다
사 해 랑 평 　 백 천 조 락

古策風高十二門이요
고 책 풍 고 십 이 문

門門有路空蕭索이라
문 문 유 로 공 소 삭

非蕭索이여
비 소 삭

作者好求無病藥이니라
작 자 호 구 무 병 약

차착피착(此錯彼錯) 설두스님이 본칙에 붙인 착어에서 장경선사의 말씀에 '어긋났다'고 한 것(此錯)과 남전선사의 말씀에 '어긋났다'고 한 것(彼錯).

염각(拈却) 염제(拈提), 염고(拈古), 염기(拈起)와 같은 뜻. 즉 옛사람의 언행에 대해서 거론하거나 비판하는 것.

백천조락(百川潮落) 모든 하천의 조수는 흘러내려 감. 모든 강물은 바다로 흘러감.

고책풍고십이문(古策風高十二門) 옛 지팡이(주장자)의 풍모가 열두 대문보다 드높음. 열두 대문은 천자나 제석천의 궁궐을 가리키는 것이니, 주장자가 가리키는 바를 깨닫는 것이 어떤 지위에 오르는 것보다 더 귀하다는 것.

공소삭(空蕭索) 텅 비고 적막함.

무병약(無病藥) 스스로 깨달았다고 생각하거나 또는 무심에 빠져 있는 자를 위한 약.

이[此] 어긋남과[錯] 저[彼] 어긋남을[錯] 절대
[切] 거론하지[拈却] 말라[忌].
온 바다의[四海] 물결은[浪] 고요하고[平] 모든
강의[百川] 물은[潮] 바다로 흐르네[落].
옛[古] 주장자[策] 풍모[風] 열두 대문보다[十
二門] 드높은데[高],
문마다[門門] 길[路] 있어[有] 텅 비어[空] 적막
하네[蕭索].
적막하지[蕭索] 않음이여[非]!
선지식이라면[作者] 병 없는 약을[無病藥] 구해
야[求] 하리[好].

 **松江**

때로는 언어 문자가 가장 어설프다. 핵심을 분명하게 드러내지 못할 경우라면, 그냥 가만 두는 것이 더 좋을 때가 있다. 부처님께서 고해(苦海)를 말씀하신 본뜻이 본래 적정(寂靜)한 세계를 드러내기 위함이었지만, 사람들은 그저 괴로움에만 집착하고 마는 것이다. 바다 고요하고 강물은 흘러가듯, 세상은 본래 태평성대의 모습 아니던가.

자기 주장자의 풍모를 알고자 하는가? 그건 너무나 드높은지라 제왕의 자리로서도 견줄 바가 아니다.

주장자의 모습을 본 사람이라면 본래 한 물건 없다는 도리를 의심치 않을 것이며, 깨달음이 적정하다는 그 이치도 수긍할 것이다.

아차! 잘못되었다. 본래 한 물건 없다고 하고, 적정하다고 한 도리마저도 또 어긋나게 받아들이는구나. 무심의 도깨비굴에도 빠지지 말 것이며, 냉랭한 석불(石佛)은 더더욱 아니다.

시끌벅적한 시장 골목에서 석가와 달마가 주장자 흥정하기에 바쁘다.

WEL COME
HAMEL GUEST HOUSE
Cookie Walla Cafe
PHONE
Skype
FAX / PRINT
CD / DVD BURN
SCANING
COLOR PRI
LAUNDRY
Rs. 50
Per Kilogram
MSN CYBER CAFE
WHITE WATER RAFTING
TREKKING
MONEY EXCHANGE
TC / CASH
No Commission
MONEY EXCHANGE
INTERNET
INTERNE
E-MAIL
PHONE CALL
SKYPE
BON
SWIS
ECO TR
VI S
EURO
CUS
Lao
PHARM
THAMEL PHOTO ZONE
*Digital Camera
* Digital Photo Printings
* Instant Visa (P.P.) Photos
* Memory Cards (SD, XD & CF
* Memory Cards to CDR, DVDR
* USB Flash Drive
* I Pod & I Phone Accessories
* Camera Battries & Battery Chargers
* Tripods in any size
* Back Pack Bag, Camera Bags
MONEY

네팔 카트만두의 시장통

松江

다른 곳에서는 '정상좌가 임제에게 묻다(定上座問臨濟)' 또는 '정상좌 잠자코 서 있음(定上座佇立)' 등으로 되어 있음.

설두스님께서 선택한 서른두 번째 얘기는 임제(臨濟)선사와 제자 정상좌(定上座)에 관한 일화이다.

임제 의현(臨濟義玄, ? ~867)선사는 당대(唐代)의 스님으로 임제종의 개조(開祖)이시다. 하남성 조주 남화 출신으로, 출가하여 율과 화엄 등을 섭렵하고는 운수행각을 나섰다. 이윽고 황벽산(黃蘗山)에 이르러 희운(希運)선사의 제자가 되었으나 황벽선사의 지시대로 고안 대우(高安大愚)선사를 만나고 돌아와서야 깨달음을 인정받았다. 이후 여러 선지식을 참방하였고, 854년에 하북성 정정현(正定縣)에 임제원(臨濟院)을 세우고 주석하여 후학을 지도하면서 그 선풍을 드날리게 되었다.

깨달음의 기연은 이렇게 전한다.

황벽선사의 문하에 있으면서 묵묵히 좌선만을 하고 있었는데, 선원을 책임지고 있던 수좌(首座)소임의 목주(睦州)스님이 물었다.

"여기 온 지 얼마나 되는가?"

"삼 년쯤 되었습니다."

"방장스님을 찾아가 도를 물은 일이 있는가?"

"없습니다. 무엇을 물어야 할지 모르겠습니다."

"무엇이 진정한 불법의 대의냐고 물어보게."

의현스님이 방장실에 들어가 질문을 하는데, 다 묻기도 전

에 몽둥이를 맞았다. 이유도 모른 채 물러나온 의현스님에게
목주스님이 물었다.

"그래, 어땠는가?"

"답을 듣기는커녕 매만 맞았습니다."

"다시 한번 찾아가 물어보게."

목주스님이 시키는 대로 세 번을 찾아가 질문을 했지만 매
번 몽둥이만 맞자, 자기와는 인연이 아니라고 생각하여 떠나
기로 하였다. 하직인사를 드리자 황벽선사가 대우선사에게
가보라고 권하였다. 특별히 갈 곳이 정해져 있지 않았던 의
현스님은 고안탄(高安灘)에 주석하신 대우선사를 찾아가 인
사를 드렸다.

"어디서 왔느냐?"

"황벽산에서 왔습니다."

"황벽스님이 어떻게 너를 가르치더냐?"

"가르쳐주기는커녕 '무엇이 불법의 대의냐'고 세 번 물
었다가 세 번 다 매만 맞았습니다. 제가 무엇을 잘못했습니
까?"

"황벽스님이 너를 위해 온갖 자비를 베풀었거늘, 그것도

모르고 무슨 잘못이 있느냐고 묻다니, 이런 멍청한 놈!"

그 순간 의현스님은 불법의 대의를 깨닫고는 한 마디 했다.

"황벽스님의 불법이 별것 아니었구나."

대우스님이 의현스님의 멱살을 잡고 다그쳤다.

"이런 오줌싸개 같은 놈! 조금 전까지 뭐가 뭔지도 몰라서 쩔쩔매던 놈이 황벽스님의 불법이 별것 아니라니! 뭘 알았느냐 빨리 말해 봐!"

의현스님이 대우선사의 옆구리를 세 번 쥐어박자, 대우스님이 말씀하셨다.

"너의 스승은 황벽스님이니, 돌아가도록 해라."

다시 돌아온 의현스님이 황벽선사께 인사를 올리자, 선사께서 꾸중을 하셨다.

"이렇게 왔다 갔다 하다가 언제 깨닫겠느냐?"

"스승님의 은혜에 감사드립니다."

그리고는 대우스님을 뵈었을 때의 일을 설명하니, 황벽선사께서 말씀하셨다.

"대우 늙은이가 쓸데없는 짓을 했구나. 다음에 보면 가만

두지 않겠다.”

“다음까지 기다릴 게 뭐 있습니까.”

의현스님이 갑자기 황벽선사의 뺨을 한 대 갈기자, 황벽선사께서 호통을 쳤다.

“이 미친놈! 겁도 없이 호랑이 수염을 잡아당기다니.”

그러자 의현스님이 고함을 빽 질렀고, 황벽선사가 시자에게 지시했다.

“이 미친놈을 선방으로 끌고 가라.”

정상좌(定上座)에 대한 특별한 기록은 찾을 수 없는데, 원오선사의 평창에는 다음과 같은 일화가 설명되어 있다.

어느 날 정상좌가 길에서 암두, 설봉, 흠산 세 스님을 만났다.

암두　　어디서 오는 길입니까?

정상좌　　임제원에서 오는 길입니다.

암두　　임제스님께서는 안녕하십니까?

정상좌　　이미 세상을 뜨셨습니다.

암두　　우리 셋이 찾아뵈려 했는데 인연이 없군요. 선사께서는 평소 어떻게 지도하셨는지 궁금합니다. 한두 가지라도 말씀해 주시길 청합니다.

정상좌 선사께서 어느 날 대중에게 물었습니다. '몸 안에 무위진인(無位眞人–절대자유인)이 있어 모든 사람들의 얼굴을 통해 출입하고 있다. 아직 깨닫지 못한 이들은 잘 살펴보라.' 그때 어떤 스님이 나와서 물었습니다. '어떤 것이 무위진인입니까?' 임제선사께서 대뜸 그 스님의 멱살을 잡고는 다그쳤습니다. '말해봐라, 말해봐.' 그 스님이 머뭇거리자 선사께서는 밀쳐버리며, '무위진인이 무슨 똥 덩어리냐.' 라고 말씀하신 후 곧 방장실로 돌아가 버렸습니다.

암두스님은 자기도 모르게 혀를 내둘렀다.

흠산스님이 말했다. "왜 무위진인이 아니라고 말하지 않았을까요?"

정상좌가 흠산스님의 멱살을 잡고 다그쳤다. "'무위진인'과 '무위진인 아닌 것'이 어떻게 다른가? 빨리 말해라, 빨리."

흠산스님은 아무런 말도 못하고 얼굴이 붉으락푸르락하

였다. 암두스님과 설봉스님이 절을 올리며 말했다. "이 신출내기가 좋고 나쁜 것도 모르고 상좌께 대들었으니, 바라건대 자비로 용서해 주시구려."

정상좌가 말했다. "두 분 어르신이 아니었다면 이 오줌싸개 같은 놈을 요절냈을 겁니다."

垂示

十方을 坐斷하면 千眼이 頓開하고 一句
시방　좌단　　천안　　돈개　　일구

截流하면 萬機寢削이라 還有同死同生
절류　　만기침삭　　환유동사동생

底麼아 見成公案을 打疊不下인댄 古人
저마　현성공안　타첩불하　　고인

葛藤을 試請擧看하라
갈등　시청거간

시방좌단(十方坐斷) 좌단시방(坐斷十方)과 같은 뜻. 시방(十方)은 '온 우주' 또는 '모든 것'이라는 뜻. 좌단(坐斷)은 끊어 버림, 털어버림, 제압함, 초월함 등의 뜻. 따라서 시방좌단은 '모든 것을 초월한 경지'를 가리킴.

천안돈개(千眼頓開) 천 개의 눈이 문득 열린다는 말이니, 심안(心眼)이 열려 일체의 지혜를 쓸 수 있게 됨을 뜻함.

일구절류(一句截流) 일구(一句)는 한 마디 말 또는 한 가지 행위이며, 류(流)는 갖가지 언설 또는 온갖 번뇌나 상념. 한 가지 언행으로 모든 것을 끊어버리거나 제압함.

만기(萬機) 온갖 활동이나 온갖 사려분별.

침삭(寢削) 쉼, 사라짐.

동사동생저(同死同生底) 같이 죽고 같이 살 (정도로 필적하는) 자. 저(底)는 강조하는 말이며, 뒤에 인(人)이나 자(者)가 생략되었다고 보면 됨.

현성공안(見成公案) 현성공안(現成公案)과 같은 말. 바로 눈앞에 전개되어 있는 공안. 눈앞에 전개되는 모든 것이 곧 선의 공안이라는 뜻.

타첩불하(打疊不下) 타첩(打疊)은 타성(打成)과 같은 뜻으로 쳐서 한 덩어리로 만든다는 것이니, 완전히 자기의 것으로 만드는 것임. 불하(不下)는 불가능하다는 말.

고인갈등(古人葛藤) 옛 사람의 언행. 많은 사람들을 갖가지 상념에 빠뜨리기에 '갈등'이라고 표현함.

수시

세상 모든 것을[十方] 제압해 버리면[坐斷] 모든 것을 파악할 수 있는 지혜의 눈이[千眼] 홀연히[頓] 열리고[開], 한 가지 언행으로[一句] 뭇 언행을[流] 끊어 버리면[截] 온갖 행위와 분별이[萬機] 사라진다[寢削]. 과연[還] (위의 경지에 이른 사람과) 생사를 같이할 만한(필적할) 사람이[同死同生底] 있겠는가[有~麼]?

눈앞에 펼쳐져 있는[見成] 공안을[公案] 타파하지[打疊] 못한다면[不下], 옛 사람의[古人] 언행을[葛藤] 거론해 살펴보기로 하자[試請擧看].

松江

　아무리 존귀한 이라도 끌려가지 말고, 아무리 귀한 것이라도 손 내밀어 구하지 말라. 그럴 수 있다면 문득 일체를 있는 그대로 볼 수 있게 될 것이다. 말이나 행위가 늘 핵심을 가리킬 수 있어야만 온갖 시끄러움을 잠재울 수 있을 것이다. 과연 그대는 지금 그럴 수 있겠는가?

　온 천하에 가득한 그 진실을 아직도 볼 수 없다면, 옛 선지식들의 언행을 거울삼아 목숨을 걸고 살펴 들어가야만 할 것이다.

그대가 '그것'을 봤다면 늘 당당할 수 있으리라

舉 定上座問臨濟호대 如何是佛法大
意닛고 濟下禪床擒住하야 與一掌하고 便
托開하니 定佇立이어늘 傍僧云호대 定上
座何不禮拜오 定이 方禮拜타가 忽然大
悟하다

이런 얘기가 있다[擧].

정상좌가[定上座] 임제선사께[臨濟] 여쭈었다[問]. "어떤 것이[如何是] 불법의[佛法] 핵심입니까[大意]?"

임제선사가[濟] 선상에서[禪床] 내려와[下] (정상좌의) 멱살을 잡아[擒住] 뺨을 한 대[一掌] 갈기고는[與] 확[便] 밀쳐버렸다[托開].

정상좌가[定] 멍하니 서 있으니까[佇立] 곁에 있던[傍] 스님이[僧] 일러주었다[云]. "정상좌[定上座], 어찌[何] 예배하지[禮拜] 않는가[不]?"

정상좌가[定] 바야흐로[方] 예배하다가[禮拜] 갑자기[忽然] 크게[大] 깨달았다[悟].

상좌(上座)란 지도자의 자리에 있는 이를 일컫는 말이다. 이 자리에 있던 임제선사의 제자인 정상좌가 "무엇이 불법의 핵심입니까?"라고 묻다니 참으로 답답한 노릇 아닌가. 불법의 핵심도 모르는 사람이 지도자의 자리에 있다니. 쯧쯧! 하긴 이런 일이 하도 많다 보니 어쩌겠는가. 참 작금에는 다반사가 되었지.

불법의 핵심이 뭐냐고? 옛 서양의 철학자도 이미 알았던 문제 아닌가. 그래서 "너 자신을 알라!"는 유명한 말을 남겼지. 그러나 천하의 임제선사가 철학자가 뱉어버린 잠꼬대를 되뇌진 않지. 보다 더 확실한 방법을 선택했는데, 그게 뭐냐? 냅다 갈기는 게 최고야. 얻어맞고도 모른다면 어쩔 도리가 없는 게지.

너무 친절했던 겐가. 넋을 놓고 있다니. 그때 친절한 이가 있어 손을 잡아주는구나. "자네, 왜 절을 하지 않나?"

임제선사가 허깨비를 상좌 소임에 두지는 않았구먼. 그래도 절을 하다가 불법의 핵심을 깨닫다니.

성도재일 철야

斷際全機繼後蹤하니
단 제 전 기 계 후 종

持來何必在從容이리오
지 래 하 필 재 종 용

巨靈擡手無多子라
거 령 대 수 무 다 자

分破華山千萬重이로다
분 파 화 산 천 만 중

단제(斷際) 당(唐) 선종(宣宗)황제가 황벽선사께 내린 시호.

전기(全機) 황벽선사의 모든 선기(禪機).

후종(後蹤) 후계자. 즉 황벽선사의 후계자인 임제선사. 임제선사도 스승 황벽선사에게 '불법의 대의가 무엇입니까?'하고 세 번을 물었지만 세 번을 다 얻어맞았듯이, 제자인 정상좌에게도 같은 지도법을 사용하였음.

지래(持來) 스승 황벽의 선기를 제자 임제가 고스란히 다 가져와서.

종용(從容) 침착하고 부드러운 모습. 유연한 모습.

거령(巨靈) 중국 고사(故事)에 나오는 거령신(巨靈神).

옛날 중국, 황하가 용문(龍門)에서 동쪽으로 흐르려 하였으나 대화산(大華山)이 가로막고 있어 불가능하였다. 그래서 비가 많이 오면 피해가 막심하였다. 그것을 안타깝게 여긴 거령신이 대화산을 손으로 쪼개 화산(華山)과 수양산(首陽山)으로 만들고, 그 사이로 황하가 흘러 동쪽으로 가게 함으로써 수해를 줄였다고 함.

무다자(無多子) 손쉽게, 단번에. 뒤의 구절을 받는 부사.

단제선사의[斷際] 모든 선기[全機] 후손이[後蹤] 이었으니[繼],

물려받은 그 솜씨[持來] 어찌[何必] 점잖게[從容] 두겠는가[在].

거령신 같은 임제선사[巨靈] 손을[手] 들어[擡] 단숨에[無多子]

화산처럼[華山] 겹겹이 쌓인 무명[千萬重] 쪼개[分] 버렸네[破].

松江

　백장 – 황벽 – 임제선사로 이어지는 지도법은 드세기 그지없다. 아차하면 목숨을 잃는다. 그러니 아끼던 목숨을 내놓을 수 있는 자만이 진짜 보물을 얻는다.

　밥을 떠먹여준다는 말이 있는데, 사실 황벽선사와 임제선사의 자비는 입 안에 밥을 넣어주는 수준이다. 그런데도 씹어 맛을 보지 않는 놈이라면 산송장이랄 수밖에 없다.

　무량한 세월 동안 두텁게 쌓인 무명이 너무 두꺼워서 어지간한 솜씨로는 그 안의 보물을 찾아내기 어렵다. 그러나 임제선사의 솜씨는 가공할 위력을 지녔다. "불법의 대의가 무엇입니까?"라고 묻는 제자에게 바로 무명의 산을 쪼개어 여의주를 안겨주었으니, 거령신이 대화산을 쪼개는 솜씨보다 한 수 위라고 하겠다.

임제선사 사리탑

제33칙

자복원상
(資福圓相)

자복의 일원상

松江

다른 곳에서는 '진조가 자복스님을 뵙다(陳操看資福)' 또는 '진조상서가 자복스님을 뵙다(陳尙書看資福)' 등으로 되어 있음.

설두스님께서 선택한 서른세 번째 얘기는 자복(資福)선사와 진조상서(陳操尙書)에 관한 일화이다.

자복(資福)선사는 강서성(江西省) 길주(吉州) 자복사(資

福寺)에 주석하셨던 여보(如寶)화상이다. 생몰연대는 알 수 없고, 앙산 혜적(仰山慧寂, 803~887)선사의 제자인 서탑 광목(西塔光穆)선사의 법을 이었다.

진조(陳操)는 송대(宋代)의 거사로 생몰연대는 알 수 없고, 벼슬은 상서(尙書)에 이르렀다. 목주(睦州)에서 자사(刺史)를 맡고 있을 때, 용흥사(龍興寺)의 목주 도명(睦州道明)선사를 모시고 공부하다가 깨달음을 인정받았다.

垂示

東西不辨하고 南北不分하야 從朝至暮
동서불변　　　　남북불분　　　　종조지모

하고 從暮至朝하면 還道伊瞌睡麼아
종모지조　　　　환도이갑수마

有時엔 眼以流星하니 還道伊惺惺麼아
유시　　안이유성　　　환도이성성마

有時엔 呼南作北하니 且道하라 是有心
유시　　호남작북　　　차도　　　시유심

가 是無心가 是道人가 是常人가 若向箇
시무심　　시도인　　시상인　　약향개

裏透得하야 始知落處인댄 方知古人恁
리투득　　　시지낙처　　　방지고인임

麼不恁麼하리라 且道하라 是什麼時節고
마불임마　　　　차도　　　시십마시절

試擧看하라
시거간

갑수(瞌睡) 몹시 피곤하여 졸림. 지쳐서 졺. 중국식 발음 '커어수이[kēshuì]'를 따라 '개수'라고 읽는 이도 있음.

성성(惺惺) 정신이 맑고 또렷함. 삼매의 상태. 깨달음의 경지.

상인(常人) 일반 사람. 평범한 사람.

낙처(落處) 궁극의 이치. 최후의 자리. 선의 요체. 핵심.

임마불임마(恁麼不恁麼) 선지식의 두 가지 방식의 지도법. 즉 살활(殺活)이나 방행파주(放行把住)라는 표현과 같음. 상대를 긍정하여 지도하는 것이 임마(恁麼)이며 , 상대를 부정하여 지도하는 것이 불임마(不恁麼)임.

수시

동과[東] 서를[西] 분별하지[辨] 않고[不] 남과[南] 북을[北] 구분하지[分] 않으면서[不] 아침부터[從朝] 저녁에[暮] 이르고[至] 저녁부터[從暮] 아침에[朝] 이른다면[至], 그가[伊] 졸고 있다고[瞌睡] 말할 수 있겠는가[還道~麼]? 어떤 때엔[有時] 눈빛이[眼] 유성을[流星] 닮았으니[以] 그가[伊] 깨어 있다고[惺惺] 말할 수 있겠는가[還道~麼]? 어떤 때는[有時] 남쪽을[南] 일러[呼] 북쪽이라[北] 하니[作], 말해보라[且道] 이게[是] 마음 분별이 있는가[有心] 이게[是] 마음 분별이 없는가[無心]? 이 사람이[是] 도인인가[道人] 이 사람이[是] 평범한 사람인가[常人]?

만약[若] 이[箇] 속을[裏] 향해[向] 환하게 깨달아[透得] 바야흐로[始] 핵심을[落處] 알게 되면[知], 비로소[方] 옛사람의[古人] 긍정적 방법과[恁麽] 부정적 방법을[不恁麽] 알게 되리라[知].

말해보라[且道]. 이것이[是] 어떤[什麽] 시절인가[時節]? 다음 이야기를 살펴보라[試擧看].

　사람들은 자기 깜냥대로 경전을 해석하고 부처님과 조사님들을 평가한다. 법문을 들어도 그저 표현된 말을 자신의 분별로 이러쿵저러쿵 따질 뿐, 그 핵심은 파악하지 못한다. 그래서 때로는 칭찬을 하다가 또 때로는 혹평을 하기도 한다. 그것은 경전이나 선지식과는 아무 상관이 없는 것이다.

　사람들은 주변 사람들이 자신을 골탕 먹인다고 욕하기도 하고, 때를 잘못 만났다고도 투덜댄다. 하지만 잘못 보고 잘못 알고 있다. 옳고 그름과 좋고 나쁨이 어떻게 일어났다가 사라지는지를 모른다면, 어떤 사람과 있어도 욕할 것이고 어떤 세상에 있어도 불만만 가득할 것이다.

　그 모든 것의 근본을 깨달아야 한다. 스스로 그 깨달음의 경지에 이르면 팔만대장경이 자기의 손금처럼 환할 것이며, 부처님과 선지식의 갖가지 모습이 '한결 같은 모습'이었음을 알게 될 것이다. 아울러 모든 사람들과 온 세상이 본래 공평무사(公平無私)한 것이었음도 보게 될 것이다.

개화사 사부대중이 함게 하는 공평무사(公平無私)한 소리향차 법회

擧 陳操尙書看資福하니 福見來하고 便
거 진 조 상 서 간 자 복　　　복 견 래　　　변

劃一圓相이어늘 操云 弟子恁麼來도 早
획 일 원 상　　　조 운 제 자 임 마 래　　조

是不着便이온 何況更劃一圓相이닛고 福
시 불 착 편　　하 황 갱 획 일 원 상　　　복

便掩却方丈門하다 雪竇云 陳操只其
변 엄 각 방 장 문　　　설 두 운 진 조 지 기

一隻眼이로다
일 척 안

일원상(一圓相) 하나의 원상. 허공에 둥근 원을 그리는 것은 선의 핵심을 간결하게 표현하는 방법임. 앙산선사가 후학을 지도할 때 자주 사용함.

불착편(不着便) 핵심에서 어긋남.

일척안(一隻眼) ① 애꾸눈, 외눈. ② 탁월한 안목.

이런 얘기가 있다[擧].

진조상서가[陳操尙書] 자복선사를[資福] 방문하였다[看].

자복선사는[福] (진조상서가) 오는 것을[來] 보고[見] 곧바로[便] 일원상을[一圓相] 그렸다[劃].

진조거사가[操] 말하였다[云].

"제자가[弟子] 이렇게[恁麼] 온 것도[來] 이미[부] 이것이[是] 어긋난 것인데[不着便], 어찌[何] 게다가[況] 다시[更] 일원상을[一圓相] 그리시는 것입니까[劃]?

자복선사가[福] 바로[便] 방장실의 문을[方丈門] 닫아[掩] 버렸다[却].

〈(뒷날) 설두선사가[雪竇] 말하였다[云].

"진조는[陳操] 다만[只] 외눈만을 가졌다[其一

隻眼]."〉

안목이 열린 사람들끼리는 눈 한번 껌벅이고 손 한번 드는 것이 그대로 마음의 소통이 되는 것이다. 그러니 시끌벅적하게 설명하지 않더라도 그냥 통한다.

그렇기는 하지만 때로는 지나치게 친절하여 뱀 다리를 그리기도 하고, 또는 너무 인색하다 보니 학을 그리면서 다리를 생략하여 이상한 물건으로 만들어버리기도 한다.

진조거사가 자복선사를 방문하는데, 자복스님께서 일원상을 허공에 그려보였다. 참으로 멋진 환영 아닌가. 이 멋진 환영에 대해 화답을 하느냐 아니면 손사래를 치느냐 하는 것은 손님의 몫이다.

진조거사는 우선 자신의 행위도 이미 작위적인 것이라 본질에서 벗어났는데 어찌 일원상까지 그리시냐고 퉁을 주었다. 이게 아랫사람이었으면 멋지게 먹혔을 수도 있었겠다. 그런데 상대는 주고 **뺏**는 것을 자유자재로 하는 자복선사였다. 진조거사의 의중을 파악한 자복선사가 당신의 방문을 곧바로 닫아버렸다.

아차! 진조가 이 방문을 열지 못하고 마는구나.

● 선문염송 1194에는 중간 부분이 더 있음.

吉州資福如寶禪師가 見陳操尙書來하
길 주 자 복 여 보 선 사　견 진 조 상 서 래

고 便劃一圓相한대 操云호대 弟子伊麼
변 획 일 원 상　　조 운　　제 자 이 마

來가 早是不着便이어늘 更劃圓相이니다한
래　조 시 불 착 편　　갱 획 원 상

대 師於中着一點하니 操云호대 將爲是
사 어 중 착 일 점　　조 운　　장 위 시

南番船主로다하니 師便歸方丈하고 掩却
남 번 선 주　　　사 변 귀 방 장　　엄 각

門하다
문

[雪竇顯이 云 陳操只具一隻眼이로다하
설 두 현　운 진 조 지 구 일 척 안

다]

길주의[吉州] 자복 여보선사는[資福如寶禪師]

진조상서가[陳操尙書] 오는 것을[來] 보고[見]

곧바로[便] 일원상을[一圓相] 그렸다[劃].

진조가[操] 말하였다[云].

"제자가[弟子] 이렇게 온 것도[伊麼來] 이미

[早] 이것이[是] 어긋난 것인데[不着便] 다시

[更] 원상을[圓相] 그리시는군요[劃]."

선사가[師] 원상 안에다[於中] 점 하나를[一點]

찍었다[着].

진조가[操] 말하였다[云].

"거의[將] 저[是] 남쪽에서 온 큰 장사꾼이[南

番船主] 되었군요[爲]."(남번선주는 남쪽에서 온

큰 장사꾼으로 주로 소금을 팔았다고 한다. 소금은

국가의 전매품이었기에 소금을 싣고 왔다는 것은 암

거래를 뜻한다. 진조는 지금 자복선사가 한 행위를 두고 암거래상이 하는 정도라고 평한 것이다.)

선사가[師] 바로[便] 방장실로[方丈] 돌아가[歸] 문을[門] 닫아 버렸다[掩却].

〈(뒷날) 설두 중현선사가[雪竇顯] 말하였다[云]. "진조는[陳操] 다만[只] 한쪽 눈을[一隻眼] 갖추었다[具]."〉

사람의 눈과 달리 사진기는 가까운 것에 초점을 맞추면 먼 것이 흐려진다

頌

團團珠遶玉珊珊이여
단 단 주 요 옥 산 산

馬載驢馳上鐵船이라
마 재 려 타 상 철 선

分付海山無事客하야
분 부 해 산 무 사 객

釣鼇時下一圈攣이로다
조 오 시 하 일 권 련

〈雪竇復云 天下衲僧跳不出이니라〉
설 두 부 운 천 하 납 승 도 불 출

단단(團團) ① 둥근 모양. ② 둥근 달을 가리키는 말. ③ 이슬이 둥글게 맺혀 있는 모양.

산산(珊珊) 허리에 찬 패옥(佩玉)이 서로 부딪쳐 울리는 소리.

권련(圈攣) 자라나 거북 등을 잡을 때 목을 조여 잡는 도구. 올가미.

둥근[團團] 구슬[珠] 둥글둥글[遷] 옥은[玉] 짤랑짤랑[珊珊],
말에[馬] 싣고[載] 나귀에[驢] 싣고[馳] 무쇠 배에[鐵船] 실었네[上].
바다와[海] 산의[山] 일없는[無事] 객에게[客] 나눠주어[分付],
큰 자라[鰲] 낚을[釣] 때에[時] 한[一] 올가미로[圈攣] 쓰게 하네[下].

〈설두스님이[雪竇] 다시[復] 말씀하셨다[云].
"천하의[天下] 수행승[衲僧] 뛰어도[跳] 벗어나지[出] 못하리[不]."〉

 **松江**

세상의 모든 옥구슬 다 모아놓아도 자복선사의 일원상에 비길 수 없고, 옥구슬 짤랑거리는 소리가 제아무리 아름다워도 일원상의 아름다움을 능가하지 못한다. 이 일원상을 누가 자재하게 쓸 수 있단 말인가. 말에도 싣고 나귀에도 싣고 무쇠 배에도 실을 줄 아는 솜씨라야 한다. 그러니 아무나 할 수 있는 일이 아니다. 진조상서와 같은 인물도 깜빡 홀리고 마는 것을.

천하의 일없는 나그네에게 나누어준다고 하니, 참으로 웃기는 소리다. 일없는 나그네가 무엇을 받고 말고 할까 보냐. 말이 그렇다는 것이지. 하긴 일없이 한가로운 이라야 알아볼 수 있지.

큰 자라가 어디에 있는가? 부처 뽑는 시험장에 장원급제한 자를 찾아보라. 올가미에 자라가 걸린 것인가 아니면 자라가 올가미를 취한 것인가. 그 모든 것을 넘어서야 자복선사의 몽둥이를 피할 수 있을 것이다. 설두 늙은이가 또 사람을 놀리고 있다. 참으로 별난 취미다. 말에 놀아나지 말 것.

겨울 산자락에서 햇빛을 마주 대하다

다른 곳에서는 '앙산이 온 곳을 묻다(仰山問甚麼處來)' 또는 '앙산-산을 유람하지 않았군(仰山不曾遊山)' 등으로 되어 있음.

● 제34칙은 수시가 없이 바로 본칙으로 들어갔음.

설두스님께서 선택한 서른네 번째 얘기는 어떤 스님과 앙산선사와의 대화이다.

　　앙산 혜적(仰山慧寂, 803~887)선사는 당대의 걸승으로 앙산에 주석하였기에 법호가 되었다. 소주(韶州) 출신으로 17세에 출가하면서 손가락 두 개를 자르며 서원을 세우고 삭발하였다. 탐원 응진(耽源應眞)선사와 위산 영우(潙山靈祐)선사의 지도를 받았으며, 위산선사의 법을 이었다. 위산선사와 앙산선사를 잇는 문파를 위앙종이라고도 한다. 원주(袁州)의 대앙산(大仰山)에 오래 주석하셨고, 동평산(東平山)에서 입적하셨다.

擧 仰山問僧호대 近離甚處오 僧云 廬
거 앙산문승 　 근리심처 　 승운 여

山이니이다 山云曾遊五老峰麼아 僧云不
산 　 산운증유오로봉마 　 승운부

曾到니다 山云闍黎不曾遊山이로다 雲門
증도 　 산운사리부증유산 　 운문

云 此語皆爲慈悲之故로 有落草之談
운 차어개위자비지고 　 유낙초지담

이로다

근리심처(近裏甚處) 최근에 어디를 떠나왔는가? 어디서 왔는가? 하고 선지식이 후학에게 흔히 묻는 인사이기도 하고 그의 경지를 살피는 것이기도 함.

여산(廬山) 중국 불교사에서 염불과 선의 대가들이 주석했던 곳으로 유명한 곳임.

오로봉(五老峰) 다섯 노인이 서 있는 것 같다고 붙여진 이름으로, 풍광이 아름다운 여산에서도 가장 유명한 곳임. 여산의 핵심이라는 상징성으로 언급한 것.

사리(闍黎) 범어 아짜르야(Acarya)에서 온 말. 보통 아사리(阿闍利)라고 함. 스님이라는 뜻.

낙초(落草) 입초(入草)라고도 함. 여기서 초(草)는 세속적 세계를 뜻하며, '낙초(입초)'란 자비로 세속 세계에 들어가 중생을 제도하는 것을 뜻함. 반대로 출초(出草)라고 하면 세속적 세계에서 벗어나는 것을 뜻함. 출초입초(出草入草)라고 하면 선지식의 자유자재한 경지를 뜻함.

이런 얘기가 있다[擧].

앙산선사가[仰山] 어떤 스님에게[僧] 물었다[問].

"최근에[近] 어느 곳을[甚處] 떠나왔는가[離]?"

스님이[僧] 답하였다[云].

"여산입니다[廬山]."

앙산선사께서[山] 말씀하셨다[云].

"오로봉에는[五老峰] 가 봤는가[曾遊~麼]?"

스님이[僧] 답하였다[云].

"가 보지 못했습니다[不曾到].

앙산선사께서[山] 말씀하셨다[云].

"스님은[闍黎] 산엘[山] 가보지 못했군[不曾遊]."

(뒷날) 운문선사께서[雲門] 이르셨다[云].

"(앙산선사의) 이 말씀들은[此語] 다[皆] 자비로 위하는[爲慈悲之] 까닭에[故] 상대의 경계에 맞춘[落草之] 말을[談] 하게 된 것이다[有]."

선지식들은 흔히 이렇게 묻는다. "자네 어디에서 오는가?" 여기서 '어디'라고 하는 것은 받아들이는 사람에 따라 달라진다. 하나의 장소가 되기도 하고, 아니면 어떤 경지가 되기도 하는 것이다.

앙산선사께서도 그 흔한 방법을 사용하셨다. 그러자 돌아온 답이 '여산'이었다. 여산은 상징적인 곳일 수도 있고, 그냥 지명으로서의 여산일 수도 있다. 앙산선사를 찾아온 스님은 상징적인 여산을 말하고 있지는 않다. 이걸 모르실 앙산선사가 아니다. 그러나 앙산선사는 한 번의 기회를 더 베풀고 있다. "그럼 여산에서 가장 경치가 빼어난 오로봉에 가 봤는가?" 찾아온 스님은 여전히 깜깜하다. "못 가 봤습니다."

앙산선사는 답답하다는 듯이 마무리를 짓고 있다. "여산에서 왔다면서 여산을 알지도 못하는구면!" 자! 이 여산이 무엇일까?

뒷날 운문선사는 앙산선사의 친절에 대해 이렇게 평했다.

"선사께서 그토록 낮추면서 기회를 주었는데도 참 답답한 친구로구먼!”

　이쯤에서 심각하게 살펴봐야 한다.

　‘나는 어디에서 왔는가?’ ‘나는 지금 어디에 서 있는가?’ ‘대체 나는 누구인가?’

룸비니에 이른 그대 싯다르타를 만났는가

出草入草하니　誰解尋討리오
출초입초　　　수해심토

白雲重重하고　紅日杲杲로다
백운중중　　　홍일고고

左顧無瑕러니　右眄已老로다
좌고무하　　　우혜이로

君不見가　寒山子가　行太早라
군불견　　한산자　　행태조

十年歸不得하니　忘却來時道로다
십년귀부득　　　망각래시도

심토(尋討) 깊이 살펴 찾음.

무하(無瑕) 결점이 없음. 오로봉의 흠잡을 수 없는 경치.

이로(已老) 너무나 노련하다. 오로봉의 원숙한 모습. 로(老)는 오로봉과 연관됨.

한산자(寒山子) 흔히 '한산(寒山)'이라고 칭함. 중국 당대 7세기 말~9세기 초의 인물로 천태산의 바위굴 속에서 살았던 인물. 그의 시를 선시(禪詩)라 하여 스님들이 특히 좋아함. 송의 마지막 두 구절은 바로 한산자의 시에서 인용한 것임.

행태조(行太早) 재빨리 가 버렸다. 이것은 다음 일화를 가리키는 듯함.

한산(寒山)은 국청사에서 허드렛일을 하는 습득(拾得)과 절친했으며, 풍간(豐干)선사도 이 둘을 아꼈다. 어느 날 지사(知事) 여구윤(閭丘胤)이 풍간선사에게 두 사람을 만나게 해달라고 졸랐다. 풍간선사가 지사를 데리고 공양간에 있던 두 사람에게로 갔는데, 한산과 습득은 지사의 모습을 보자마자 박장대소하며 산속으로 들어가 다시는 내려오지 않았다.

송

세간 벗어나는지[出草] 세간에 들어가는지[入草],

뉘라서[誰] 깊이 찾아 살필 줄[尋討] 알겠는가[解].

흰 구름은[白雲] 겹겹이 펼쳐졌고[重重],

붉은 해는[紅日] 환하게 빛나도다[呆呆].

왼쪽으로[左] 돌아보니[顧] 흠잡을 수[瑕] 없고
[無],

오른쪽으로[右] 보니[盼] 너무나[已] 노련하다
[老].

그대는[君] 알지[見] 못하는가[不].

한산자가[寒山子] 잽싸게[太早] 가 버렸음을
[行].

십 년이 되도록[十年] 돌아가질[歸] 못하니[不得],

왔을 때의[來時] 길을[道] 잊어버렸네[忘却].

 **松江**

선지식의 지도법은 낮추는 듯 높이고, 높이는 듯 낮춘다. 그것을 과연 누가 정확히 알아볼 수 있단 말인가. 참으로 어려운 일이다. 그러나 그걸 간파할 정도의 안목이라야 비로소 상대할 만하지 않겠는가.

오로봉의 경치는 가보지 않은 사람은 알 수가 없다. 흰구름 겹겹하기도 하고, 붉은 해가 밝고 밝게 비치기도 한다. 정말 오로봉에 이르고 보면 왼쪽으로 돌아보고 오른쪽으로 살펴봐도 한 점 흠이 없이 완벽하다는 것을 알 것이다.

무엇이 선의 경지인가?

한산은 늘 습득과 더불어 미친 사람처럼 살았다. 그러나 그를 세속적인 잣대로 재려고 해서는 이미 어긋났다. 그가 천진불이었는지 실성한 사람이었는지 누가 알겠는가. 그를 만나 대접해 보려는가? 어림도 없다. 그의 그림자도 잡을 수 없다. 그가 남긴 시를 들어보게나.

"다시는 돌아갈 뜻도 없나니, 왔던 길마저도 이미 잊어버렸다네."

한산 습득도

松江

다른 곳에서는 '문수전후삼삼(文殊前後三三)' 또는 '문수전삼삼(文殊前三三)' '문수가 무착에게 묻다(文殊問無着)' 등으로 되어 있음.

설두스님께서 선택한 서른다섯 번째 얘기는 문수보살의 화현(노인으로 나타났었음)과 무착선사와의 대화이다.

무착 문희(無着文喜, 821~900)선사는 당대(唐代)의 스님으로 앙산 혜적(仰山慧寂)선사의 제자이다. 7세에 출가하여 계율과 교학을 공부하였고, 문수보살을 직접 만나길 발원하였다. 30대 초반에는 직접 오대산을 방문하여 문수보살의 화현을 만나 대화를 하였으나 당시는 깨닫지 못하였고, 862년 홍주 관음원에서 앙산선사의 지도로 깨달았다고 한다.

무착스님은 깨달은 뒤 대중들의 공양을 짓는 공양주를 자청하였다. 어느 날 죽을 끓이는데 자욱하게 김이 솟는 가운데 문수보살의 화현이 나타나서 자기가 문수라고 하였다. 무착스님은 죽을 끓이는 데 방해되니까 비키라고 하였다. 공중의 화현이 "나는 자네가 그토록 만나길 원하는 바로 그 문수라네."라고 하며 비키지 않았다. 무착스님은 "문수면 문수지나 무착하고 무슨 상관이야!"라며 주걱을 휘두르니, 문득 화현이 사라졌다고 한다.

아래 본칙은 오대산에서 문수보살이 노인으로 꾸며서 나타나 방편으로 절을 만들어 들어오도록 하여 나눈 대화라고 한다. 벽암록에서는 편의상 '문수'라고 지칭하였으나 무착스님은 문수보살이라는 것을 몰랐었다.

이 본칙의 대화 뒤에 다음과 같은 이야기가 이어진다.

노인이 차를 권하여 무착스님이 그 차를 마시니 정신이 맑아졌다.

노인이 유리잔을 들고 무착스님에게 물었다.

노인 남방에도 이런 것이 있소?

무착 없습니다.

노인 그럼 평소에 무엇으로 차를 마시오?

무착 …

날이 밝자 노인은 '균제(均提)'라는 동자에게 무착스님을 배웅하라고 하였다.

금강역사(호법신장)가 지키는 대문에 이르자 무착스님이 궁금한 것을 물었다.

무착 '전삼삼 후삼삼'이 대체 몇 명을 뜻하는 것인가?

동자 스님!

무착 왜?

동자 이것이 몇 명입니까?

무착 …

무착 이 절 이름이 무엇인가?

동자가 금강역사의 뒤를 가리켜서 고개를 돌리는 순간 모든 것이 사라져 버렸다.

후인들은 이곳을 '금강굴(金剛窟)'이라고 한다.

우리나라 지리산에도 금강굴이 있다고 하는데, 눈 밝은 스님에게만 보이는 감춰진 비밀의 장소라고 전해진다. 그 금강굴은 어디에 있는 것일까?

垂示

定龍蛇하고 分玉石하며 別緇素하고 決猶
정 룡 사　　　분 옥 석　　　별 치 소　　　결 유

豫에 若不是頂門上有眼하고 肘臂不有
예　　약 불 시 정 문 상 유 안　　　주 비 불 유

符하면 往往當頭蹉過하리라 只如今見聞
부　　　왕 왕 당 두 차 과　　　지 여 금 견 문

不昧하면 聲色純眞하리라 且道하라 是皂
불 매　　　성 색 순 진　　　차 도　　　시 조

아 是白가 是曲가 是直가 到這裏하야 作
　　시 백　　시 곡　　시 직　　도 저 리　　　자

麼生辨고
마 생 변

정문상유안(頂門上有眼) 정수리에 있는 눈. 네팔에 가면 불상에 세로로 된 눈이 있음을 보게 되는데, 이것은 지혜의 눈을 상징함. 마혜수라천(Maheśvara) 즉 대자재천의 눈이라고도 함.

주비불유부(肘臂不有符) 팔 밑에 호신부가 없다면. 이것은 중국의 고사에서 나온 말로, 신선은 팔 밑에 호신부를 붙이고 있어서 무엇이든지 뜻대로 할 수 있다고 함.

당두(當頭) 그 자리에서. 닥쳐옴.

차과(蹉過) 어긋나 버림.

여금(如今) 지금.

견문불매(見聞不昧) 보고 듣는 것이 어둡지 아니함. 보고 듣는 것이 분명함.

수시

용과[龍] 뱀을[蛇] 결정하고[定] 옥과[玉] 돌을[石] 구분하며[分], 검은 것과[緇] 흰 것을[素] 가리고[別] 망설임을[猶豫] 결단함에[決], 만약[若] 지혜의 눈이[頂門上有眼] 없고[不是] 팔밑에 호신부가 없다면[肘臂不有符] 곧잘[往往] 그 자리에서[當頭] 어긋나 버릴 것이다[蹉過].

다만[只] 지금[如今] 보고[見] 듣는 것이[聞] 분명하면[不昧] 소리와[聲] 모양이[色] 순수하고[純] 진실하리라[眞].

말해 보라[且道]. 이것이[是] 검은가[皂], 이것이[是] 하얀가[白]. 이것이[是] 굽었나[曲] 이것이[是] 곧은가[直]. 여기에[這裏] 이르러서는[到] 어떻게[作麼生] 구분할꼬[辨].

 **松江**

세상은 혼돈이다. 용과 뱀이 섞여 있고, 옥과 돌이 함께 있으며, 검은 것과 흰 것이 뒤섞이고, 기다려야 할 것과 곧바로 결정해야 할 것이 같이 있는 것이다. 자! 이것을 가리려면 특별한 지혜의 안목과 특출한 능력을 갖춰야 한다. 만약 그렇지 못하다면 어떻게 될까? 늘 혼란스럽고 괴로울 것이다.

만약 그대가 밝게 보고 들을 수만 있다면 그대의 눈앞에 있는 모든 것이 본래의 모습이라는 것과 참되다는 것을 알리라.

그대는 어떠한가? 눈앞의 것이 검은 것인지 흰 것인지를 가릴 수 있겠는가? 그대가 만난 것이 굽은 것인지 곧은 것인지를 구분하겠는가? 그대는 과연 그대 앞의 삶을 어떻게 받아들이는가!

천수관음千手觀音 – 왜 이 많은 도구가 필요할까

舉 文殊問無着호대 近離什麼處오 無
지 문수문무착　　　근 리 십 마 처　　무

着云 南方이니이다 殊云 南方佛法如何
착 운　남 방　　　　　수 운　남 방 불 법 여 하

住持오 着云 末法比丘少奉戒律이니이다
주 지　착 운　말 법 비 구 소 봉 계 율

殊云 多少衆고 着云 或三百 或五百이
수 운　다 소 중　착 운　혹 삼 백　혹 오 백

니이다 無着問文殊호대 此間如何住持닛
　　　무 착 문 문 수　　　차 간 여 하 주 지

고 殊云 凡聖同居요 龍蛇混雜이오 着云
　수 운　범 성 동 거　용 사 혼 잡　　착 운

多少衆고 殊云 前三三 後三三이오
다 소 중　수 운　전 삼 삼　후 삼 삼

문수(文殊) 문수보살. 이 대화를 할 때 무착스님의 눈에는 노인의 모습이었기에 정확하게는 '노인'이라고 해야 되지만, 공부하는 사람들이 알기 쉽도록 '문수'라고 표현한 것임.

십마(什麼) 중국어에서 '무엇' '어디' 등의 뜻.

남방(南方) 오대산은 중국의 불교성지 중에서 가장 북쪽에 위치한다고 볼 수 있음.

주지(住持) 부처님의 가르침을 보존하고 유지함.

말법(末法) 말법시대의 줄인 말. 부처님의 바른 가르침이 유지되던 시대로부터 아주 멀리 떨어진 시절.

비구(比丘) 모든 계를 다 받고 정식 수행자가 된 남자 스님.

차간(此間) 이곳. 오대산.

다소(多少) 얼마, 몇.

이런 얘기가 있다[擧].

문수보살(의 화현인 노인)께서[文殊] 무착스님에게[無着] 물었다[問]. "최근에[近] 어느 곳을[什麼處] 떠나서 오셨소[離]?"

무착스님이[無着] 답하였다[云]. "남쪽 지방입니다[南方]."

문수보살께서[殊] 물었다[云]. "남방에서는[南方] 부처님 가르침이[佛法] 어떻게[如何] 유지되오[住持]?"

무착스님이[着] 답했다[云]. "말법시대의[末法] 비구들이[比丘] 조금은[少] 계율을[戒律] 지키려 노력합니다[奉]."

문수보살께서[殊] 물었다[云]. "대중이[衆] 얼

마나 되오[多少]?”

무착스님이[着] 답했다[云]. “혹은[或] 삼백 정도[三百] 혹은[或] 오백 정도입니다[五百].”

무착스님이[無着] 문수보살(의 화현인 노인)께[文殊] 물었다[問]. “ 이곳은[此間] 어떻게[如何] 유지됩니까[住持]?”

문수보살께서[殊] 답했다[云]. “범부와[凡] 성인이[聖] 함께[同] 살고[居], 용과[龍] 뱀이[蛇] 뒤섞여 있다오[混雜].”

무착스님이[着] 물었다[云]. “대중이[衆] 얼마나 됩니까[多少]?”

문수보살께서[殊] 답했다[云]. “앞도[前] 셋[三] 셋[三], 뒤도[後] 셋[三] 셋[三].”

 **松江**

　무착스님은 아직 깨달음이 무엇인지를 모른다. 비록 오대산까지 문수보살을 친견하려 힘들게 갔었고, 비록 화현이긴 하지만 문수보살과 마주 대하고 있다. 그러나 어쩌겠는가. 무착스님에게는 이때까지도 그저 기억되는 것과 보이는 겉모습만이 전부이니 말이다.

　문수보살은 계속해서 근본에 대한 질문을 하고 있지만 무착스님은 그저 현상적인 대답만 하고 있다. 장소나 교학 또는 계율은 말할 것도 없고 대중이니 범부니 성현이니 하는 따위도 근본자리와는 거리가 멀다.

　무착스님의 질문을 기회로 문수보살께서는 직접적으로 분별의 경계가 참 보잘것없는 것임을 일깨워 주려 하셨다. 하지만 어쩌겠는가. 아직은 때가 아닌 것을. "범부와 성인이 함께 살고, 용과 뱀이 섞여 있다."는 이 기막힌 가르침에도 불구하고, 무착스님은 "대중은 얼마나 됩니까?"라는 이 분별 경계를 들먹이고 있다.

자! 이제 마지막 기회다.

"앞도 셋 셋이고, 뒤도 셋 셋이오."

아직도 숫자를 계산하고 있다면 무착스님보다 더 답답한 사람이다.

영취산 여래향실에서 차를 올리는 모습
흰옷을 입은 힌두교도 관리인은 보시하는 돈에만 관심이 있다

千峰盤屈色如藍이라
천 봉 반 굴 색 여 람

誰謂文殊是對談고
수 위 문 수 시 대 담

堪笑清凉多少衆이여
감 소 청 량 다 소 중

前三三與後三三이로다
전 삼 삼 여 후 삼 삼

반굴(盤屈) 구불구불 겹쳐 있음. 서려서 얼크러짐.

청량(清凉) 오대산의 다른 이름.

천 봉우리[千峰] 굽이굽이[盤屈] 빛깔이[色] 쪽
[藍] 같은데[如],
뉘라서[誰] 문수가[文殊] 이[是] 대담했다[對
談] 말하는고[謂].
우습구나[堪笑] 청량산[淸凉] 대중이[衆] 얼마
냐고 묻다니[多少],
앞[前] 셋[三] 셋[三] 더불어[與] 뒤[後] 셋[三]
셋이로다[三].

松江

천 봉우리 굽이굽이 빛깔이 쪽 같은데,

그대가 만약 오대산을 보았다면 멋지지 않은 봉우리를 말해보라. 사람들은 이러니저러니 말들을 잘도 하지만, 정작 오대산도 보지 못하고서 제일봉 타령만 하더라. 아참! 오대산 보겠다고 비행기 타고 버스 타고 가면 과연 제일봉 볼 수 있을까?

뉘라서 문수가 이 대답했다 말하는고.

문수보살과 무착이 밤새워 얘길 했다고들 하는데, 무착은 어째서 제가 앉았던 그 자리도 몰랐단 말인가. 문수를 보겠다고 원을 세우고 오매불망했던 자장율사도 결국은 사라지는 그 빛 자락만 쫓다가 죽었다지 아마. 보았다고 해도 그것은 허깨비요, 보지 못하였다고 해도 그는 멍청이다.

우습구나 청량산에 대중이 얼마냐 묻다니,

극락에는 불보살이 얼마나 있는지 궁금한가? 지옥의 숫자가 몇 개나 되는지 궁금한가? 이 세상에 도인이 몇이나 있는지 궁금한가? 아직도 그 따위 것들에 관심이 있는가?

앞 셋 셋 더불어 뒤 셋 셋이로다.

어떤 사람은 팔만대장경의 경판 수가 참 알고 싶기도 하나보다. 또 어떤 이들은 대장경이 몇 글자로 되었는지 궁금하기도 하나보다. 공(空)이 몇 자로 된 것인지 아는가? 그걸 알고 있다면 '전삼삼후삼삼(前三三後三三)'도 몇 명인지 알겠구먼. 아하! 물론 착각이야 자유지.

중국의 오대산 – 중대에서 본 풍광

제36칙

장사춘의
(長沙春意)

장사선사의 봄기운

다른 곳에서는 '장사선사가 산에 갔다 오는 길(長沙遊山來)' 또는 '장사선사의 향기로운 풀과 떨어지는 꽃(長沙芳草落花)' '장사선사가 떨어지는 꽃을 좇아 돌아오다(長沙逐落花回)' 등으로 되어 있음.

설두스님께서 선택한 서른여섯 번째 얘기는 장사선사와 수좌와의 대화이다.

장사경잠(長沙景岑, ?~868)선사는 당대(唐代)의 스님으로 남악회양(南嶽懷讓) – 마조도일(馬祖道一) – 남전보원(南泉普願) – 장사경잠(長沙景岑)으로 이어지는 선사이다. 초현(招賢)대사라고도 한다.

남전선사로부터 깨달음을 인정받고 이후 호남성(湖南省) 장사에 있는 녹원사(鹿苑寺)에 머물며 후학을 지도했으나, 이곳을 떠난 후로는 한곳에 머물지 않고 유랑했다고 한다.

『경덕전등록(景德傳燈錄)』제10권에 문답과 법문이 전해지고 있는데, 이론과 게송 및 기봉(機鋒)에 모두 능통했던 것으로 보인다. 『경덕전등록(景德傳燈錄)』에 보면 다음과 같은 얘기가 있다.

경잠선사가 뜰에서 볕을 쬐는데,[大師因庭前向日]
앙산이 한 마디 했다.[仰山云]
"사람마다 다 이 일이 있건만[人人盡有這箇事]
다만 쓰지를 못하는군요.[只是用不得]"
경잠선사께서 말씀하셨다.[師云]
"마치 자네가 쓰기를 바라는 것 같군.[恰是請汝用]"

앙산이 여쭈었다.[仰山云]

"어떻게 써야 합니까?[作麼生用]"

경잠선사가 곧바로 앙산을 밟아 쓰러뜨렸다.

[師乃蹋倒仰山]

앙산이 한마디 했다.[仰山云]

"마치 호랑이 같군."[直下似箇大蟲]

이로부터 제방에서는 경잠호랑이라고 부르게 되었다.

[自此諸方謂爲岑大蟲]

擧 長沙가 一日에 遊山하고 歸至門首하
거 장사 일일 유산 귀지문수

니 首座問호대 和尙什麼處去來닛고 沙
수좌문 화상십마처거래 사

云 遊山來로다 首座云 到什麼處來오
운 유산래 수좌운 도십마처래

沙云 始隨芳草去하고 又逐落花回로다
사운 시수방초거 우축락화회

座云 大似春意니다 沙云 也勝秋露滴
좌운 대사춘의 사운 야승추로적

芙蕖로다 雪竇着語云 謝答話니다
부거 설두착어운 사답화

문수(門首) 문두(門頭)와 같은 말. 문 앞.

수좌(首座) 제일좌(第一座)라고도 하며, 선원에서 방장 또는 조실을 보필하는 책임자.

춘의(春意) 봄기운.

부거(芙蕖) 연꽃. 연잎.

이런 얘기가 있다[擧].

장사선사가[長沙] 하루는[一日] 산을[山] 유람하고[遊] 돌아와[歸] 문 앞에[門首] 이르렀다[至].

수좌가[首座] 여쭈었다[問]. "스님께서는[和尙] 어느 곳엘[什麽處] 다녀오십니까[去來]?"

장사선사께서[沙] 말씀하셨다[云]. "산을[山] 유람하고[遊] 온다네[來]."

수좌가[首座] 여쭈었다[云]. "어느[什麽] 곳까지[處] 가셨다가[到] 오십니까[來]?"

장사선사께서[沙] 말씀하셨다[云]. "처음엔[始] 향기로운 풀을[芳草] 따라서[隨] 갔다가[去], 다시[又] 떨어지는 꽃을[落花] 좇아[逐] 돌아왔다네[回].”

수좌가[座] 말씀드렸다[云]. “봄기운이[春意]

무르녹습니다[大似].”

장사선사께서[沙] 말씀하셨다[云]. “그야[也]

가을[秋] 이슬이[露] 연잎에[芙蕖] 떨어지는 것

보단[滴] 나았다네[勝].”

설두선사가[雪竇] 덧붙여 말씀하였다[着語云].

“답해 주셔서[答話] 감사합니다[謝].”

　여기 멋진 구경거리가 펼쳐졌다. 절집에서야 다반사로 있는 일이긴 한데, 그 다반사와 같은 일을 특별한 일로 만들어 버린 사건이 벌어진 것이다.

　도량의 어른이신 장사선사께서 흔히 그랬듯이 그날도 산을 한 바퀴 돌아오셨다. 문 앞에서 선사와 마주친 선원의 책임자 스님이 그 일상의 일을 두고 질문을 던진 것이다.

　"스님, 어딜 다녀오십니까?"

　오고 감이 없는 경지를 추궁이라도 할 참이었을까? 하지만 어른은 역시 느긋하게 답하셨다.

　"산놀이 갔다 오는 길이라네."

　여기서 멈춘다면 공부하는 사람이 아니다. 그래서 다시 칼날처럼 파고들었다.

　"어디까지 다녀오시는 것입니까?"

　똑똑한 사람이라면 팔각정이니 산꼭대기니 하는 답을 했을 것이다. 그랬다면 그는 그 자리에서 목이 달아나고, 이 애기는 전해지지도 않았을 것이다. 자! 궁극의 경지를 알고자 하는가? 여기 노련한 선지식의 능수능란한 솜씨를 보라.

"향기로운 풀을 따라 갔다가 떨어지는 꽃잎 좇아서 왔다네."

발심의 그 향기로움과 꽃 열림의 그 환희여! 그러나 떨어지는 꽃잎처럼 모든 것 놓아버리는 무심의 경지를 누가 알랴.

여기에 이르러 수좌는 맞장구를 치고 있다.

"봄기운이 가득하군요."

과연 이것이 단순한 긍정일까? 바로 이때 노익장의 몽둥이가 정수리로 날아든다.

"마른 연잎에 떨어지는 차가운 가을의 이슬 같은 '거기'에 언제까지 머물러 있을 것인가?"

설두스님은 참 노련하시다. 답해 주신 것에 대해 감사하다고?

옳으니 그르니 분별하지 말고, 곧바로 참다운 모습 보라!

大地絶纖埃하니 何人眼不開리오
대지절섬애　　하인안불개

始隨芳草去하고 又逐落花回여
시수방초거　　우축낙화회

嬴鶴翹寒木하고 狂猿嘯古臺라
이학교한목　　광원소고대

長沙無限意여 咄
장사무한의　돌

고대(古臺) 옛 누대. 옛 성현의 자취.

온 세상[大地] 가는[纖] 티끌[埃] 하나 없으니
[絶],
어떤 사람인들[何人] 눈을[眼] 뜨지[開] 못하랴
[不].
처음엔[始] 향기로운[芳] 풀을[草] 따라[隨]갔
다가[去],
다시[又] 떨어지는[落] 꽃[花] 좇아[逐] 돌아옴
이여[回].
마른[羸] 학은[鶴] 찬[寒] 나무에서[木] 발돋움
하고[翹],
미친[狂] 원숭이는[猿] 옛[古] 누대에서[臺] 울
부짖누나[嘯].
장사선사의[長沙] 다함 없는[無限] 뜻이여[意]!
쯧쯧[咄]!

松江

온 세상 가는 티끌 하나 없으니,

어떤 사람인들 눈을 뜨지 못하랴.

그대가 보고 있는 복잡한 세상이나 단순한 세상은 가짜다. 괴로운 세상이나 슬픈 세상이나 즐거운 세상 또한 가짜다. 왜냐하면 다음 순간 다른 세상으로 보일 것이기 때문이다.

세상은 본래 텅 빈 것이다. 거기 슬픔, 기쁨, 괴로움, 즐거움 따위는 그대가 만든 환상일 뿐이다. 고고함, 거룩함, 위대함 뭐 그런 것 또한 환상이다.

눈을 뜨지 못한 상태에서는 갖가지 환상만 가득할 뿐이다. 본래 장님이 아닌데 괜히 장님인 것처럼 굴지 말라.

처음엔 향기로운 풀을 따라갔다가,

다시 떨어지는 꽃 좇아 돌아옴이여.

이 얼마나 아름다운 답인가. 도중에 아주 멋진 경치를 보더라도 고향 돌아옴을 잊지는 마소.

마른 학은 찬 나무에서 발돋움하고,

미친 원숭이는 옛 누대에서 울부짖누나.

학은 무엇을 기다려 온기 없는 나무에서 발돋움을 하는 것이며, 미친 원숭이는 왜 옛 성현들의 자취 위에서 울부짖는 것인가?

어딜 갔다 왔는지를 확연히 밝혀 주었건만 봄기운 타령만 하는구나. 비쩍 마른 학이 부질없이 목을 빼고 있는 격이며, 미친 원숭이가 옛 성현의 자취를 더듬으며 울부짖는 격이다.

장사선사의 다함 없는 뜻이여! 쯧쯧!

장사선사의 답을 들어보라. '가을 이슬이 연잎에 떨어지는 경지' 따위에 연연하지 말라. 아무리 멋진 꿈이라도 꿈일 뿐이니….

설두선사께서 말로 다할 수 없는 소식을 이렇게 표현했다. "쯧쯧!"

부처님께서 정각에 이르신 자리, 그 적멸의 보리수 아래에서도 마이크로 설왕설래 떠드는 이 많다

제37칙

반산구심
(盤山求心)

반산선사의 마음을 구함

松江

다른 곳에서는 '반산선사의 삼계무법(盤山三界無法)'으로도 되어 있음.

설두스님께서 선택한 서른다섯 번째 얘기는 반산 보적화상(盤山寶積和尙, 720~814)의 법어(法語)이다.

보적스님은 마조 도일화상(馬祖道一和尙)의 법제자이다. 하북성(河北省) 유주(幽州) 반산(盤山)에서 법을 펼치며 후학을 지도했다. 법제자로는 기행을 일삼았던 진주(鎭州)의 보화화상(普化和尙)이 있다.

　어느 날 보적화상이 푸줏간 앞에서 탁발을 하느라 목탁을 치며 염불을 하고 있었다. 그때 어떤 사람이 고기를 사러 와서 "좋은 고기로 주게나."하고 말했다. 그러자 주인이 퉁명스럽게 말했다. "우리 가게엔 좋은 고기밖에 없습니다." 이 말을 듣는 순간 크게 깨달았다. 그리고는 게송을 읊었다.

　심월고원(心月孤圓)　광탄만상(光呑萬象)

　광비조경(光非照境)　경역비존(境亦非存)

　광경구망(光境俱亡)　부시하물(復是何物)

마음의 달 홀로 둥글어　그 빛이 만상을 삼키니,

빛이 경계를 비춤 아니요　경계 또한 있지 않도다.

빛과 경계가 다 없어지면　다시 이 무슨 물건인가!

『경덕전등록(景德傳燈錄)』제7권에 보적화상의 법문이 있어서 발췌해 본다.

「… [앞 생략] … 만약 마음이 부처라고 말한다면 지금 현묘한 이치(玄微)에 들지 못하고, 만약 마음도 아니고 부처도 아니라고 말한다면 여전히 자취를 가리키는 지극한 준칙(極則)일 뿐이다. 위로 향하는 길(向上一路)은 모든 성현이 전하지 못하거늘, 배우는 자가 몸을 수고롭게 하는 것은 마치 원숭이가 그림자를 잡으려는 것과 같다. … [중간 생략] … 마음의 달 홀로 둥글어 그 빛이 만상을 삼키니, 빛이 경계를 비춤 아니요 경계 또한 있지 않도다. 빛과 경계가 다 없어지면 다시 이 무슨 물건인가! … [중간 생략] … 삼계에 법이 없거늘 어디서 마음을 구하며, 사대(四大 – 몸)가 본래 공하거늘 부처인들 어디에 의지해 머무르랴. 구슬 기틀(학기璿機 – 구슬처럼 밝은 본분) 움직임 없이 적멸해서 말 없나니, 눈앞에 드러나 있을 뿐 다른 일 없도다.」

보적화상이 임종시에 대중에게 말했다.

"누가 나의 초상을 그릴 수 있겠는가?"

대중이 모두 초상을 그려 바쳤는데, 화상은 모두 아니라고 하였다. 이때 보화(普化)가 나섰다.

"제가 스님의 진영(眞影 – 초상화)을 그렸습니다."

"그렇다면 왜 나에게 바치지 않는가?"

보화가 물구나무를 서서 나가니, 보적화상이 말했다.

"저놈은 훗날 미친 듯이 사람을 교화하리라."

掣電之機에는 徒勞佇思요 當空霹靂은
철전지기 　　도로저사 　　당공벽력

掩耳難諧라 腦門上播紅旗하고 耳背後
엄이난해 　뇌문상파홍기 　　이배후

輪雙劍이라 若不是眼辨手親이면 爭能
륜쌍검 　약불시안변수친 　　쟁능

搆得이리요 有般底는 低頭佇思하고 意根
구득 　유반저 　저두저사 　　의근

下卜度하나니 殊不知觸髏前見鬼無數로
하복탁 　수부지촉루전견귀무수

다 且道하라 不落意根하며 不抱得失하고
차도 　불락의근 　불포득실

忽有箇恁麼擧覺하면 作麼生祗對오 試
홀유개임마거각 　자마생지대 　시

擧看하라
거간

철전지기(掣電之機) 번갯불을 잡아채는 것 같은 뛰어난 선기(禪機) 또는 그런 기량을 지닌 선지식.

도로(徒勞) 부질없이 애쓰는 것. 헛되이 수고함.

저사(佇思) 우두커니 서서 생각에 빠짐.

난해(難諧) 뜻한 바를 이루기 어려움.

뇌문상(腦門上) 머리 위.

홍기(紅旗) 붉은 깃발. 승리의 깃발.

안변수친(眼辨手親) 눈으로 가리고 손에 익숙함. 뛰어난 안목과 능숙한 솜씨.

구득(搆得) 성공함. 도달함. 이루어 냄.

의근하복탁(意根下卜度) 의근 아래에서 점치고 추측함. 알음알이로 분별함.

거각(擧覺) 스승이 보이고 제자가 깨닫는 것. 스승과 제자의 만남.

번개를[電] 잡아채는[掣] 기량을 만나면[之機] 부질없이[徒勞] 우두커니 서서[佇] 생각에 잠기고[思], 하늘에[空] 천둥소리[霹靂] 요란할 때면[當] 귀를[耳] 막을[掩] 겨를이 없다[難諧]. 머리 위로[腦門上] 승리의 붉은 깃발[紅旗] 펼치고[播] 등 뒤로는[耳背後] 쌍검을[雙劍] 휘두른다[輪]. 만약[若] 탁월한 안목과[眼辨] 뛰어난 솜씨가[手親] 아니라면[不是] 어찌[爭] 그럴 수가[搆得] 있겠는가[能].

어떤 사람은[有般底] 머리를 숙이고[低頭] 멍하니 생각에 잠겨[佇思] 알음알이로[意根下] 분별하지만[卜度], 해골[觸髏] 앞에[前] 보이는[見] 귀신이[鬼] 헤아릴 수 없음을[無數] 거의[殊]

알지 못한다[不知].

자, 말해보라[且道]! 알음알이에[意根] 떨어지지[落] 않고[不] 득실에[得失] 사로잡히지[抱] 않아서[不] 문득[忽] 이처럼 깨달은 선지식을 만나게 된다면[有箇恁麽擧覺] 어떻게[作麽生] 대해야 하겠는가[祇對]? 다음 얘기를 살펴보자[試擧看].

불교공부를 하는 사람은 처음엔 대개 좋아라고 한다. 모르던 것을 하나씩 익히고 쌓아가는 재미가 있기 때문이다. 그러나 어느 순간 번개가 치고 천둥이 울리듯 급박한 일이 벌어지면 지금까지 쌓은 불교지식이란 것이 쓸모없음을 알게 된다.

선지식을 만나면 자기가 배운 지식으로 헤아려보려고 겁 없이 덤비지만, 선지식은 결코 지식으로 헤아릴 틈을 주지 않는다. 팔만대장경을 넘어서는 안목이라야 겨우 살필 수 있고, 바람을 잡는 솜씨라야 겨우 손잡아 볼 수 있다.

어떤 사람은 자기 깜냥대로 선지식을 이리저리 평가하기도 하는데, 가령 충분히 분석했다고 좋아하는 그 순간도 다만 자기가 만들어낸 귀신 장난에 속고 있음을 모르고 있는 것이다.

과연 분별하지 않고 있는 그대로의 선지식을 볼 수 있는가? 손익 계산하지 않고 온전히 선지식과 마주할 수 있는가? 만약 그럴 수만 있다면 어느 누구도 어쩌지 못할 것이다.

수면 가까이 날고 있는 새
실체와 그림자는 아주 가깝지만 같은 건 아니다

擧 **盤山**이 **垂語云 三界無法**하니 **何處**
거　반산　　수어운　삼계무법　　　하처

求心이리오
구심

수어(垂語) 설법을 함.

삼계(三界) 중생이 사는 모든 세계. 욕망의 욕계(欲界), 물질의 색계(色界), 순수 정신의 무색계(無色界)

이런 얘기가 있다[擧].

반산화상께서[盤山] 법문에서[垂語] 말씀하셨다[云].

"모든 세계에[三界] 존재라고 할 것이[法] 없나니[無], 어느[何] 곳에서[處] 마음을[心] 구하랴[求].

松江

　반산 보적화상께서 금강보검을 휘두르셨다. 여기에 뭐라고 입을 대는 사람은 그 순간 혀가 잘릴 것이다. 여기 불교를 어느 정도 공부한 사람이라면 다 아는 용어를 구사해 놓았다. 삼계(三界)라느니, 법(法)이라느니, 마음(心)이라느니 하는 것 말이다.

　상식적 수준에서는 삼계는 어떤 존재로 구성되는 것이다. 우리가 세상이라고 하는 것은 보이는 것을 중심으로 얘기하지 않는가? 또한 그것을 인식하는 마음이라는 것이 있기에 우리도 존재함을 알지 않는가?

　그러나 그것은 어디까지나 그림자놀이이다. 삼계라는 것이 대체 어디에 있는가? 존재라는 것은 또 무슨 호수의 달 잡는 얘기인가? 마음이라는 것은 대체 무엇을 가리키는 것인가?

　이 모든 것들이 오직 하나를 가리키고 있으니, 무엇을 향하고 있는지를 분명히 봐야 한다.

석가모니와 이 대중들은 어디에 있는가
탱화에 있으니 있는 것인가, 실체를 볼 수 없으니 없는 것인가

三界無法하니 何處求心고
삼 계 무 법　　하 처 구 심

白雲爲蓋하고 流泉作琴이라
백 운 위 개　　유 천 작 금

一曲兩曲無人會하니
일 곡 양 곡 무 인 회

雨過夜塘秋水深이로다
우 과 야 당 추 수 심

위개(爲蓋) 일산이(蓋) 됨(爲).

작금(作琴) 거문고가(琴) 됨(作).

온 세상에[三界] 아무 것도 없나니[無法],

어느 곳에서[何處] 마음 따위를 구하랴[求心].

흰 구름은[白雲] 일산이 되고[爲蓋],

흐르는 물은[流泉] 거문고가 됨이라[作琴].

한[一] 가락[曲] 두[兩] 가락[曲] 아는[會] 이[人] 없으니[無],

비[雨] 지난[過] 밤[夜] 연못[塘] 가을[秋] 물[水] 깊어라[深].

松江

온 세상에 아무 것도 없나니, 어느 곳에서 마음 따위를 구하랴.

거칠 것 없는 대 자유인의 앞에서는 마음 따위 헛소리를 해서는 안 된다. 그런 것은 문밖에 있는 사람들에게나 해당될 뿐이다.

흰 구름은 일산이 되고, 흐르는 물은 거문고가 됨이라.

세계 최고의 오케스트라가 예술의 전당에서 연주하는 베토벤이나 말러의 교향곡을 들으면 얼마나 좋은가. 그러나 엄격히 따지면 그런 것들은 어디까지나 인위적인 것에 불과한 것이다. 천지가 음악당이 되고, 물과 바람과 나무와 바위가 악기가 되어 연주되는 우주교향곡을 들을 줄 알게 되면 어느 누구도 그대를 어쩌지 못하리라.

한 가락 두 가락 아는 이 없으니,

온 세상이 쉼 없이 최고의 인생을 위한 연주를 되풀이하고 있는데, 사람들은 망상에 빠져 부질없이 허송세월만 한다. 언제쯤에나 자신이 주인공임을 알게 될까?

비 지난 밤 연못 가을 물 깊어라.

설두스님께서 반산스님을 얼마나 좋아하는지를 알겠다. 가을비 지난 뒤 연못 깊어지는 도리라니. 오늘 밤은 설두스님과 더불어 가을 물 깊은 연못가를 노닐어야겠다.

하늘과 땅, 햇살과 바람이 만드는 가을 소나타

松江

다른 곳에서는 '풍혈선사 무쇠 소의 작용(風穴鐵牛之機)' '풍혈선사 조사의 마음도장(風穴祖師心印)'으로도 되어 있음.

설두스님께서 선택한 서른여덟 번째 얘기는 풍혈 연소화상(風穴延沼和尙, 896~973)의 법문과 대화이다.

연소스님은 남원 혜옹화상(南院慧顒和尙)의 제자이며,

임제화상(臨濟和尙)의 4대 법손(法孫)이다. 여주(汝州) 풍혈산(風穴山)에 주석했으므로 풍혈화상이라고 한다.

화상은 여항(餘杭) 출신으로 처음엔 월주(越州)의 경청순덕화상(鏡淸順德和尙)에게 출가하였으나 깊은 경지에 이르지 못했다. 이윽고 양주(襄州)의 화엄원(華嚴院)에서 남원화상의 제자인 수랑(守廓)스님을 만나 남원화상을 찾게 되었다.

처음 남원화상을 찾아갔을 때 절도 하지 않은 채 불쑥 물었다.

"입문(入門)해서는 반드시 주인(主人)을 가려야 하는데, 그 참된 뜻을 분별해 주십시오."

남원화상이 왼손으로 무릎을 만지자 연소가 할(喝)을 하였다. 남원화상이 다시 오른손으로 무릎을 만지자 연소가 또 할(喝)을 하였다. 이에 남원이 왼손을 들면서 말했다.

"이것은 그대를 따르겠다."

다시 오른손을 들면서 말했다.

"그럼 이것은 어찌하겠는가?"

연소가 말했다.

"눈멀었구나."

남원화상이 주장자를 들려는데, 연소가 말했다.

"무엇 하려고요? 주장자를 **뺏어** 노화상을 때려도 말하지 못했다고 하지 마십시오."

남원화상이 말했다.

"30년 주지를 지냈으나 오늘에야 누런 얼굴의 절강성 사람이 문턱에 와서 비단 짜는 꼴을 보았다."

"화상께서는 마치 발우도 얻지 못한 이가 거짓으로 시장하지 않다고 말하는 것 같습니다."

"그대는 언제 남원에 왔는가?"

"그게 무슨 말씀입니까?"

"노승이 분명한 것을 그대에게 물었느니라."

"그래도 놓치지 말아야 합니다."

"우선 앉아서 차나 마셔라."

연소가 비로소 제자의 예를 올렸다.

若論漸也_{인댄} 返常合道_라 鬧市裏七縱
약론점야　　　반상합도　　　요시리칠종

八橫_{이어니와} 若論頓也_{인댄} 不留朕迹_{이라}
팔횡　　　　약론돈야　　　불류짐적

千聖_도 亦摸索不著_{이니라} 儻或不立頓
천성　　역모색불착　　　당혹불립돈

漸_{인댄} 又作麼生_고 快人一言_은 快馬一
점　　우자마생　　쾌인일언　　쾌마일

鞭_{이라} 正恁麼時_{하야} 雖是作者_오 試擧
편　　정임마시　　수시작자　　시거

看_{하라}
간

점(漸) 점차로 깨닫게 하는 것.

반상합도(返常合道) 한결같음에 돌아가고 도리에 합치는 것.

칠종팔횡(七縱八橫) 일곱 번은 세로로 여덟 번은 가로로. 횡설수설하는 것. 이리저리 정신없이 바쁨. *자유자재하다는 뜻도 있음.

돈(頓) 단번에 깨닫게 하는 것.

짐적(朕迹) 조짐과 흔적.

만약[若] 점진적인 깨침을[漸] 논하자면[論~也] 한결같음에[常] 돌아가고[返] 도리에[道] 맞아야 하는 것이므로[合], 시끄러운[鬧] 저자에서[市裏] (한결같음과 도를 찾느라고) 이리저리 정신없을 것이다[七縱八橫]. 만약[若] 단박 깨침을[頓] 논하자면[論~也] 조짐과 흔적을[朕迹] 남기지[留] 않으므로[不] 일천[千] 성인이라도[聖] 또한[亦] 찾아도[摸索] 찾을 수 없다[不著].

만일[儻] 혹시[或] 단박과 점차를[頓漸] 세우지[立] 않는다면[不] 다시[又] 어떻게 해야 할까[作麼生]?

민첩한 사람은[快人] 한 마디 말이면 되고[一言], 영리한 말은[快馬] 한 번의 채찍이면 된다[一鞭]. 바로[正] 이러할[恁麼] 때[時] 어떤 이가[雖] 이러한[是] 선지식일까[作者]? (모르겠다면) 다음 얘기를 살펴보자[試擧看].

 松江

   지금도 끝없이 수많은 주장이 엇갈리고 있듯이 불교의 수행론은 무수히 많다. 그러나 크게는 두 가지로 정리할 수 있다. 하나는 서서히 점진적으로 업(業)을 맑히며 한 단계씩 깨달음으로 나아갈 수 있다는 주장이다. 물론 개개인의 수행 과정을 보면 이 주장도 일리는 있다. 그래서 많은 경론에서는 수행하며 오르는 단계를 무수히 설정해 두고 설명하기도 한다. 초기의 선(禪) 수행에서도 주로 단계적인 이 방법으로

지도했다.

또 하나는 순식간에 깨달음을 얻을 수 있다는 주장이다. 흔히 돈교(頓敎)라고 일컫는『화엄경(華嚴經)』등의 경전과 중국의 선종(禪宗)에서 주장하는 것이 모두 여기에 해당된다고 볼 수 있다.

그러나 위의 분류도 또한 사람들의 인식에 따라 달라질 수 있다. 부처님께서는 그 사람의 근기에 따라 지도하셨다. 그래서 어떤 사람은 무수한 세월을 수행한 후 비로소 깨닫고, 또 어떤 사람은 부처님의 설법을 한 번 듣고도 깨닫기도 했던 것이다. 그러므로 부처님의 가르침이나 지도법을 두고 돈교(頓敎)와 점교(漸敎)로 나누는 것은 어느 한 점만을 본 것이다. 어떤 이는 초기경전을 보면서도 마음이 활짝 열리고, 어떤 이는 대승경전을 보면서도 그저 세월만 보내는 이가 있다.

돈교라고 일컫는『화엄경(華嚴經)』을 보면서도 성불(成佛)까지의 단계를 53위(位)로 설정한 것에 매달리면 점진적 가르침이라고 받아들일 것이고, 이 사람은 53계위를 더듬느라 고생깨나 할 것이다.

『화엄경(華嚴經)』의 '한번 뛰어 여래의 경지에 이른다(一超直入如來地)'거나 '중생이 찰나에 성불한다(衆生成佛刹那中)'는 구절에 매달리면 단박 깨닫는 가르침이라고 받아들일 것이다. 하지만 도대체 어떻게 뛰어야 하는지를 모르니 또 아득할 것이다.

한 도시에 1080층 높이의 건물이 있다고 하자. 이 건물에는 꼭대기까지 오르는 무수히 많은 계단과 한 사람만 탈 수 있는 초고속 엘리베이터가 있다. 어떤 이가 산골에서 올라와 도시 전체를 보고 싶다고 해서 이 건물 옥상에서 보면 된다고 가르쳐 주었다. 그리고 건물 1층에 데려다 주고는 계단을 오르는 방법과 초고속 엘리베이터를 이용하는 두 가지 방법을 알려주었다. 이제 산골 사람에게는 세 가지 선택이 있다.

첫 번째는 건물 높이를 보고 지레 겁을 먹고는 포기하는 경우이다. 그는 수많은 세월 동안 도시의 골목들을 돌아다니며 도시를 알려고 할 것이다.

두 번째는 용기를 내어 계단을 오르는 경우이다. 계단이라면 산골에서도 익히 봐왔던 것이니 안심하고 선택할 수 있을

것이다. 비록 시간도 오래 걸리고 다리도 엄청 아프겠지만
중도에서 포기하지 않는다면 옥상에 올라 도시 전체를 볼 수
있을 것이다.

세 번째는 1인용 초고속 엘리베이터를 선택하는 경우이
다. 처음 대하는 엘리베이터를 탄다면 여기에 세 가지 유형
이 있다.

(1) 아주 머리가 명쾌해서 순식간에 꼭대기까지 오를 수 있
음을 완전히 이해한 경우라면 서슴없이 탈 것이다.

(2) 안내해 준 사람의 말을 절대적으로 믿는 경우라면 두렵
긴 하지만 그래도 믿음의 힘으로 탈 것이다.

(3) 두려움이 없는 경우라면 어차피 한 번의 인생이니 죽어
도 좋다는 각오로 탈 것이다. 물론 엘리베이터를 탄 사람
은 어지럼증을 경험하고는 잠시 후 도시 전체를 볼 수 있
을 것이다.

그런데 만약 계단도 없고 초고속엘리베이터도 없는 천 길
절벽이 눈앞에 나타난다면 어떻게 할 것인가?

사람들이 흔히 수미산이라고 하는 카일라스
계단도 엘리베이터도 없는데 어떻게 오를 수 있을까

다람살라 남갈사원의 달라이라마 존자님 법석
비어 있어도 아무나 오를 수는 없다. 어떻게 오를 수 있을까

擧 風穴이 在郢州衙內하야 上堂云 祖
거 풍혈 재영주아내 상당운 조

師心印이 狀似鐵牛之機하니 去卽印住
사 심인 상사철우지기 거즉인주

하고 住卽印破라 只如不去不住하야는 印
주즉인파 지여불거부주 인

卽是아 不印卽是아 時有盧陂長老하야
즉시 불인즉시 시유노파장로

出問호대 某甲이 有鐵牛之機하니 請師
출문 모갑 유철우지기 청사

不搭印하소서 穴云 慣釣鯨鯢澄巨浸터니
불탑인 혈운 관조경예징거침

却嗟蛙步輾泥沙로다 陂가 佇思어늘 穴이
각차와보전니사 파 저사 혈

喝云 長老何不進語오 陂가 擬議하니 穴
갈운 장로하부진어 파 의의 혈

이 打一拂子라 穴云 還記得話頭麽아
타일불자 혈운 환기득화두마

試擧看하라 陂가 擬開口어늘 穴이 又打
시거간 파 의개구 혈 우타

一拂子라 牧主云 佛法與王法이 一般
일불자 목주운 불법여왕법 일반

이니다 穴云 見箇什麼道理오 牧主云 當
혈운 견개십마도리 목주운 당

斷不斷하면 返招其亂이니다 穴이 便下座
단부단 반초기란 혈 변하좌

하다

영주아내(郢州衙內) 송(宋) 정주 목수(牧守) 이사군(李史君)이 업무를 관장하던 곳.

조사심인(祖師心印) 조사의 마음도장. 심인은 글이나 말에 의(依)하지 아니한 깨달음의 경지를 가리킴. 도장(印)이 진실을 증명하듯이 조사의 마음도 또한 진실하다는 것. 부처님께서 깨달으신 경지를 불심인(佛心印)이라고 한 데서 비롯됨.

철우(鐵牛) 무쇠로 만든 소. 무거워서 움직일 수 없거나 단단해서 뚫을 수 없는 것을 비유적으로 이르는 말.

철우지기(鐵牛之機) 무쇠 소의 작용. 사량과 분별을 넘어선 절대경지의 작용.

노파(盧陂) 파(陂)는 지명에 사용될 때는 '피'로도 읽을 수 있음. 여기서는 盧자가 갈대(蘆)라는 뜻으로도 사용되므로 '갈대 우거진 물가'라는 뜻으로 보고 '노파'로 읽음.

모갑(某甲) 자신을 낮출 때 쓰는 말. '제가' '제게' 등으로 번역.

경예(鯨鯢) 수컷 고래와 암컷 고래.

거침(巨浸) 큰물. 바다.

각차(却嗟) 안타깝다, 불쌍하다.

의의(擬議) 무슨 말을 하려고 머뭇거림.

불자(拂子) 원래는 파리나 모기를 쫓는 총채인데, 어른들만 가질 수 있었기에 큰스님들의 상징물이 되었음. 법문을 할 때나 제자를 지도할 때 손에 들고 있던 이것을 자주 사용하였음.

목주(牧主) 영주 목의 태수. 목수(牧守)

왕법(王法) 나라를 다스리는 법.

이런 얘기가 있다[擧].

풍혈선사께서[風穴] 영주의 관아[郢州衙] 안에서[在~內] 설법하는 자리에[堂] 올라[上] 말씀하셨다[云].

"조사의[祖師] 마음도장은[心印] 모양이[狀] 무쇠 소의 작용과[鐵牛之機] 같다[似]. 치우면[去] 곧[卽] 도장이[印] 나타나고[住] 그대로 두면[住] 곧[卽] 도장이[印] 나타나지 않는다[破]. 그렇다면[只] 만약에[如] 치우지도[去] 않고[不] 그대로 두지도[住] 않는다면[不], 도장이라[印] 해야[卽] 옳은가[是] 도장이[印] 아니라고[不] 해야[卽] 옳은가[是]?"

그때[時] 노파 장로가[盧陂長老] 자리에 있다가[有] 나와[出] 물었다[問].

"제가[某甲] 무쇠 소의 작용을[鐵牛之機] 가졌으니[有], 청컨대[請] 스님께서는[師] 도장을[印] 찍지[搭] 마십시오[不]."

풍혈선사께서[穴] 말씀하셨다[云].

"고래를[鯨鯢] 낚아[釣] 바다를[巨浸] 맑히는 데는[澄] 익숙하지만[慣], 안타깝게도[却嗟] 개구리가[蛙] 진흙 밭을[泥沙] 뒹구는구나[步輾]."

노파 장로가[陂] 생각에[思] 잠겼는데[佇], 풍혈선사께서[穴] 꽥 고함을 지르고는[喝] 말씀하셨다[云].

"장로는[長老] 어째서[何] 말을[語] 잇지[進] 못하는가[不]?"

노파 장로가[陂] 무슨 말을 하려고 머뭇거리는데[擬議], 풍혈선사께서[穴] 불자로[拂子] 한 번[一] 후려쳤다[打].

풍혈선사께서[穴] 말씀하셨다[云].

"내가 한 말의 참뜻을[話頭] 알기는[記得] 하겠는가[還~麽]? 한번 말해 보시게[試擧看]!"

노파 장로가[陂] 무슨 말을 하려고[開口] 머뭇거리는데[擬], 풍혈선사께서[穴] 다시[又] 불자로[拂子] 한 번[一] 후려쳤다[打].

영주의 태수가[牧主] 말했다[云].

"불법과[佛法] 더불어[與] 왕법이[王法] 똑같군요[一般]."

풍혈선사께서[穴] 말씀하셨다[云].

"어떤[箇什麽] 도리를[道理] 보았는가[見]?"

영주의 태수가[牧主] 말했다[云].

"끊어야[斷] 할 때[當] 끊지[斷] 않으면[不] 도리어[返] 혼란을[其亂] 초래합니다[招]."

풍혈선사께서[穴] 곧바로[便] 법좌에서[座] 내려오셨다[下]

松江

　풍혈선사께서 영주의 관청에 초청받아 고래잡이에 나섰다. 그래서 '조사의 심인'이니 '무쇠 소의 작용'이니 하며 미끼를 던졌다. 이건 낚시하는 놈을 통째로 삼킬 능력이 없다면 어설프게 물어서는 안 된다. 풍혈선사는 사실 자기를 미끼로 내어 놓은 것이나 다름없다. 대단한 자비이다.

　자긍심을 가진 노파 장로가 덥석 미끼를 물었다. 하지만 풍혈선사까지 집어삼킬 힘이 없었다. 비록 무쇠 소의 작용이 있다고 큰소리를 쳤지만, 그것을 곧바로 쓰지도 못했을 뿐더러 구걸을 하고 말았다. "스님께서는 굳이 저를 인정할 필요도 없습니다."라니, 쯧쯧!

　풍혈선사가 다시 한번 기회를 주었다. "고래를 낚아 바다를 맑히려고 했더니, 어찌 개구리가 나와 진흙에서 뒹굴고 있단 말인가" 이때라도 노파 장로가 무쇠 소의 작용을 보였어야만 했다. 그러나 다시 기회를 놓치고 머뭇거리고만 있었다.

여기까진 봐줄 만하다. 하지만 풍혈선사의 노파심이 지나쳤다. "내 뜻을 알기는 하는가?"하고 되물어볼 때쯤에는 이미 선사도 흙탕물을 뒤집어쓰고 있었다. 무릇 모든 선지식이 이처럼 자신을 버리면서까지 후학을 위하는 것이다. 하지만 노파는 아직도 헤매고 있는 것을 어쩌랴. 괜히 매만 벌고 있다. 그러자 선사를 초청했던 영주의 태수가 나서서 한 마디 했다.

"불법이나 나라의 법이나 매한가지군요."

"무슨 도리를 보았는가?"

"머뭇거리다간 큰일 나는 것이지요."

그랬다. 옆에 있던 태수가 적중은 아니었지만 그나마 과녁은 맞추었다. 선사가 제법 큰 잉어를 낚아 겨우 체면치레를 하고 낚싯대를 거둘 수 있었다.

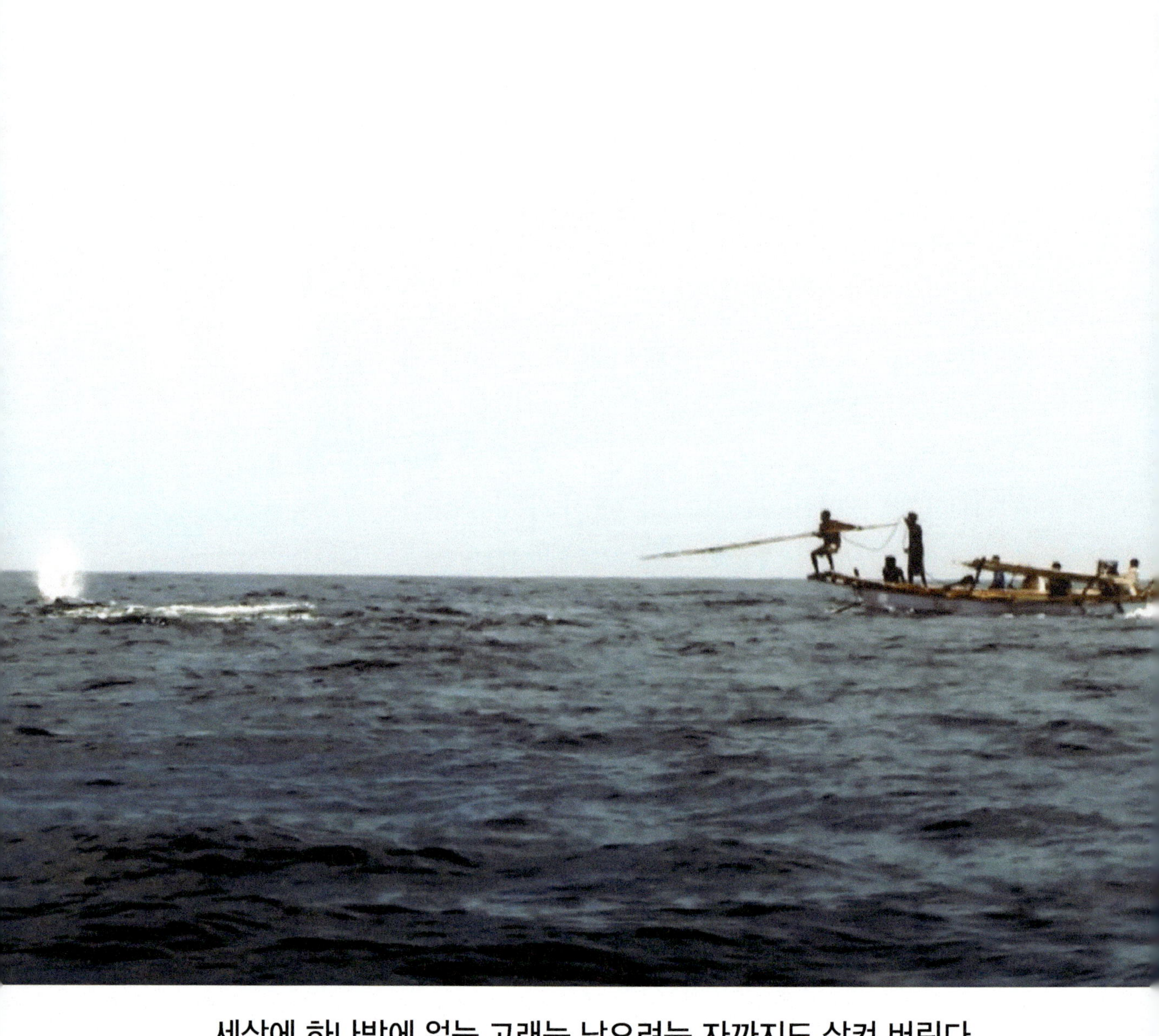

세상에 하나밖에 없는 고래는 낚으려는 자까지도 삼켜 버린다

擒得盧陂跨鐵牛나
금 득 노 파 과 철 우

三玄戈甲未輕酬로다
삼 현 과 갑 미 경 수

楚王城畔朝宗水를
초 왕 성 반 조 종 수

喝下曾令却倒流로다
할 하 증 령 각 도 류

삼현(三玄) 임제삼현을 가리킴. 현(玄)은 심오한 이치들을 설명할 때 쓰는 말. 임제종의 개조(開祖)인 임제(臨濟)선사는 "선의 종지(宗旨)를 제창함에 있어서 일구(一句) 가운데 모름지기 삼현문(三玄門)을 갖추고, 일현(一玄) 가운데 모름지기 삼요(三要)를 갖춘다."고 하였음.(『임제록』,『경덕전등록』) 그러나 임제선사께서 이 삼현이 무엇인지를 직접 설명한 것은 전해오지 않음. 여기서는 임제선사와 같은 능력과 솜씨를 갖추었다는 뜻.

과갑(戈甲) 간과갑주(干戈甲冑) 즉 방패, 창, 갑옷, 투구를 가리킴. 전투에 필요한 완전무장을 한 것. 공격과 방어의 능력을 갖춤.

초왕성(楚王城) 이 법문이 있었던 영주(郢州)가 당과 송대엔 초(楚)나라에 속했으므로 이렇게 표현한 것임.

조종수(朝宗水) 제후들이 황제를 만나기 위해 모여들듯이 모든 물이 모여드는 것을 일컬음. 여기서는 법회에 참석한 많은 사람들을 비유한 것임.

각도류(却倒流) 물줄기가 오히려 거꾸로 흐름. 모였던 사람들을 흩어지게 함.

노파 장로를[盧陂] 붙잡아서[擒得] 무쇠 소에
[鐵牛] 앉혔으나[跨]
삼현의[三玄] 창[戈] 갑옷엔[甲] 함부로[輕] 대
들지[酬] 못했네[未].
초왕의[楚王] 성[城] 주변에[畔] 모여든[朝宗]
물줄기를[水]
고함으로[喝下] 이미[曾] 거꾸로[却倒] 흐르게
[流] 하였네[令].

노파 장로를 붙잡아서 무쇠 소에 앉혔으나
삼현의 창 갑옷엔 함부로 대들지 못했네.

풍혈선사의 작전대로 미끼를 문 사람이 있었다. 그래서 무
쇠 소의 등에 태우기까진 하였다. 그러나 풍혈선사의 경지가
너무나 완벽하여 노파 장로는 제대로 대응도 못하고 말았다.
불교에 대한 이런저런 설명을 접한 사람들은 우선 흥미가
발동하여 공부를 해 보려고 한다. 하지만 마음공부란 결코
쉽지 않다. 단순한 용기만으로는 뚫고 나갈 수 없는 것이다.

초왕의 성 주변에 모여든 물줄기를
고함으로 이미 거꾸로 흐르게 하였네.

풍혈선사의 명성을 듣고 무수히 많은 사람들이 지도를 받
을까 하여 모여들긴 했으나, 의욕만으로 어떻게 하겠는가.
풍혈선사가 노파심으로 꽥 고함을 질러 일깨워 주려 하였으

나, 그 고함소리에 도리어 정신이 아득해지고 마는구나.

마음공부를 하려는 사람은 우선 생각의 대전환이 필요하다. 대부분의 사람들은 선지식으로부터 위로를 받으려고 한다. 그래서 힐링(healing – 치유)이니 뭐니 하며 감성적인 측면을 만족시키면 마치 자신이 공부가 된 듯 착각에 빠진다. 그러나 그것은 가짜다. 다른 한편으로는 지식으로 접근하는 측면이다. 불교에 대한 책을 혼자서 여러 권 읽고는 마음대로 해석한 뒤에 그것으로 보호막을 삼으려 한다. 그것도 역시 가짜다.

고함에 물줄기가 거꾸로 흐르듯, 이제까지 감성적으로 위로받으려는 방식이나 혹은 지식으로 접근하는 방식을 버려야 한다. 그래야 새로운 길이 겨우 보인다.

이 풍랑을 잠재울 수 있는가

松江

다른 곳에서는 '운문선사의 약초밭 울타리(雲門花藥欄)'
로 되어 있음.

설두스님께서 선택한 서른아홉 번째 얘기는 운문 문언선
사(雲門文偃禪師, 864~949)가 어떤 스님의 질문에 답한 내
용이다.

운문 문언화상은 가난한 집안 사정 때문에 어릴 때 공왕

사(空王寺) 지징율사(志澄律師)의 제자가 되어 율장에 대한 공부를 열심히 하였으나, 불법에 대한 목마름을 해결할 수 없자 황벽(黃檗)선사의 제자인 목주(睦州)선사를 찾아가 가르침을 청했다. 목주스님은 그를 보자마자 문을 닫아 버렸다. 문언스님이 열심히 문을 두드리자 목주스님이 물었다.

"넌 누구냐?"

"문언입니다."

"무얼 원하느냐?"

"참 성품을 깨닫고자 가르침을 받으려 합니다."

목주스님이 문을 열고 힐끗 보고는 문을 닫아 버렸다. 문언스님이 이틀간 계속 청했으나 거절당하다가 사흘째 문을 열어 주자 곧바로 문 안으로 발을 들여 놓았다. 목주스님이 멱살을 잡고 "말해! 빨리 말해!"라고 재촉하는데, 문언스님이 잠깐 머뭇거리는 사이 밀어내며 세차게 문을 닫았다. 그 바람에 미처 나오지 못한 문언스님의 한쪽 발목이 부러져 버렸다. 그 순간 시원한 경계를 맛보았다.

이윽고 목주스님의 소개로 설봉스님을 찾아가게 되었는데, 설봉스님이 주석하시는 산 아래에서 한 스님을 만나 부탁을 했다. "설봉스님이 법문을 하러 법당에 들어올 때 '불쌍한 늙은이여, 어찌 목에 걸린 칼을 벗지 않으시오!'라고 말해보시오." 그 스님이 시킨 대로 하자 설봉스님이 멱살을 잡고 다그쳤다. "말해! 빨리 말해!" 그 스님이 아무 말도 못하자, "누구의 말이냐?"고 다시 물었다. 전후 사정을 들은 설봉스님은 대중을 보내 문언스님을 데려와 제자로 삼았다.

운문스님이 설봉스님께 여쭈었다.

"무엇이 부처입니까?"

"잠꼬대하지 마라!"

운문은 예배하고 물러나 줄곧 삼 년을 지냈는데, 그러던 어느 날 설봉스님이 불러 물었다.

"자네 요즘 생활이 어떤가?"

"예전의 모든 성현들과 더불어 하나도 다르지 않습니다."

훗날 운문산에 30여 년 머물며 지도하였고, 그로 인해 운문선사라 한다.

운문 문언스님은 독설가처럼도 말씀하셨는데, 그 대표적인 것이 부처님 탄생게에 대한 법문이다.

운문선사가 법상에 올라 법문을 하시며 말씀하셨다.

"싯다르타가 태어나 사방 일곱 걸음을 걷고는 '이 우주 법계에 내가 오직 존귀하다'고 하였는데, 그때 내가 있었다면 몽둥이로 쳐 죽여 개에게나 던져 주어 세상을 시끄럽지 않게 했을 것이다."

☞ 운문선사의 몽둥이는 싯다르타를 향하고 있는 것이 아니다.

垂示

途中受用底는 似虎靠山이요 世諦流布
도 중 수 용 저　　사 호 고 산　　세 제 유 포

底는 如猿在檻이라 欲知佛性義인댄 當
저　　여 원 재 함　　욕 지 불 성 의　　당

觀時節因緣이요 欲煆百鍊精金인댄 須
관 시 절 인 연　　욕 하 백 련 정 금　　수

是作家爐韛니라 且道하라 大用現前底는
시 작 가 로 비　　차 도　　대 용 현 전 저

將什麼試驗고
장 십 마 시 험

도중수용(途中受用) 수행의 길에서 깨달음을 이뤄가는 것.

세제유포(世諦流布) 세상의 일반 도리로 법문을 하는 것. 세상 사람들이 좋아하는 부자가 되는 방법이나 출세하는 방법 등을 주제로 강의하는 것 등의 세속적인 가치관을 말하는 것.

시절인연(時節因緣) 좋은 때와 적절한 인연이 닿았을 때.

욕하백련정금(欲煆百鍊精金) 철저히 제련된 순금을 만들고자 한다면. 완벽한 깨달음을 이루고자 한다면.

작가로비(作家爐鞴) 뛰어난 스승의 풀무질. 뛰어난 선지식의 시험.

대용현전(大用現前) 큰 작용이 눈앞에 나타남. 큰 작용이 눈앞에 펼쳐짐.

수시

수행의 과정에서[途中] 깨달음을 이뤄가는 것은[受用底] 범이[虎] 산을[山] 의지하는 것[靠] 같고[似], 세속적 가치관을[世諦] 연설하는 것은[流布底] 원숭이가[猿] 우리에[檻] 있는 것과[在] 같다[如].

불성의[佛性] 뜻을[義] 알고자[知] 한다면[欲] 좋은 때와 인연이 닿는 것을[時節因緣] 잘 살펴야만 하고[當觀], 철저히 제련된[百鍊] 순금을[精金] 만들고자[煆] 한다면[欲] 바로[是] 전문가의[作家] 풀무라야만[爐鞴] 한다[須].

자 말해보라[且道]. 큰 작용이[大用] 바로 눈앞에서 펼쳐진다면[現前底] 무엇을[什麼] 가지고[將] 알아볼 수 있을까[試驗]?

 **松江**

　불교공부의 목적은 해탈 열반이다. 그러므로 철저하게 수행하여 부처님께서 말씀하신 것을 체득하고 아울러 정법으로 지도하여 사람들이 깨달을 수 있도록 돕는 것은, 마치 범이 산에 있는 것처럼 여법하고 당당하다.

　반대로 사람들이 좋아하고 원한다고 해서 입만 열면 영험과 복 받는 것에 대해 해가 기울도록 떠들면서 영험한 곳 찾아다닌다며 섣달그믐에 이르도록 대중을 이리저리 끌고 다닌다면, 이는 우리에 갇힌 원숭이가 온갖 재주를 부려도 결국 갇힌 신세를 면치 못하는 것과 같아서 해탈할 수 없다.

　자기 안에 부처의 성품을 깨닫고자 하는 사람은 때를 기다릴 줄 알아야 하며, 좋은 스승과의 인연을 놓치지 말아야 한다. 뿐만 아니라 스승의 모진 시험이 자신에게 베풀어지는 최고의 자비임을 알아서 끝까지 잘 견뎌 통과해야만 할 것이다. 농기구는 풀무질과 담금질을 적당히 하여 만들지만, 보검은 수만 배도 넘는 풀무질과 담금질을 거친 후에야 만들어지는 것이다. 농기구나 보검이나 모두 쇠로 만들지만, 두들기는 횟수에 따라 이처럼 달라진다. 만약 자신이 부처와 동등한 성품을 지녔다고 생각한다면, 싯다르타처럼 목숨을 걸고 수행해 보라. 특히 좋은 스승을 만났을 때는 절대로 물러서지 말라. 반드시 시험을 통과해야만 진불(眞佛)을 보게 될 것이다.

만약 석가가 평범한 스님의 모습으로 나타난다면 알아볼 수 있을까? 그저 자기 분상에 딱 맞는 허깨비나 쫓아다니느라 돌아보지도 않을 것이다. 이런 실수를 저지르지 않으려면 옛 선지식들의 언행을 유심히 살펴야만 한다.

비록 재주를 부려 허기를 면할 수는 있으나 자유를 얻을 수는 없다

舉 僧問雲門호대 如何是淸淨法身이닛고
거 승문운문　　　여하시청정법신

門云 花藥欄이니라 僧云 便恁麽去時
문운 화약란　　　승운 변임마거시

如何닛고 門云 金毛獅子니라
여하　　문운 금모사자

화약란(花藥欄) 작약, 모란 등의 꽃밭을 에워싼 울타리. 약초밭 울타리.

임마거시(恁麽去時) 그렇게 갈 때. 그렇게 알 때.

이런 얘기가 있다[擧]. 어떤 스님이[僧] 운문 선사께[雲門] 여쭈었다[問].

"어떤 것이[如何是] 청정한[淸淨] 법신입니까[法身]?"

운문선사께서[門] 답하셨다[云].

"약초밭 울타리지[花藥欄]."

그 스님이[僧] 여쭈었다[云].

"곧[便] 그렇게 갈 때는[恁麼去時] 어떻습니까[如何]?"

운문선사께서[門] 답하셨다[云].

"금빛 털 사자니라[金毛獅子]."

 **松江**

"어떤 것이 청정한 법신입니까?"

이 질문을 던진 스님은 나름대로 열심히 정진했을 것이다. 말로는 무수한 설명을 들었지만 뻥 뚫리지 않는 최후의 관문 때문에 수행자는 목숨을 건다. '자성청정'이니 '진여'니 '깨달음의 경지'니 하는 용어는 웬만큼 공부하면 다 아는 말이다. 문제는 그것이 자신의 경지가 아니라는 점이다. 그래서 이 수행자는 천하의 운문선사를 찾아서 이 질문을 던진 것이다.

"약초밭 울타리지."

선사의 답은 한편으로는 매우 자상하지만, 한편으로는 또 하나의 함정이 있다.

덕수궁 돌담길을 웬만큼 걸어본 사람은 덕수궁에 대해서 아주 잘 안다고 떠들 것이다. 그는 덕수궁의 담 모양에 대해 아주 상세하게 말할 것이고, 담 주변의 풍경에 대해서도 상세하게 말할 수 있을 것이다. 뿐만 아니라 얼핏얼핏 보이는 대문 너머의 대궐 지붕 등에 대해서도 설명할 것이다. 그렇다면 이 사람이 덕수궁에 대해서 잘 아는 것일까?

이미 첫 번째 답에서 모든 것을 밝혔지만 질문자는 가다가만 모양이다. 그래서 두 번째의 질문을 던졌다.

"그렇게 갈 때는 어떻습니까?"

선사께서 참으로 친절하게 답을 해 주셨다.

"금빛 털 사자니라."

덕수궁 돌담길 천만 번 걸었다고 자랑하지 말라. 대문 안으로 들어섰다고 자랑하지 말라. 다 둘러봤다고 자랑하지 말라. 임금의 의자에 앉아 봤다고도 자랑 말라.

자! 그럼 어떻게 해야만 할까?

"금빛 털 사자니라."

낙양 백마사의 작약밭
푸른 울타리 안이 작약밭이다 – 무엇이 보이는가

花藥欄이여 莫顢頇하라
화 약 란　　막 만 한

星在秤兮不在盤이로다
성 재 칭 혜 부 재 반

便恁麼여 太無端이로다
변 임 마　　태 무 단

金毛獅子大家看하라
금 모 사 자 대 가 간

만한(顢頇) 얼굴이 아주 큰 모양 → 아주 자만하는 모양.

성(星) 저울의 눈금.

반(盤) 저울에 달 때 물건을 담는 그릇.

태무단(太無端) 크게 바르지 않다. 아주 많이 어긋났다.

대가(大家) 그대들. 여러분.

송

약초밭 울타리여[花藥欄]! 자만하지[顢頇] 말라[莫].

눈금은[星] 저울대에[秤] 있지[在兮] 접시에[盤] 있지 않다[不在].

곧 그렇게라니[便恁麼]? 한참[太] 어긋났구나[無端].

금빛 털[金毛] 사자를[獅子] 그대들은[大家] 보라[看].

松江

약초밭 울타리여! 자만하지 말라.
눈금은 저울대에 있지 접시에 있지 않다.

설두스님은 운문선사 특유의 언행을 잘 꿰고 있다. '약초밭 울타리'라고 답한 운문선사의 눈은 결코 '약초밭 울타리'를 보고 있지 않음을 간파해야 한다. 사람들은 운문선사의 절절한 자비를 잘 모른다. 그래서 이러쿵저러쿵 멋대로 말들을 한다. 이런 이들에게 "아는 체 자만하지 말라!"고 설두 노인이 주장자를 날렸다. 하지만 설두 노인네도 참 자비가 넘친다. 한방 먹인 뒤엔 곧바로 자상하게 "눈금은 저울대에 있지 물건을 담아 다는 접시에 있지 않다"고 충고를 하는 것이다.

조심해야 한다. 앞 구절에 정신 차렸다가 뒤의 구절에서 옆길로 빠질 수도 있으니까.

곧 그렇게라니? 한참 어긋났구나.
금빛 털 사자를 그대들은 보라.

운문선사가 자상하게 답해 주었으나 수행승은 여전히 도 중의 얘기를 하고 있다. "곧 그렇게 가면(알면) 괜찮겠습니까?"라고 묻다니. 여기에 다시 설두스님의 노파심이 작동했다. "한참 어긋났구나." 어떻게 어긋났는지를 바로 봤다면 아마도 금빛 사자를 보았겠지.

운문선사는 동쪽의 일을 묻는 수행자에게 서쪽의 애길 해 주고 있다. "황금빛 사자니라."고 답해 주다니, 참으로 친절도 하시지. 설두 노인의 노파심은 끝이 없다. 그래서 백수 중의 왕인 사자, 그 사자들 중의 왕인 금빛 사자를 직접 보라고 충고한다. 하지만 이 노인네가 한 가지 쓴소리를 빼먹었다. '금빛 사자를 보기 전에 먼저 죽을 결심부터 해야 한다'는 한마디를 잊어버렸다.

바간 쉐지곤 사리탑 아래에 있는 황금사자
설마 이 사자를 상상하지는 않겠지

松江

　다른 곳에서는 '남전선사의 한 송이 꽃(南泉一株花)' 또는 '육환의 천지동근(陸亘天地同根)'으로도 되어 있음.

　설두스님께서 선택한 마흔 번째 얘기는 남전선사(南泉禪師), 748~834)가 육환 대부(陸亘大夫, 764~834)와 나눈 얘기이다.

　남전 보원선사는 당대(唐代)의 고승으로 마조 도일(馬祖

道一)선사의 법제자이다. 하남성(河南省)의 신정(新鄭)에서
출생했다. 속성이 왕씨(王氏)로 10살 때 하남성 밀현(密縣)
대외산(大隈山)의 대혜 종고(大慧宗杲)화상에게 출가하여
삼장(三藏)을 익히고, 777년 비구계를 받은 뒤에도 경론(經
論)을 공부했으나 부족함을 느껴 마조선사를 찾아뵙고 지도
를 받아 깨달음에 이르렀다. 795년에 안휘성(安徽省) 지양
(池陽) 남전산(南泉山)에 들어가 나무하고 농사를 지으며 선
풍을 떨치기 시작했으며, 30년간 한 번도 산을 나가지 않았
다. 말년에는 속성을 따서 스스로 왕노사(王老師)라고 칭했
다. 제자로 조주 종심(趙州從諗)·장사 경잠(長沙景岑)·자
호 이종(子湖利蹤) 등의 걸출한 이들이 많이 있고, 속가의
제자로는 육환 대부가 유명하다.

　육환 대부는 강소성(江蘇省) 소주(蘇州)의 오군(吳郡) 출
신으로 자(字)는 경산(景山)이다. 벼슬이 관리의 죄를 다스
리는 어사대부(御史大夫)에 이르렀기에 육환 대부라고 부른
다. 남전선사를 만나 지도를 받아 속가제자가 되었으며, 여
러 선사들과 교류한 기록이 남아 있다.

休去歇去하면 鐵樹開花라 有麼有麼아
휴 거 헐 거　　철 수 개 화　　유 마 유 마

黏兒落節이라 直饒七縱八橫이라도 不免
할 아 낙 절　　직 요 칠 종 팔 횡　　불 면

穿他鼻孔이라 且道하라 諕訛在什麼處오
천 타 비 공　　차 도　　효 와 재 십 마 처

試擧看하라
시 거 간

휴거헐거(休去歇去) 쉬어버리고 그쳐버리다.

직요(直饒) 비록~하더라도.

칠종팔횡(七縱八橫) 일곱 번을 오르내리고 여덟 번을 가로지름. 뛰어난 솜씨로 자유자재로 활동함. 자유자재한 뛰어난 솜씨.

천타비공(穿他鼻孔) 다른 사람(쉬어버린 사람)에게 콧구멍을 뚫리다. 쉬어버린 사람에게서 벗어날 수가 없다.

효와(諕訛) 잘못을 저지름. 실수.

쉬어버리고[休去] 그쳐버리면[歇去] 무쇠나무에[鐵樹] 꽃이[花] 핀다[開]. (그런 일이) 있는가[有麼] 있어[有麼]? 영리한 놈이[點兒] 손해를 보는 법이지[落節]. 비록[直饒] 자유자재한 뛰어난 솜씨를 지녔어도[七縱八橫] 쉬어버린 사람에게[他] 콧구멍[鼻孔] 뚫리는 것을[穿] 면할 수[免] 없다[不].

자, 말해보라[且道]. 잘못한 것이[譌訛] 어느[什麼] 곳에[處] 있는가[在]? 다음 얘기를 살펴보라[試擧看].

松江

　모든 분별과 헤아림을 다 쉬어버리고 더 이상 되풀이하지 않는 사람은 어떨까? 멍청한 바보처럼 보일까? 다른 이들에게는 그렇게 보일 수도 있다. 어쩌면 무쇠로 만든 나무처럼 아무런 감정도 없는 것처럼 보일 수도 있겠다. 분명히 출세할 수 있음에도 그저 남 보기에 궂은 일만 하는 사람이 있다. 분명 자기가 돈을 많이 벌 수 있는데도 남이 돈을 벌 수 있도록 하는 사람이 있다. 자신이 억울한 누명을 썼는데도 변명도 하지 않고 사실을 밝히려고도 하지 않는 사람이 있다. 왜 그럴까? 무쇠 나무에 꽃 핀 것을 보았기 때문이다.

　무쇠 나무에 꽃이 피다니? 그런 일이 있을 수 있는가? 그것을 본 사람이 있기는 한 것일까? 물론 있다. 그런 사람은 그런 경지에 이른 사람만이 알 수 있기에 일반적으로는 없는 것처럼 보일 뿐이다. 무쇠 나무는 희로애락에 흔들리지 않는다. 그 나무에 핀 꽃은 꽃이 아니라 빛이다. 자유이며 평화이며 적멸이다.

　세상에는 참 솜씨 좋은 사람도 많고 머리 좋은 사람도 많다. 그런데도 그들이 행복하지 않은 이유가 무엇일까? 온갖 술수를 부릴 수 있었던 손오공이 부처님의 손바닥을 벗어날 수 없었던 까닭이 무엇일까? 아주 잘 돌아가는 잔머리 때문이며 잔재주 때문이다. 그래서 손오공이 약간 멍청해 보이는 삼장법사의 제자일 수밖에 없었던 것이다.

손오공이 실수한 것이 무엇일까? 어째서 그는 마지막까지도 백지 경전이 아닌 글자로 가득한 경전을 가지고 왔을까? 그것이 어째서 잘못이란 말인가?

잘 살피지 않으면 손오공의 여의봉에 머리가 부서질 것이다.

어째서 용맹하고 날쌘 푸른 사자가
문수보살에게 꼼짝 못 하고 모시고 다니는 것일까
대만의 국보급 화가였던 대천(大千)거사 장원(張爰)의 문수보살도
[개화사 주지실]

擧 陸亘大夫與南泉語話次에 陸云 肇
거 육환대부여남전어화차 육운 조

法師道호대 天地與我同根이요 萬物與
법사도 천지여아동근 만물여

我一體라① 하니 也甚奇怪니다 南泉이 指
아일체 야심기괴 남전 지

庭前花하며 召大夫云 時人이 見此一
정전화 소대부운 시인 견차일

株花를 如夢相似니라
주화 여몽상사

조법사(肇法師) 승조법사(僧肇法師) – 도생(道生), 도융(道融), 도예(道叡)와 더불어 꾸마아라지이바(kumārajīva, 흔히 구마라집으로 칭함) 스님의 사대제자(四大弟子)라는 뜻으로 사철(四哲)로 칭송되던 고승. 법사가 지은 『물불천론(物不遷論)』, 『부진공론(不眞空論)』, 『반야무지론(般若無知論)』, 『열반무명론(涅槃無名論)』의 네 가지 논을 합쳐 『조론』이라고 함.

① 『열반무명론(涅槃無名論)』 제4에 나오는 문구.

이런 얘기가 있다[擧]. 육환 대부가[陸亘大夫] 남전선사와[南泉] 더불어[與] 얘기를 나누다가[語話次] 육환이[陸] (남전선사께) 말씀드렸다[云].

"승조 법사께서[肇法師] '천지는[天地] 나와[我] 더불어[與] 같은[同] 뿌리이고[根], 만물은[萬物] 나와[我] 더불어[與] 하나의[一] 몸이다[體]'고 하였으니[道], 이는[也] 매우[甚] 대단한 말입니다[奇怪]."

남전선사께서[南泉] 뜰[庭] 앞의[前] 꽃을[花] 가리키시며[指] "대부[大夫]!"하고 부르시고는[召] 말씀하셨다[云].

"요즘 사람들은[時人] 이[此] 한[一] 떨기[株] 꽃을[花] 마치[如] 꿈인[夢] 듯이[相似] 본다네[見]."

　육환 대부는 평소 승조 법사의 글을 좋아했나 보다.『조론(肇論)』은 나름 공부를 많이 했다고 자부하는 이들이 즐겨보는 수준 높은 논문이다. 뿐만 아니라 후대의 고승들이 이『조론(肇論)』을 보다가 심안(心眼)이 열린 이들이 많다. 논문의 글 중에서 '천지는 나와 더불어 같은 뿌리이고, 만물은 나와 더불어 하나의 몸이다'고 한 구절이 특히 유명하다. 이 구절은 승조 법사가 천지만물과 자신이 둘 아닌 경지임을 읊어 놓은 대목이다.

　육환 대부는 승조 법사의 그 경지가 얼마나 대단한 것인지를 남전선사 앞에서 언급했다. 서로 멋들어진 시간을 보내다가 왜 느닷없이 이 구절을 드러내어 대단하지 않느냐고 했을까? 혹시 이런 일 저지른 경우가 없는가? 매를 벌고 있구먼. 쯧쯧!

　천하의 남전선사가 어설픈 장난에 속을 리가 있는가! 바로 눈앞의 꽃을 가리키시며 "대부!"라고 환기시켰다. 승조 법사를 좇던 멍한 눈길이 제자리에 왔을까?『조론(肇論)』을 던져 버리고 불이(不二)의 경지에 섰을까?

남전선사는 참 자비로운 노인네다. 기어코 비밀을 실토하고 말았다.

"이보게! 사람들은 말이야, 몽롱한 동태눈깔로 잠꼬대하며 이 꽃을 본다니까!"

어째, 잠이 확 깨시나?

흐드러지게 꽃 피는 뜰에서 지난 겨울 눈 온 얘기하는 사람이 있다

頌

見聞覺知非——이라
견 문 각 지 비 일 일

山河不在鏡中觀이로다
산 하 부 재 경 중 관

霜天月落夜將半에
상 천 월 락 야 장 반

誰共澄潭照影寒가
수 공 징 담 조 영 한

견문각지(見聞覺知) 눈으로 보고, 귀로 듣고, 혀와 코와 살갗으로 느끼고, 마음(意)으로 아는 것.

비일일(非——) 하나하나가 아님. 낱낱이 아님. 별개가 아님.

야장반(夜將半) 밤이 막 절정(半)이 되려 함. 한밤중. 밤이 깊음.

보고[見] 듣고[聞] 느끼고[覺] 아는 것[知] 제각

각[一一] 아님이라[非]

산과[山] 강은[河] 거울 속[鏡中] 보이는 것에

[觀] 있지[在] 않도다[不].

서리 내린[霜] 하늘에[天] 달은[月] 지고[落] 밤

도 깊었는데[夜將半],

누가[誰] 맑은[澄] 못에[潭] 비치는[照] 그림자

의[影] 차가움[寒] 함께 하랴[共].

松江

보고 듣고 느끼고 아는 것 제각각 아님이라.

사람들은 바쁘다. 보이는 것 따라다니느라 바쁘고, 들리는 소리 따라 끌려다니느라 바쁘다. 느껴지는 맛과 냄새 감촉 분석하느라 바쁘고, 그런 것 모두 알고 있느라 무지 바쁘다. 그런데 무엇이 바쁠까? 입과 귀와 코와 혀와 살갗과 마음(意根) 중에 무엇일까? 그것을 분명히 깨달으면 바쁠 것 없다는 것도 바로 깨달을 것이다.

산과 강은 거울 속 보이는 것에 있지 않도다.

호수 속 달 잡으러 갔다는 청련거사(靑蓮居士) 이태백(李太白)이 달 건져 왔다는 소식 아직 듣지 못했고, 천하절색이라던 월나라(越國)의 미녀 서시(西施)는 아직도 거울 보며 미간을 찌푸리고 있단다. 그렇다고 이태백을 비웃을 것 없나니 지금 이 순간도 물에 비친 달 건지러 뛰어드는 사람 풀포

기보다 많고, 서시를 흉볼 것 없나니 거울 앞에서 취한 미인들이 경포대 모래보다 더 많다. 물론 육환 대부는 승조 법사의 꿈을 꾸느라 바쁘다.

호수 물이 다 마르고 거울이 깨어진다면 좀 속지 않으려나?

서리 내린 하늘에 달은 지고 밤도 깊었는데,
누가 맑은 못에 비치는 그림자의 차가움 함께 하랴.

서리 내리는 하늘처럼 차가워진 뒤, 비추는 것도 비춰지는 것도 사라져 버리는 그 소식! 그 자리에 이르지 못했다면 맑은 못도 얘기하지 말고, 그림자의 차가움도 입에 담지 말라. 뼛속까지 시려 본 사람이 아니라면 그 밤의 얘긴 들어도 모른다. 물론 안다고 생각하는 것이야 자유겠지만.

이 소식 전하려 석가노인이 타는 대지 위를 맨발로 걸으며 그토록 먼지를 뒤집어쓰셨지. 함께 걷던 아난이 석가와 함께한 것일까? 들은 얘긴 참 많았겠지.

누군가는 저 모습을 보면서 나를 잘 안다고 하던데, 뭘 잘 안다는 것일까

제41칙

조주대사각활
(趙州大死却活)

조주선사의 완전히 죽은 자가 살아나면

다른 곳에서는 '조주선사의 완전한 죽음(趙州大死)' '조주선사의 완전히 죽은 사람(趙州大死底人)' 등으로 되어 있음.

설두스님께서 선택한 마흔한 번째 얘기는 조주 종심선사(趙州從諗禪師, 778~897)와 투자 대동선사(投子大同禪師, 819~914)의 대화이다.

조주스님은 제2칙, 제9칙, 제30칙에 등장한 조주선사이다.

투자선사는 취미 무학선사(翠微無學禪師)의 법제자로 법명은 대동(大同)이다. 서주(舒州) 회녕(懷寧) 출신인데, 처음에는 수식관(數息觀-자신의 호흡을 관찰하는 공부-주로 참선 초기에 행함)을 익혔다. 뒷날『화엄경』을 보다가 성품의 실체를 깨달았고, 취미선사 밑에서 공부하다가 크게 깨쳤다. 이로부터 발 닿는 대로 떠돌다가, 고향으로 돌아가 투자산(投子山)에 암자를 짓고 은거했다. 스님은 한동안 직접 깨를 길러 기름을 짜 팔아서 생활을 했다고 하는데, 조주스님이 찾아가 만난 이후로 유명해져서 공부하는 이들이 모여들었다고 한다.

본칙의 대화는『경덕전등록』제15권에 소개되고 있는데, 본칙의 대화가 있기까지 다음과 같은 과정이 있었다.

「어느 날 조주화상이 동성현(桐城縣)에 온다기에 투자선사도 만나러 내려가 도중에서 만났으나 서로 몰라보고 지나쳤다. 조주스님이 사람들에게 물어서 투자선사임을 알고는 되돌아가서 말을 건넸다.

"투자산의 주인이 아니십니까?"

"차 마실 돈이나 한 푼 주시오."

조주스님이 먼저 암자에 와서 기다리고 있는데, 투자스님이 나중에 기름 한 병을 들고 돌아왔다. 이에 조주스님이 한마디 했다.

"투자의 소문은 들은 지 오래인데, 이제 보니 한낱 기름 파는 스님에 불과하군."

"스님은 기름장사만 보았지 투자는 못 보시는군요."

"어떤 것이 투자스님의 모습이오?"

"기름 사시오, 기름!"

"완전히 죽은 사람이 다시 살아날 때는 어떠하오?"

"밤에 가지 마십시오. 날이 밝으면 틀림없이 도달합니다."

"나는 일찍이 후백(侯白)이라 여겼더니, 후흑(侯黑)이었구면."

이 일이 있은 뒤로 투자선사의 이름이 널리 알려져서 수행자들이 모여들었다.」

중국 5호16국 시절의 진나라에 후백(侯白)이란 정치인이 수나라에 사신으로 갔다. 수나라에도 후흑(侯黑)이란 유명한 정치인이 있었는데 묵묵히 후백의 시중을 들었다. 후백은 후흑의 진면목을 알아보지 못하고 하찮은 심부름도 시키고 그의 앞에서 방귀도 뀌는 등 품위 없는 행동을 많이 했다. 그러다가 후백이 후흑에게 "수나라에는 귀한 말이 많다고 하는데 좋은 말을 구해서 내가 진나라로 갖고 가면 안 되겠나?" 하고 물었다. 후흑이 "능력도 발휘하지 못하고 방귀나 풍풍 뀌는 말은 좋은 말이 아닙니다."라고 답했다. 그때야 후백이 그를 알아보고 부끄러워하면서 진나라로 돌아갔다.

是非交結處는 聖亦不能知요 逆順縱
시비교결처　　성역불능지　　역순종

橫時는 佛亦不能辨이라 爲絶世超倫之
횡시　　불역불능변　　위절세초륜지

士하야 顯逸群大士之能하면 向氷凌上
사　　　현일군대사지능　　향빙릉상

行하고 劍刃上走라 直下에 如麒麟頭角
행　　　검인상주　　직하　여기린두각

하며 似火裏蓮華라 宛見超方하면 始知
　　　사화리연화　　완견초방　　시지

同道니라 誰是好手者오 試擧看하라
동도　　수시호수자　　시거간

교결(交結) 서로 엉기는 것. 여기서는 동시에 쓰는 것을 뜻함.

종횡(縱橫) 가로와 세로. 여기서는 종횡무진, 자유자재의 뜻.

절세(絕世) 세상에서 비교할 수 없을 만큼 뛰어남.

초륜(超倫) 무리를 넘어섬. 일반적인 경지를 넘어섬.

대사(大士) 보살(菩薩) 즉 보리살타(菩提薩埵 – Bodhisattva)의 한역(漢譯).

일군(逸群) 여러 사람들 중에서 뛰어남. 비범함.

완견(宛見) 뚜렷이 봄.

초방(超方) 방(方)은 장소, 방법, 수단, 도리, 비교 등의 뜻이 있음. 따라서 '초방(超方)'은 모든 것을 초월했다는 뜻.

호수(好手) 뛰어난 솜씨 또는 뛰어난 솜씨를 지닌 사람.

수시

옳음과[是] 그름이[非] 서로[交] 엉긴[結] 곳은[處] 성인도[聖] 또한[亦] 능히[能] 알지[知] 못하고[不], 거슬림과[逆] 따름이[順] 종횡무진할[縱橫] 때는[時] 부처도[佛] 또한[亦] 능히[能] 밝히지[辨] 못한다[不].

세상에서 견줄 수 없이[絶世] 뛰어난 경지의[超倫之] 사람이[士] 되어[爲] 비범한[逸群] 보살의[大士之] 능력을[能] 드러낸다면[顯], 얼음판[氷凌] 위에서[向~上] 걷고[行] 칼날[劍刃] 위를[上] 달린다[走]. 이는 곧[直下] 기린의[麒麟] 뿔과[頭角] 같고[如] 불[火] 속의[裏] 연꽃과[蓮華] 같다[似].

모든 것 초월한 것을[超方] 뚜렷이[宛] 본다면[見], 비로소[始] 같은 경지임을[同道] 알 것이다[知]. 누가[誰] 이런[是] 솜씨를 지닌 사람인가[好手者]? 다음의 얘기를 살펴보자[試擧看].

 **松江**

　모든 성현들의 가르침이라는 것은 평범한 사람들을 위한 것이다. 그 내용이라는 것이 괴로움에서 벗어나 편안하게 살 수 있는 방법을 가르친 것이다. 그러므로 사서삼경, 코란, 성경, 불경 등에 있는 얘기를 모두 외워, 입만 벌리면 성현의 말씀을 읊조린다고 해도 그것은 참 영험 없는 짓이다.

　만약에 옳다거나 그르다거나 하는 판단을 마음대로 동시에 사용하는 경지에 이른 사람이 있다면, 모든 경전의 말씀으로는 그를 설명할 길이 없다. 또 칭찬과 꾸중을 자유자재로 구사하여 사람들을 해탈케 하는 경지에 이른 사람이라면, 부처의 지견으로도 그를 '어떤 사람'이라고 가리기 어려운 법이다.

　배움과 지식의 수준을 이미 넘어선 선지식이 있어서 다른 이들을 위해 자신을 던질 수 있는 사람이라면, 빙판 위에서도 마음대로 걷고 칼날 위에서도 내달릴 수 있다. 그렇지만 이런 사람이 남의 눈에 쉬 보이겠는가. 기린의 뿔을 본 사람이거나 활활 타오르는 불길 속에서 연꽃이 피어나는 것을 본 사람이라면 혹여 볼 수 있을지 모르겠다. 그러니 함부로 이러쿵저러쿵 떠들지 말라.

　자신의 모든 것을 다 던져버리고 보이는 것과 들리는 것 등에 더 이상 속지 않는 경지가 되어, 배운 것과 기억한 것들을 초월하는 자리가 있음을 확실히 봐야 한다. 만약 태어나기 이전의 자리로 돌아간 사람이 있다면, 곧바로 우리가 같은 것을 보고 있음을 인정하겠다.

길게 자란 머리칼에 꾀죄죄한 옷차림을 한 맨발의 노승이
달을 가리키며 낄낄대고 웃는 모습을 본다면 사람들은 뭐라고 할까
간송미술관 소장, 이정(李霆, 1541∼) 문월도(問月圖)

擧 趙州問投子호대 大死底人이 却活
거 조주문투자　　　　대사저인　　각활

時如何오 投子云 不許夜行이니 投明
시여하　　투자운 불허야행　　　투명

須到니라
수도

대사저인(大死底人) 크게 죽은 사람. 완전히 죽은 사람. ➡ 여기서의 죽음은 육체적인 것을 가리키는 것이 아님. 모든 것이 적멸해진 경지에 이른 사람임.

각활시(却活時) 도리어 살아났을 때. 다시 활동을 할 때.

투명(投明) 밝아지면. 밝아졌을 때.

이런 얘기가 있다[擧].

조주스님께서[趙州] 투자스님께[投子] 물었다[問].

"완전히 죽은[大死底] 사람이[人] 다시[却] 살아날[活] 때는[時] 어떠하오[如何]?"

투자스님께서[投子] 말씀하셨다[云].

"밤에[夜] 가지[行] 마십시오[不許]. 날이 밝으면[投明] 틀림없이[須] 도달합니다[到]."

 **松江**

조주스님께서는 120세까지 사셨고, 투자스님께서는 96세까지 사신 분이다. 투자스님의 세수가 41세 아래다. 조주스님께서는 깨달으신 뒤의 운수행각(雲水行脚 - 스님들이 구름처럼 물처럼 떠도는 것)이 길었던 분으로도 유명하다. 80세가 되어서야 조주 관음원(현 백림선사)에 주석하셨다. 그러므로 조주스님의 세수가 80세 가까이 되어 만났다고 해도 투자스님은 40대가 되기 전이었다.

노련한 방랑객 고수와 모습을 감추고 사는 젊은 고수가 마주쳐서 몇 합을 겨루었다. 승부가 쉽사리 나질 않자 노련한 조주스님이 최후의 일격을 가했다.

"완전히 죽은 사람이 되살아났을 때는 어떤가?"

그러자 은거하던 젊은 고수가 되받아쳤다.

"어두운 밤에 낯선 길을 갈 게 뭐 있나요. 밝은 뒤에 그곳에 가게 될 텐데."

젊은 시절 떨칠 수 없었던 궁금증이 있었다. 도대체 깨달은 도인들은 우리와 다른 무엇을 가지고 있을까 하는 것이었다. 그래서 묻고 다녔다. 큰스님들만 뵈면 "큰스님, 도가 무엇입니까?" 하고 여쭈었다. 돌아오는 답은 죽비로 맞은 정수리의 혹이었다. 고등학교 2학년 때부터 정수리의 혹은 부처님의 육계(肉髻 – 살 상투라고 번역하며 불상에서 머리에 볼록 솟은 부분을 가리킴)처럼 항상 머리 위에 달고 다녔다. 하지만 도는 아득했다. 아마 이것은 나만의 경험은 아닐 것이다. 누구나 목숨을 걸고 공부한 이들의 시작은 대개 이렇기 때문이다.

만약 큰스님들께서 자상하게 말로 설명해 주셨다면 내가 도를 알 수 있었을까? 그건 절대로 아니다. 큰스님들께서는 과분하게 자비를 베푸셨지만, 다만 내가 미처 그 자비를 받을 수 없었던 것이다. 히말라야 높은 절벽에서 채취한 석청(石淸 – 야생의 벌이 돌 사이에 집을 짓고 모은 꿀)은 특이한 맛과 향과 기운을 가지고 있다. 먹을 때 적정한 양을 넘기면 목숨을 잃는다. 이것을 말로 설명해서 알 수 있을까? 진짜로 알고 싶다면 죽음을 각오하고 먹어봐야 할 것이다. 히말라야 석청은 용기 있는 대장부만 맛볼 수 있다. 만약 그대가 진짜 용기 있는 사람이라면 미리 상상할 것은 없다. 직접 맛보면 즉시에 알게 될 테니까.

해발 4,680m에 도달한 느낌을 함께 간 사람은 묻지 않는데,
아래에 있던 사람들은 자꾸 묻는다
2006.6.15 쿤밍 옥룡설산에서 후배가 찍어 준 사진

活中有眼還同死니
활 중 유 안 환 동 사

藥忌何須鑑作家오
약 기 하 수 감 작 가

古佛尙言曾未到라하니
고 불 상 언 증 미 도

不知誰解撒塵沙로다
부 지 수 해 살 진 사

약기(藥忌) 약 먹을 때 복용해서는 안 되는 음식.

작가(作家) 뛰어난 솜씨를 갖춘 사람. 전문가. 선지식과 같은 뜻.

사는[活] 가운데[中] 눈 밝은 것[有眼] 오히려

[還] 죽음과[死] 같으니[同],

약에 금한 음식으로[藥忌] 전문가를[作家] 가림

이[鑑] 어찌[何] 필요하랴[須]?

옛 부처도[古佛] 오히려[尙] 이미[曾] 이르지

[到] 못했다고[未] 했는데[言],

누가[誰] 티끌모래[塵沙] 뿌린다는 것을[撒] 이

해할지[解] 모르겠네[不知].

松江

사는 가운데 눈 밝은 것 오히려 죽음과 같으니,
약에 금한 음식으로 전문가를 가림이 어찌 필요하랴?

죽음과 삶은 허구일 뿐이다. 있는 것처럼 보이는 것과 없는 것이라고 생각하는 것의 차이이다. 번뇌와 지혜도 마찬가지이다. 괴로워하는 사람은 자기에게 번뇌가 많음을 모르니 있다고 할 수 없고, 깨달은 사람에게는 번뇌라고 할 것이 없으니 또한 있다고 할 수 없다. 그렇다면 왜 번뇌와 지혜라는 말을 만들었을까? 다른 삶이 있음을 일깨우기 위해서이다.

모든 것을 다 놓아버린 큰 죽음에 이른 사람은 가장 밝은 안목을 갖춘 참된 삶을 사는 이이다. 이 경지에서는 삶과 죽음이 똑같은 그림자놀이이다. 그러니 건강을 되찾겠다고 보약을 먹을 필요가 없다. 약을 먹지 않는데, 어찌 피해야 할 음식인들 있겠는가. 만약 어설프게 그따위 처방을 내렸다가는 크게 혼이 날 것이다. 하지만 돌팔이를 가려내는 데는 약 처방으로 시험하는 것만큼 좋은 방법도 없다.

옛 부처도 오히려 이미 이르지 못했다고 했는데,
누가 티끌모래 뿌린다는 것을 이해할지 모르겠네.

표현에 속아서는 안 된다. 이르렀다거나 이르지 못했다거나 하는 것도 손가락에 불과하다. 손가락이 가리키는 목표물은 다른 곳에 있다. 옛 부처도 이르지 못했다는 말이 가리키는 곳은 어디일까? 이 말을 두고 부처님도 깨닫지 못한 비밀스러운 것이 있다고 해석하는 자가 있다면, 이는 솜을 지고 물속으로 들어가는 나귀와 같다. 부처님이라 해도 깨닫지 못한 이에게 줄 수 있는 것은 아무 것도 없다. 그럼 깨달은 자에게는 줄 것이 있을까?

깨달음의 경지에서는 팔만대장경도 티끌모래이고, 조사들의 고함과 몽둥이질도 티끌모래이다. 그럼 조주스님과 투자스님 중에 누가 티끌모래를 뿌린 것인가?

산 사람과 죽은 사람이 함께 길을 가고 있다
누가 죽은 사람이고 누가 산 사람인가

다른 곳에서는 '방거사의 멋진 눈 송이송이(龐居士好雪片片)'로 되어 있음.

설두스님께서 선택한 마흔두 번째 얘기는 방온거사(龐蘊居士)와 선객(禪客)들의 대화이다.

방온거사(龐蘊居士, ~808)는 성이 '방'씨이고, 이름이 '온(蘊)'이며, 자(字)는 도현(道玄)이다. 호남(湖南) 형양(衡陽)

출신으로 당대(唐代)의 걸출한 재가 선객이다. 흔히 인도에
는 유마거사가 있고 중국에는 방거사가 있다고 할 만큼 유명
하다.

대대로 유학을 따르던 집안에서 태어나 벼슬길에 나가려
과거를 보러 가던 길에 한 스님을 만났는데, "이왕 과거를 보
려면 부처를 뽑는 과거장에 가면 어떻겠느냐"는 말을 듣고
불법에 뜻을 두게 되었다. 처음엔 석두 희천(石頭希遷)선사
의 지도로 선지(禪旨)를 얻었다. 이어 마조 도일(馬祖道一)
선사를 뵙고는 "어떤 사람이 만법(萬法 – 모든 존재)과 관계
하지 않습니까?"하고 여쭈었다. 그러자 마조선사께서 "그대
가 서강(西江)의 물을 다 마시면 가르쳐 주겠다."고 답하셨
다. 이에 방거사가 깊은 이치를 깨닫고 마조선사를 2년간 모
셨다. 이후로 천하의 선지식들과 교류하였고, 아내와 아들
그리고 딸까지 깨달음에 이르게 했다.

방거사 가족의 마지막 장면을 보면 이들의 경지를 짐작할
수 있다.

어느 날 방거사가 방에 앉아서 딸 영조(靈照)를 불러 말
했다.

“영조야, 밖에 나가 해가 정오에 이르면 알려다오.”

영조가 밖에 나가자마자 소리쳤다.

“아버지, 일식을 시작하는데요.”

방거사가 설마 하는 생각으로 밖으로 나가 하늘을 쳐다보니 해가 멀쩡했다. 순간 스치는 생각이 있어 돌아보니, 딸 영조가 자기가 있던 자리에 가부좌를 틀고 앉아 있었다. 들어와 자세히 보니 이미 숨이 끊어진 상태였다. 아버지가 임종하려는 것을 눈치챈 영조가 먼저 숨을 멈춘 것이었다. “녀석, 빠르기도 하다.” 방거사는 이 한마디를 내뱉고는 딸을 화장했다.

7일 후 평소 친하게 지내던 양주자사 우적(于頔)이 소식을 듣고 찾아오자, 그의 무릎을 빌려달라고 하여 베고 누워서 말했다.

“세상 모든 것은 변화하기에 있다고 할 수 없습니다. 꿈에라도 실제로 있다는 집착을 해서는 안 됩니다. 모든 것은 그림자 같고 메아리 같은 것입니다. 내내 건강하게 지내시기 바랍니다.”

이 말을 끝으로 숨을 거두니 방 안에 향기가 가득했다.

우적이 장례를 치른 후 따로 떨어져 살던 아내와 아들에게 사람을 보내 이 얘기를 전했다. 부인이 "바보 같은 딸년과 어리석은 영감이 내겐 말도 없이 가버리다니… 쯧쯧" 하고는 밭에서 일을 하고 있던 아들에게 이 사실을 알렸더니, "엇!" 하고는 선 채로 숨을 거두고 말았다. 부인이 "이 어리석은 놈이 어쩌면 이토록 바보짓이람." 하고는 아들을 화장한 후 평소에 알고 지내던 이들을 찾아가 일일이 인사를 하고는 사라졌는데, 다시는 그 모습을 볼 수 없었다고 한다.

우적이 편찬한 『방거사 어록(龐居士語錄)』 3권이 전한다.

垂示

單提獨弄이라도 帶水拖泥요 敲唱俱行이
단 제 독 롱　　　대 수 타 니　　고 창 구 행

라도 銀山鐵壁이라 擬議則髑髏前見鬼요
　　은 산 철 벽　　의 의 즉 촉 루 전 견 귀

尋思則黑山下打坐라 明明杲日이 麗
심 사 즉 흑 산 하 타 좌　　명 명 고 일　　여

天하고 颯颯淸風이 匝地라 且道하라 古
천　　삽 삽 청 풍　　잡 지　　차 도　　　고

人이 還有諱詆處麼아 試擧看하라
인　　환 유 효 와 처 마　　시 거 간

은산철벽(銀山鐵壁) 은으로 된 산과 무쇠로 된 벽. 뚫기도 어렵고 넘
기도 어려운 지경 또는 그런 경지.

의의(擬議) 일의 옳음과 그름을 헤아려 그 결정을 의논(議論)하는
일.

촉루(髑髏) 해골. 두개골. 머리.

심사(尋思) 찾고 생각함. 마음을 가라앉혀 깊이 생각함.

흑산(黑山) 흑산 지옥. 귀신 소굴. 정신없이 시끄러운 곳.

타좌(打坐) 앉는 것. 타(打)는 어떤 행위를 뜻하는 접두어.

삽삽(颯颯) 바람이 소리를 내고 부는 것. 시원한 바람 소리.

수시

혼자[單] 제시하고[提] 홀로[獨] 즐기더라도[弄] 물에[水] 젖은 채로[帶] 진펄을[泥] 끌어안음이요[拖], 두드리고[敲] 노래하기를[唱] 함께[俱] 하더라도[行] 은으로 된 산이고[銀山] 쇠로 된 벽이다[鐵壁].

이럴까 저럴까 머뭇거리면[擬議] 곧[則] 해골[髑髏] 앞에서[前] 귀신을[鬼] 볼 것이고[見], 찾고 생각하면[尋思] 곧[則] 흑산[黑山] 아래에[下] 앉을 것이다[打坐].

밝고[明] 밝은[明] 태양[杲日] 하늘에[天] 빛나고[麗], 시원하게 부는[颯颯] 맑은[淸] 바람[風] 땅에[地] 가득하다[匝].

자, 말해보라[且道]. 옛사람이[古人] 도리어
[還] 실수한[誵訛] 곳이[處] 있는가[有~麼]?
잠시[試] 다음 이야기를[擧] 살펴보자[看].

사람들은 곧잘 누군가가 깨달음의 경지를 알려 주기를 바란다. 알려준다고 과연 깨닫는 것이 가능할까?

목숨을 걸고 깨치려는 마음이 되지 않은 사람이 "부처가 무엇입니까?"하고 묻는다고 자비심을 발해 한 대 갈긴다면, 상대는 폭력을 행사한다며 화를 낼지도 모른다. 그 무엇도 받아들이지 못하는 사람이 "사랑이 무엇입니까?"하고 묻는다고 자비심을 발해 뽀뽀를 한다면, 상대는 성추행을 했다고 고발할지도 모른다. 아무리 고고하고 맑은 경지였다고 해도 누구나 그렇게 보지는 않는다.

상대가 초보자라고 해서 한없이 낮추어 그의 비위를 상하지 않게 상대해주며 설명한다고 해서, 마음 자세가 되지 않은 초보자가 깨달을 수 있을까? 그가 조금 재미는 느꼈을 수는 있다. 그러나 그에게 깨달음의 자리는 도저히 오르기도 어렵고 뚫고 나가기도 어려운 세계이다.

공부하는 사람이 이럴까 저럴까를 따지며 망설이고 있다면, 그는 있지도 않은 허깨비 같은 경계를 붙잡고 있는 것이다. 자신을 똑바로 보지는 않으면서 온갖 경전을 뒤적이며 찾고 생각한다면, 괜스레 몸만 아프고 마음만 힘들게 하는 것이다. 그런 방식으로 공부하다가는 결국 마음공부를 포기해버릴지도 모른다.

'깨달음의 경지'란 밝은 태양이 늘 하늘에서 빛나는 것과 같고, 시원한 바람이 대지에 가득한 것과 같다. 하지만 어떤 이에게는 이 태양도 보이지 않고, 시원한 바람도 느끼지 못한다. 참으로 안타까운 일이 아닐 수 없다.

옛 선지식들은 과연 어떻게 지도하고, 어떻게 깨닫게 했을까? 자세히 살필 일이다.

가르침을 설하시고 손 내밀어 일어서게 해 주신 부처님
아잔타 제10굴의 불화

本則

擧 龐居士辭藥山하니 山이 命十人禪
거 방거사사약산　　산　명십인선

客하야 相送至門首어늘 居士指空中雪
객　　상송지문수　　거사지공중설

云 好雪片片이라 不落別處로다 時有全
운 호설편편　　불락별처　　시유전

禪客이 云 落在什麼處오 士打一掌이라
선객　운 낙재십마처　　사타일장

全云 居士也不得草草하라 士云 汝恁
전운 거사야부득초초　　사운 여임

麼稱禪客이니 閻老子未放汝在하리라 全
마칭선객　　염노자미방여재　　전

云 居士作麼生고 士又打一掌하고 眼
운 거사자마생　　사우타일장　　안

見如盲하고 口說如啞로다 雪竇別云 初
견여맹　　구설여아　　설두별운 초

問處에 但握雪團便打라
문처　단악설단변타

상송(相送) 바래다 줌.

문수(門首) 가장 앞에 있는 문. 산문. 일주문.

호설편편(好雪片編) 멋진 눈송이로구나. 아 좋구나, 눈송이들이여.

초초(草草) 거칠게 행동하는 것.

염로자(閻老子) 염라대왕. 이 경우의 노자(老子)는 높은 직위의 사람을 가리킴.

자마생(作麽生) 무엇이라 하겠는가? '작마생'으로 읽지 말 것.

이런 얘기가 있다[擧].

방거사가[龐居士] 약산선사를[藥山] 하직하자[辭] 약산선사께서[山] 열 사람의[十人] 선객들에게[禪客] (방거사를) 산문까지[至門首] 바래다주라고[相送] 하였다[命].

방거사가[居士] 공중의[空中] 눈을[雪] 가리키며[指] 말했다[云].

"멋진[好] 눈송이로구나[雪片片]. 다른 곳으로[別處] 떨어지지[落] 않는군[不]!"

그때[時] 전이라는[全] 어떤[有] 선객이[禪客] 물었다[云].

"어느 곳으로[在什麼處] 떨어집니까[落]?"

방거사가[士] 한번[一] 철썩[掌] 쳤다[打].

전이라는 선객이[全] 말했다[云].

"거사께서는[居士] 거친 행동[草草] 하지 마시구려[也不得]."

방거사가[士] 말했다[云].

"그대가[汝] 이러고도[恁麽] 선객이라고[禪客] 한다면[稱] 염라대왕이[閻老子] 그대를[汝] 가만두지 않을 것이오[未放在]."

전이라는 선객이[全] 물었다[云].

"거사께서는[居士] 뭐라고 하시겠소[作麽生]?"

방거사가[士] 다시[又] 한번[一] 철썩[掌] 치고는 말했다[打].

"눈으로[眼] 보지만[見] 장님[盲] 같고[如], 입으로[口] 말하나[說] 벙어리[啞] 같구려[如]."

설두스님께서[雪竇] 특별히[別] 촌평하셨다
[云]. - 기록자가 붙임

"처음[初] 질문한[問] 곳(순간)에[處] 거침없이
[但] 눈 뭉치를[雪團] 만들어[握] 바로[便] 때렸
어야지[打]."

　방거사와 선객들이 눈 내리는 도량에서 산문을 향해 걷고 있다. 방거사가 내리는 눈을 보고 "참 좋구나. 눈이 펄펄 내리는구나. 다른 곳으로는 떨어지지 않는구나."하였다. 만약 선객들이 같이 즐겼다면 이 공안은 만들어지지 않았다.

　'다른 곳에 떨어지지 않는다'는 방거사의 지극히 당연한 감탄의 뜻을 전(全)이라는 선객이 알아듣지 못하고 질문을 함으로써 이 공안이 만들어졌다. 방거사의 말도 감탄이긴 하지만 굳이 흠을 잡자면 없는 것도 아니다. 내리는 눈은 말 한 마디 없건만, 방거사가 비단에 꽃을 놓는 방법을 쓴 것이기 때문이다.

　방거사가 곧바로 답을 했다. 하지만 선객의 대응은 어처구니없다. 이것으로 보아 선객은 처음부터 방거사의 마음을 읽지 못하고 있었음이 드러났다. 기껏 뱉은 말이 거친 짓 하지 말라고? 이것을 그냥 지나칠 방거사가 아니다. "그래서야 무슨 선객. 죽으면 지옥에나 갈 친구로군!" 아직도 이 선객은 막막한가 보다. 결국 방거사의 설명을 구했다.

방거사의 답은 한결같다. 다시 한방 먹였다. 그리고는 나무란다. "이거야 원, 내가 장님에 벙어리를 상대하는군."

설두 영감님이 그냥 지나칠 리 없다. 그래서 한 마디 내뱉었다.

"저런 병신, 곧바로 눈 뭉치로 그 입을 내갈겼어야지. 무슨 선객이 이따위야!"

설두 노인의 이 눈 뭉치는 누굴 향해 날아가고 있는 것인가?

방거사 부부와 딸 영조(靈照) - 일본 쿄토의 진주암(眞珠庵) 소장

개화사 도량에 눈 내리던 밤, 엉뚱한 곳으로 떨어지는 눈송이는 하나도
없었네

雪團打雪團打^여
설 단 타 설 단 타

龐老機關沒可把^{로다}
방 로 기 관 몰 가 파

天上人間不自知^라
천 상 인 간 부 자 지

眼裏耳裏絶瀟灑^{로다}
안 리 이 리 절 소 쇄

瀟灑絶^{이여}
소 쇄 절

碧眼胡僧難分別^{이로다}
벽 안 호 승 난 분 별

방로(龐老) 방거사.

기관(機關) 역량, 솜씨. 선기(禪機).

벽안호승(碧眼胡僧) 푸른 눈의 외국 스님. 달마대사.

눈 뭉치로[雪團] 쳐라[打], 눈 뭉치로[雪團] 쳐[打]!

방거사의[龐老] 솜씨는[機關] 가히[可] 잡을 수가[把] 없구나[沒].

천신들도[天上] 사람들도[人間] 스스로[自] 알지[知] 못함이라[不],

눈[眼] 속도[裏] 귀[耳] 속도[裏] 매우[絶] 맑고 깨끗하도다[瀟灑].

맑고 깨끗함도[瀟灑] 끊어짐이여[絶]!

푸른 눈의[碧眼] 외국 스님도[胡僧] 알아채기[分別] 어려우리[難].

 **松江**

눈 뭉치로 쳐라, 눈 뭉치로 쳐!

말에 떨어지지 말 것. 더듬거리지도 말 것. 틈이 보이면 바로 쳐야 한다. 그것이 허물을 없애는 최선의 방법이다.

방거사의 솜씨는 가히 잡을 수가 없구나.
천신들도 사람들도 스스로 알지 못함이라,
눈 속도 귀 속도 매우 맑고 깨끗하도다.

방거사는 절대 만만한 늙은이가 아니다. 데데한 말 따위로 상대하려다간 매만 벌고 만다. 눈 밝은 늙은이는 헤아려서 알 수가 없다. 그는 분명 말로 표현하고 있으나, 그의 말은 눈으로 보고 알 수 있거나 귀로 들어서 알 수 있는 현상 따위를 설명하는 것이 아니다.

맑고 깨끗함도 끊어짐이여!
푸른 눈의 외국 스님도 알아채기 어려우리.

언어, 관념의 세계를 넘어선 절대의 자리는 입을 벌리는 순간 어긋난다. 그 자리에 관한 한 달마대사가 오신다고 한들 한 마디도 할 수 없는 것이다. 그건 알아차림 이전이기 때문이다. 그러므로 아무리 좋은 가치관이라고 해도 걸려서는 안 된다. 걸리는 순간 자유는 사라진다.

여기에는 말을 하면 그르친다

 **松江**

다른 곳에서는 '동산선사의 추위와 더위 피하기(洞山寒暑廻避)' '동산스님의 추위와 더위 없음(洞山無寒暑)'으로 되어 있음.

설두스님께서 선택한 마흔세 번째 얘기는 동산선사(洞山禪師)와 어떤 스님과의 문답이다.

동산(洞山)은 중국 선종 가운데 조동종(曹洞宗)의 개조

(開祖)인 양개화상(良价和尙, 807~869)의 법호로, 주석하신 산의 이름이기도 하다. 당대(唐代)의 선승으로 절강성(浙江省) 회계(會稽) 출신이시다. 어릴 때 출가하여 영묵화상(靈默和尙)에게 사사하였고, 20세에 숭산(崇山)에서 비구계를 받았다. 이후 남전 보원(南泉普願)선사와 위산 영우(潙山靈祐)선사께 참학하였고, 운암 담성(雲巖曇晟)선사의 지도로 크게 깨닫고 법을 이었다. 강서 동산(洞山) 보리원(普利院)에 머물며 후학을 지도하였으며 뛰어난 제자가 27인이나 있다. 선사는 조동종의 개조(開祖)로 추앙되었는데, 대표적인 제자 조산 본적(曹山本寂)선사와 각각 앞 글자를 따서 조동종(曹洞宗)이라 한 것이다.

垂示

定乾坤句는 萬世共遵이요 擒虎兕機는
정 건 곤 구　　만 세 공 준　　금 호 시 기

千聖莫辨이라 直下에 更無纖翳하야 全
천 성 막 변　　직 하　　갱 무 섬 예　　전

機隨處齊彰하리라 要明向上鉗鎚인댄 須
기 수 처 제 창　　요 명 향 상 겸 추　　수

是作家爐鞴니라 且道하라 從上來還有
시 작 가 로 비　　차 도　　종 상 래 환 유

恁麼家風也無아 試擧看하라
임 마 가 풍 야 무　　시 거 간

겸추(鉗鎚) 대장장이가 쇠붙이를 다룰 때 사용하는 집게와 망치. 선지식의 지도력.

가풍(家風) 독특한 가르침이나 지도 방법.

수시

하늘과[乾] 땅을[坤] 평정하는[定] 한마디는[句] 만세토록[萬世] 함께[共] 따른다[遵]. 호랑이와[虎] 외뿔소를[兕] 잡는[擒] 솜씨는[機] 모든 성현도[千聖] 가려내지[辨] 못한다[莫].

곧바로[直下] 다시[更] 실오라기만큼이라도[纖] 가림이[翳] 없다면[無], 완전한 기틀이[全機] 이르는 곳마다[隨處] 한결같이[齊] 드러난다[彰].

초월적[向上] 지도력을[鉗鎚] 알고자[明] 한다면[要] 뛰어난 스승의[作家] 단련이[爐鞴] 있어야만 한다[須是].

자 말해보라[且道]. 옛날부터[從上] 오면서[來] 다시[還] 이러한[恁麼] 가풍이[家風] 있었는가[有] 없었는가[也無]. 다음 얘기를 살펴보자[試擧看].

松江

　부처님이나 조사님들의 결정적인 말씀들은 범부를 깨달음으로 인도한다. 그 한마디를 들은 사람은 천하에 부러울 것이 없는 사람이 되는 것이다. 바로 절대적인 자유인이 된다. 만약 누군가 절대의 경지에 이른 사람이 있어 맹수 같은 이들을 자유자재하게 다룰 수 있게 되면, 부처님이나 조사님들이 오신다고 해도 그를 어떻게 할 수 없을 것이다.

　지금 당장 티끌 하나 가림 없는 경지에 이르게 되면, 어디에 가더라도 그는 주인공으로 살 수 있을 것이다.

　하지만 그런 경지에 이르고 싶다면, 반드시 뜨겁게 달구는 풀무질과 사정없이 내려치는 망치질 같은 선지식의 모진 시험을 거치지 않고는 어렵다. 그래서 죽을 각오로 덤벼야 한다는 것이다.

　자. 이런 탁월한 역량을 보여주는 독특한 가르침이나 지도 방법에 어떤 것이 있을까? 바로 본칙에서 그 답을 얻을 수 있을 것이다.

무쇠는 뜨거운 풀무질과 망치질을 거친 후에야 비로소 보검이 된다

擧 僧問洞山호대 寒暑到來에 如何廻
거 승문동산　　　한서도래　　여하회

避닛고 山云 何不向無寒暑處去오 僧
피　　산운 하불향무한서처거　　승

云 如何是無寒暑處닛고 山云 寒時寒
운 여하시무한서처　　　산운 한시한

殺闍黎하고 熱時熱殺闍黎니라
살사리　　　열시열살사리

사리(闍黎) 스승이라는 뜻. 스님들 간에 상대를 존중할 때 사용하기
도 함. '도려'로 읽으면 안 됨. 인도 말 아아짜아랴(ācārya)를 소리대
로 옮긴 '아사리'에서 '아'를 생략한 것. 보통 아사리(阿闍梨) 또는 사
리(闍梨)로 사용되고 있음.

이런 얘기가 있다[擧]. 어떤 스님이[僧] 동산선사께[洞山] 여쭈었다[問].

"추위와[寒] 더위가[暑] 닥쳐오면[到來] 어떻게[如何] 피합니까[廻避]?"

동산선사께서[山] 말씀하셨다[云].

"어째서[何] 추위와[寒] 더위가[暑] 없는[無] 곳으로[處] 가지[去] 않는가[不向]?"

스님이[僧] 여쭈었다[云].

"무엇이[如何] 그[是] 추위와[寒] 더위가[暑] 없는[無] 곳입니까[處]?"

동산선사께서[山] 말씀하셨다[云].

"추울[寒] 때는[時] 추위가[寒] 스님을[闍黎] 지우게 하고[殺], 무더울[熱] 때는[時] 무더위가[熱] 스님을[闍黎] 지우도록 하게[殺]."

사람들은 고통이 없는 삶을 꿈꾼다. 그래서 늘 고통 없는 내일이 되게 해 달라고 기도한다. 출가 수행자도 괴로움 없는 삶을 희망한다. 그래서 항상 경전에 얼굴을 파묻고 있거나 선지식을 찾아다닌다.

고통이나 괴로움이 왜 생겼을까? 극락이나 천국에는 고통도 괴로움도 없다고 설명하고 있다. 그래서 거기에 가길 희망하고 좋은 일을 하며 노력한다.

그렇다면 지금의 이 고통과 괴로움은 어떻게 해야 할까? 오지 않은 내생의 즐거움이 지금의 이 고통과 괴로움을 없애 줄 수 있을까?

여기 어떤 스님이 바로 이 문제를 동산선사께 여쭈었다.

"추위와 더위가 닥치면 어떻게 피합니까?"

추위와 더위는 갖가지 피하고 싶은 고통과 괴로움의 요인이라고 생각되는 대상들을 가리킨다. 그래서 한껏 용기를 내어 추위와 더위를 피하는 도(道)를 여쭈었다. 어쩌면 시원한 답을 얻을 수 있으리라고 기대를 했으리라. 그런데 동산선사께서는 그런 것은 문제도 아니라는 듯이 농담처럼 툭 한 마디 던지셨다.

"왜 그런 것 없는 곳으로 가지 않아?"

마치 바로 옆방에 가라는 듯 내뱉는 선사의 말씀에 어안이 벙벙하진 젊은 스님이 재차 묻는다.

"대체 어떤 곳을 말씀하시는 것인지요?"

동산선사께서 보검을 휘둘러 그 스님의 목을 쳐 버렸다.

"추우면 자네가 그 추위가 되고 무더우면 자네가 그 무더위가 되게."

아 무자비한 동산노장님! 아 자비로우신 동산영감님!

그래도 이 멍청이는 아직도 추위와 더위가 없는 곳을 찾아 다니느라 쉴 새가 없구나.

1981~1984년의 겨울은 내게 얼음이었다. 학교 당국에 기숙사 사용승인을 받기는 했으나 난방도 안 되고 물도 쓸 수 없는 냉방에서 고려대장경과 씨름을 하고 있었다. 영하 15도를 오르내리는 서울의 혹한이었다. 작은 전기장판과 담요 두 장으로 겨울방학을 보냈던 것이다. 만일 누군가가 시켜서

어쩔 수 없이 그래야 했다면 아마도 그를 증오했을지도 모를 일이다. 하지만 스스로 원했기에 그 영하의 냉방에서 대장경과 함께한다는 그 기쁨은 추위를 잊게 했다. 그렇게 네 번째의 겨울을 맞았을 때, 나는 드디어 더위와 추위가 없는 곳에 이를 수 있었다.

2010년 8월 4일 작열하는 오후에 나는 타클라마칸 사막에 서 있었다
숨막히는 열기는 문제가 되지 않았다
나는 현장삼장과 혜초스님을 만나고 있었기 때문이다

垂手還同萬仞崖_라
수 수 환 동 만 인 애

正偏何必在安排_{리오}
정 편 하 필 재 안 배

琉璃古殿照明月_{하니}
유 리 고 전 조 명 월

忍俊韓獹空上階_{로다}
인 준 한 로 공 상 계

정편(正偏) 정(正)과 편(偏). '정'은 본체나 진여나 평등 등을 뜻하고, '편'은 현상이나 차별 등을 뜻함. 동산선사께서는 이 정과 편의 관계를 다섯 단계로 활용했는데, 제자인 조산 본적선사가 다시 정리를 해서 널리 사용했음.

[동산선사의 오위 – ① 정위각편(正位却偏) ② 편위각정(偏位却正) ③ 정위중래(正位中來) ④ 편위중래(偏位中來) ⑤ 상겸대래(相兼帶來)

[조산선사의 오위 – ① 정중편(正中偏) ② 편중정(偏中正) ③ 정중래(正中來) ④ 편중지(偏中至) ⑤ 겸중도(兼中到)

인준한로(忍俊韓獹) 전국시대 한나라의 영리한 개가 토끼를 쫓다가 둘 다 지쳐 쓰러져 죽었다는 고사에서 가져온 것.『전국책(戰國策)』

손[手] 드리운 것[垂] 오히려[還] 만[萬] 길[仞]

절벽과도[崖] 같음이라[同]

평등과[正] 차별이[偏] 어찌[何] 꼭[必] 배치함

에[安排] 있으리오[在].

유리의[琉璃] 오래된[古] 궁전에[殿] 밝은 달

[明月] 비추는데[照]

영리한[忍俊] 한나라 개는[韓獹] 부질없이[空]

계단을[階] 오르누나[上].

 **松江**

손 드리운 것 오히려 만 길 절벽과도 같음이라

동산선사께서는 참으로 자상하게 질문한 스님을 인도해 주신다. 그러면 뭘 하나? 상대는 핵심을 전혀 파악하지도 못하고 있는 것을. 그러니 절벽에 가로막힌 듯 답답하기만 하다.

평등과 차별이 어찌 꼭 배치함에 있으리오.

가르치기 위해서 절대평등을 제시하기도 하고, 차별적 현상을 보이기도 한다. 그러나 깨달음이 그 따짐에 있는 것은 아니다. 그저 부득이해서 두 가지를 보였을 뿐이다. 거기 매달리면 또다시 두 가지 극단을 만드는 꼴이니 조심해야 한다.

유리의 오래된 궁전에 밝은 달 비추는데

멋지구나, 동산선사의 답변이여! 분명하구나, 선사가 가리켜 보이신 곳이여! 하지만 그러면 뭣 하랴. 상대는 예부터 있던 유리궁전도 모르고 환한 달도 보질 못하는 것을.

영리한 한나라 개는 부질없이 계단을 오르누나.

질문한 스님이 자기 딴에는 날카롭게 따지고 들었다마는, 그러나 정작 소득이 전혀 없구나. 마치 달을 물려고 계단을 뛰어오르는 개와 같은 꼴이구나.

2009년 인도 뭄바이에서 봤던 달
지금 저 달은 어디서 무엇을 비추고 있을까

다른 곳에서는 '화산스님의 북을 칠 줄 알지(禾山解打鼓)'
로 되어 있음.

설두스님께서 선택한 마흔네 번째 얘기는 화산선사(禾山
禪師)와 어떤 스님과의 문답이다.

화산선사(禾山禪師)는 무은(無殷, 884~960)화상을 가리
킨다. 당말(唐末) 오대(五代)의 선승이시다. 화산은 강서성

길안부(吉安府) 태화현(泰和縣) 서북쪽에 있는 산으로 가화(嘉禾 – 낱알이 많이 달리는 벼)가 생산되므로 붙여진 이름이다. 추산(秋山)이라고도 일컬어지는 이 산은 71개의 기이한 봉우리가 연속되어 있으며, 최고봉인 적면봉 아래에 화산사(禾山寺 – 혹은 감로사甘露寺)가 있다.

무은스님은 복건성 연강현(連江縣) 출신으로 7세에 설봉 의존(雪峰義存)선사에게 출가하여 11년을 모셨고, 설봉선사가 입적하시자 청원 행사(靑原行思)선사의 법맥을 잇는 구봉 도건(九峰道虔)선사의 문하로 들어가 구족계를 받고 그 법을 이었다. 이후 화산의 대지원(大智院)에 주석하시어 선풍을 떨쳤다. 징원(澄源)선사라는 호를 받았고, 입적 후의 시호(諡號)는 법성(法性)선사이다.

本則

擧 禾山이 垂語云 習學謂之聞이요 絶
學謂之鄰이라하니 過此二者가 是爲眞過
니라 僧出問호대 如何是眞過닛고 山云
解打鼓니라 又問 如何是眞諦닛고 山云
解打鼓니라 又問 卽心卽佛卽不問이어니
와 如何是非心非佛이닛고 山云 解打鼓
니라 又問 向上人來時如何接이닛고 山
云 解打鼓니라

수어(垂語) 설법. 법문.

문(聞) 여기서의 문(聞)은 성문(聲聞)의 경지 즉 불교학자의 경지.

인(鄰) 가까이 갔다. 즉 연각(緣覺)의 경지로 홀로 삼매를 즐기는 수행자의 경지.

진과(眞過) 진짜 넘어섬. 보살 더 나아가 부처의 경지.

향상인(向上人) 절대의 경지로 향하는 이. 조사나 부처.

이런 얘기가 있다[擧]. 화산선사께서[禾山] 법문을 하시면서[垂語] 말씀하셨다[云].

"익히고[習] 배우는 것을[學] 듣는다고[聞] 일컫고[謂之], 배울 것이[學] 없는 것을[絶] 가깝다고[鄰] 일컫는다[謂之]. 이[此] 둘을[二] 넘어서는[過] 것이[者] 곧[是] 진짜 넘어섬이[眞過] 된다[爲]."

어떤 스님이[僧] 일어나[出] 여쭈었다[問]

"어떤 것이[如何] 곧[是] 진짜 넘어섬입니까[眞過]?"

화산선사께서[山] 답하셨다[云].

"북을[鼓] 칠 줄[打] 알지[解]."

그 스님이 다시 여쭈었다[又問]

“어떤 것이[如何] 곧[是] 참다운 진리입니까[眞
諦]?”

화산선사께서[山] 답하셨다[云].

“북을[鼓] 칠 줄[打] 알지[解].”

그 스님이 다시 여쭈었다[又問]

“곧[卽] 마음이고[心] 곧[卽] 부처라는 것은[佛]
이제[卽] 묻지[問] 않겠습니다[不]. 어떤 것이
[如何] 곧[是] 마음도[心] 아니고[非] 부처도
[佛] 아닙니까[非]?”

화산선사께서[山] 답하셨다[云].

“북을[鼓] 칠 줄[打] 알지[解].”

그 스님이 다시 여쭈었다[又問]

“끝없이 초월하는 이가[向上人] 올[來] 때는
[時] 어떻게[如何] 맞겠습니까[接]?”

화산선사께서[山] 답하셨다[云].

“북을[鼓] 칠 줄[打] 알지[解].”

　화산선사께서 승조법사(僧肇法師)의 『보장론(寶藏論)』 〈광조공유품(廣照空有品) 제일(第一)〉에 있는 다음 구절을 인용하여 법문을 하셨다.

　「무릇 도를 배우는 것에(夫學道者) 세 가지가 있다(有三). 첫째는 참되다고 일컫고(其一謂之眞), 둘째는 가깝다고 일컬으며(其二謂之鄰), 셋째는 듣는다고 일컫는다(其三謂之聞). 익히고 배우는 것을 듣는다고 일컫고(習學謂之聞), 배울 것이 없는 것을 가깝다고 일컬으며(絶學謂之鄰), 이 두 가지를 넘어서는 것을 참되다고 일컫는다(過此二者謂之眞).」

　그러자 법문을 듣던 어떤 스님이 일어나 날카롭게 질문을 했다.

　"어떤 것을 진짜 넘어선다고 하는 것입니까(如何是眞過)?"

　이것은 배워 익히는 단계나 홀로 즐기는 단계를 넘어선 경지에 대한 질문이다. 여기에 대한 화산선사의 답변은 한 치의 망설임이 없다.

"북을 칠 줄 안다."

여기서 바로 시원해져야 했다. 그러나 날카롭게 질문할 줄만 알았지 통하지는 못했다. 그래서 다시 질문을 던졌다.

"그럼 절대 진리는 무엇입니까?"

달마대사께서는 양무제의 이 질문에 "툭 터져 성스러울 것도 없다."고 답하셨다. 그러나 화산선사의 답은 변함이 없다.

"북을 칠 줄 안다."

이 정도면 툭 터졌어야 했다. 그러나 분별은 쉴 줄을 모른다.

"본질에 대한 절대긍정의 경지는 그만두고 그럼 마음도 부처도 아니라고 부정해 버리는 것은 무엇을 말하는 것입니까?"

이 정도의 질문은 아무나 하는 것이 아니다. 그 점에서 보자면 질문하는 스님도 어지간하다. 하지만 화산선사는 흔들림이 없다.

"북을 칠 줄 안다."

질문하는 이 스님은 대단히 논리적이다. 그러나 다만 논리적일 뿐이다. 그는 마치 자기의 논리가 생명이나 되는 듯이 따지고 있다.

"조사나 부처가 온다면 어떻게 맞겠습니까?"

이 정도면 질문으로는 장원급제감이다. 그런데 질문만 할 줄 알았지 답을 들을 줄 모르니 어떻게 하나. 화산선사의 마지막 일갈은 여전하다.

"북을 칠 줄 안다."

화산선사는 무서운 분이다. 아니 자비로운 분이시다. 상대가 통증을 느끼지 못하는 환자라는 것을 알지만 그래도 포기하지 않으시고 죽비를 휘두르셨다. 이 점에 있어서는 천하제일이라고 해도 손색이 없다. 그러나 선사께서 자비롭다고 잔꾀를 부리지는 말라. 바늘 하나도 절대 용납되지 않는 철벽이다. 누가 만든 철벽일까?

범어사 종루에서 저녁예불에 앞서 법고를 치는 모습
2008년 지원스님 촬영

一拽石이요 二般土로다
일 예 석　　　이 반 토

發機須是千鈞弩라
발 기 수 시 천 균 노

象骨老師曾輥毬나
상 골 노 사 증 곤 구

爭似禾山解打鼓리오
쟁 사 화 산 해 타 고

報君知하노니 莫莽鹵하라
보 군 지　　　막 망 로

甜者甜兮苦者苦니라
첨 자 첨 혜 고 자 고

예석(拽石) : 연자방아를 돌리다. 이것은 마조(馬祖)선사의 법제자인 귀종 지상(歸宗智常, ?~827)화상으로부터 비롯된 얘기이다. 귀종선사가 어느 날 전 대중을 소집하여 연자방아를 찧으라고 하였다. 귀종선사가 유나(維那 – 선원을 통솔하는 책임자)에게 물었다. "어디를 가시나?" 유나가 답했다. "연자방아를 돌리러 갑니다." 귀종선사가 말씀하셨다. "연자방아는 자네 마음대로 돌리지만 중심축은 움직이지 않도록 하게." – [원오선사의 평창에서]

반토(般土) 흙을 옮기다. 원주(袁州) 목평산(木平山)에 주석하셨던 선도(善道)화상의 고사에서 가져온 것이다. 선도화상은 새로 온 선객에게 꼭 세 짐의 흙을 운반시켜 시험을 했다고 한다. 선도화상은 게송에서 "동산(東山)의 길은 좁고 서산(西山)은 낮다. 새 벗이여, 세 짐을 사양하지 말라. 그대 길에서 오래 머물러, 밝고 밝음 깨닫지 못해 미혹하구나."고 하였다.

기(機) 여러 가지 장치. 발기(發機)는 여러 가지 장치를 다 활용함.

균(鈞) 서른 근. 천균(千鈞)은 삼만 근의 무게.

노(弩) 활 중에 연속으로 쏠 수 있는 장치를 갖춘 것,

상골노사(象骨老師) 상골산 즉 설봉산(雪峰山)의 노스님. 화산(禾山)스님의 스승인 설봉선사.

곤구(輥毬) 나무로 만든 공. 설봉선사께서는 나무 공 세 개를 가지고 있다가 그것을 굴려 찾아오는 이들을 시험을 했다고 함. 현사(玄沙)스님이 왔을 때도 공 셋을 굴렸는데, 현사스님은 공을 보지도 않고 별안간 칼을 뽑아 설봉선사를 베는 시늉을 하였다. 이에 설봉선사께서 현사스님의 선기(禪機)를 높이 샀다고 함.

망로(莽鹵) 멋대로 노략질함. 함부로 대함.

하나는[一] 연자방아 돌리기요[拽石], 둘은[二] 흙 나르기로다[般土].

장치를 쓰려면[發機] 마땅히[須] 곧[是] 삼만 근[千鈞] 큰활이라야 하네[弩].

상골산의[象骨] 노스님이[老師] 일찍이[曾] 공을 잘 굴렸다지만[輥毬],

어찌[爭] 화산스님의[禾山] 북을 칠 줄 안다고 함과[解打鼓] 같으랴[似].

그대들에게[君] 알려[報] 알게 하니[知], 멋대로 노략질하지[莽鹵] 말라[莫].

단[甜] 것은[者] 달고[甜兮] 쓴[苦] 것은[者] 쓰니라[苦].

하나는 연자방아 돌리기요, 둘은 흙 나르기로다.

귀종선사께서 "연자방아는 마음대로 돌리되 중심축이 움직이지 않게 하라"는 도리와 선도화상께서 흙을 세 번 옮기게 하면서 직접 밝고 맑은 도리를 깨닫게 하려는 뜻을 꿰뚫어야 한다.

장치를 쓰려면 마땅히 곧 삼만 근 큰활이라야 하네.

상대의 그릇을 가려내려면 어설프게 굴어서는 안 된다. 상대로 하여금 연속적으로 날아가는 화살을 피할 수 있는 솜씨가 있는 줄을 알려면 가벼운 활로서는 어림도 없다. 마찬가지로 선지식의 의중을 꿰뚫으려면 잔재주로는 어림도 없다.

상골산의 노스님이 일찍이 공을 잘 굴렸다지만,

설봉선사께서는 나무 공 세 개를 굴려 찾아온 객을 단번에 간파했다. 대체로 구슬을 잡느라 정신들이 없었지. 하지만 현사스님 같은 큰 그릇은 공 따위에 홀리지 않는다. 영리한 개는 던져 주는 것을 따라 정신없이 뛰지만, 사자는 곧바로 사람을 문다.

어찌 화산스님의 북을 칠 줄 안다고 함과 같으랴.
설봉선사의 공 굴림도 뛰어나지만 제자 화산선사의 "북 칠 줄을 안다"고 한 솜씨에는 미치지 못한다. 화산선사는 그야말로 잔재주를 부릴 틈을 주지 않는다. 철옹성이다. 이 성을 공략할 솜씨가 없다면 아직 멀었다.

그대들에게 알려 알게 하니, 멋대로 노략질하지 말라.
단 것은 달고 쓴 것은 쓰니라.
화산선사가 "북 칠 줄을 안다"고 한 것은 함부로 노략질하듯 대할 수 있는 경지가 아니다. 이러쿵저러쿵 말장난하지 말라. 스스로가 '단 것은 달고 쓴 것은 쓰다'는 것을 알아야 비로소 화산선사의 북채를 손에 넣을 수 있을 것이다. 아니지, 화산선사의 북채를 손에 넣어 어디에 쓰겠는가.

여기 오래된 북이 있다. 여간한 솜씨가 아니면 이 북은 울리지 않을 것이
다. 과연 누가 이 북을 칠 수 있을까

松江

　다른 곳에서는 '조주선사의 만법귀일(趙州萬法歸一)' '조주선사의 일곱 근 베옷(趙州七斤布衫)'으로도 되어 있음.

　설두스님께서 선택한 마흔다섯 번째 얘기는 조주선사(趙州禪師)와 어떤 스님과의 문답이다.

　조주스님(趙州, 778~897)은 종심(從諗)선사이시다. 십대에 출가하여 다른 절에 있다가 남전 보원(南泉普願)선사를 찾았다. 남전선사는 비스듬히 누운 상태로 어린 사미를 맞았다.

"어디서 왔느냐?"

"서상원(瑞像院)에서 왔습니다."

"그럼 훌륭한 상(瑞像–부처님)은 이미 보았겠구나."

"훌륭한 상은 모르겠으나 누워 계신 부처님(누워 계신 남전선사)은 뵈옵니다."

남전선사께서 벌떡 일어나 앉으시며 다시 물었다.

"네게 스승이 있느냐?"

"아직 일기가 찬데 스승님께서 법체 강녕하시옵니까?"

이렇게 남전스님의 제자가 되었고, 남전스님께서 입적하실 때까지 40년을 모셨다. 60세부터는 여러 곳을 다니시며 운수행각을 하시다가, 80세에 조주현 관음원(현재 백림선사 柏林禪寺)에 주석하시고, 그곳에서 40년을 후학을 지도하시었다.

要道便道하니 擧世無雙이요 當行卽行
요도변도　　　거세무쌍　　　당행즉행

하니 全機不讓이라 如擊石火하며 似閃電
　　전기불양　　　여격석화　　　사섬전

光이라 疾焰過風하고 奔流度刃하야 拈起
광　　질염과풍　　　분류도인　　　염기

向上鉗鎚라도 未免亡鋒結舌이라 放一
향상겸추　　　미면망봉결설　　　방일

線道하니 試擧看하라
선도　　시거간

거세(擧世) 온 세상. 모든 사람.

무쌍(無雙) 견줄 만한 짝이 없음.

질염(疾焰) 빠른 불길. 타오르는 불길.

겸추(鉗鎚) 대장간의 집게와 망치. 시험하는(단련시키는) 뛰어난 수단.

망봉결설(亡鋒結舌) 설봉(舌鋒)을 망결(亡結)함. 날카롭고 매서운 말재주(舌鋒)가 소용없어짐.

수시

말하기를[道] 원하면[要] 곧[便] 말하니[道] 온 세상에[擧世] 견줄 만한 짝이 없고[無雙], 행하려[行] 한다면[當] 곧[卽] 행하니[行] 완전한 솜씨는[全機] 양보하지[讓] 않는다[不]. 부싯돌을[石] 쳐서[擊] 일어나는 불빛[火] 같고[如], 번갯불[電光] 번쩍하는 것[閃] 같다[似]. 타오르는 불길이[疾焰] 바람을[風] 지나고[過], 세찬 물살이[奔流] 칼날을[刃] 건넌다[度]. 탁월한[向上] 수단을[鉗鎚] 쓴다 할지라도[拈起], 날카로운 말솜씨도 소용이 없어짐을[亡鋒結舌] 면치[免] 못한다[未]. 한 가닥[一線] 길을[道] 열어두었으니[放], 다음 이야기를 잘 살펴보라[試擧看].

松江

　자유자재하게 말하고 행동하는 경지란 어떤 것일까? 말과 행동에 한 치의 어긋남도 없고 망설임도 없는 것이다. 완벽한 경지란 모든 이들을 능가한다. 번갯불이 번쩍하듯 너무나 재빠르기에 미처 상대가 파악하기 어렵다. 강렬한 불길은 바람이 어쩌지 못하듯 그런 이의 솜씨는 아무도 잠재울 수 없고, 거센 물길을 칼날이 끊을 수 없듯 그의 재빠른 솜씨를 막을 수가 없는 것이다. 누군가 뛰어난 기량으로 그를 시험하려 할지라도, 입 한번 벙긋하지 못하고 말 것이다. 하지만 전혀 방법이 없는 건 아니다. 다음의 얘기를 보면서 그 길을 찾아보라.

조주선사께서 주석하셨던 관음원. 현재의 백림선사 천왕문

擧 僧이 問趙州호대 萬法歸一이어니와 一
거 승 문 조 주 만 법 귀 일 일

歸何處닛고 州云 我在靑州하야 作一領
귀 하 처 주 운 아 재 청 주 작 일 령

布衫하니 重七斤이더라
포 삼 중 칠 근

만법(萬法) 온 우주의 모든 것.

귀일(歸一) 하나로 돌아감. 근본으로 돌아감.

청주(靑州) 산동성(山東省) 청주(靑州)는 조주선사의 고향.

일령(一領) 옷 한 벌.

포삼(布衫) 베적삼.

이런 얘기가 있다[擧]. 어떤 스님이[僧] 조주선사께[趙州] 여쭈었다[問].

"모든 존재가[萬法] 하나로[一] 돌아가거니와[歸] 하나는[一] 어느[何] 곳으로[處] 돌아갑니까[歸]?"

조주선사께서[州] 말씀하셨다[云].

"내가[我] 청주에[靑州] 있을 때[在] 베적삼[布衫] 한 벌을[一領] 만들었는데[作], 무게가[重] 일곱[七] 근이었지[斤]."

松江

　모든 존재의 근원은 무엇일까? 철학이나 종교가 추구하던 것이었다. 그러다가 결론이 나왔다. 절대인 하나였다. 물론 이 하나에 대한 표현은 다양하다. 어쨌거나 그렇게 결론이 나는 듯했다. 불교에서도 이 근원에 대한 표현은 이미 홍수처럼 많은 설명이 나와 있다. 그런데 여기에 의문이 생겼다. 그렇다면 그 근원인 진리를 어디에 쓴다는 것인가? 여전히 사람들은 분별을 일삼고 괴로워하고 있지 않는가?

　나름대로 열심히 수행했다고 자부한 어떤 스님이 바로 이 문제를 조주선사께 여쭈었다. 만약 조주선사께서 진리가 어떠니 본성이 어떠니 했더라면, 이 공안은 생기지도 않았을 것이다. 아니 조주선사의 명성도 거기에서 끝났을 것이다. 하지만 이 노련한 선사께서는 고령에도 불구하고 번개 같은 솜씨를 보여 주셨다. 한 치의 망설임도 없이 곧바로 답하셨다.

　"내가 청주에 있을 때 삼베 적삼을 한 벌 만들었는데, 무게가 일곱 근이었다네."

여기에 한 생각도 움직이면 안 된다. 청주니, 삼베 적삼이니, 일곱 근이니 하는 것에 홀리지도 말라. 바로 뚫고 들어가야 한다.

조주선사를 만나러 들어가는 길은 곧다. 한 치의 망설임도 용납하지 않
는다 – 백림선사 법당으로 가는 길

頌

編辟曾挨老古錐나
편 벽 증 애 노 고 추

七斤衫重幾人知리오
칠 근 삼 중 기 인 지

如今抛擲西湖裏하니
여 금 포 척 서 호 리

下載淸風付與誰오
하 재 청 풍 부 여 수

편벽(編辟) 모아서 뭉침. 만법이 돌아간 하나.

노고추(老古錐) 노련하고 오래된 송곳. 노련한 경지에 이른 조주선사.

포척(抛擲) 물건을 내던짐.

하재(下載) 배에서 짐을 내림. 빈 배.

하재청풍(下載淸風) 물건을 싣고 강을 올라온 배가 짐을 내려놓고, 빈 상태로 시원한 바람을 받으며 강을 내려감. 그와 같은 시원한 깨달음의 경지.

부여(付與) 지니거나 갖도록 해줌.

하나로 뭉쳐[編辟] 바로[曾] 노련하고[老] 오래
된[古] 송곳을[錐] 밀쳤으나[挨],
일곱 근[七斤] 적삼의[衫] 무게를[重] 몇 사람
이나[幾人] 알리오[知].
이제[如今] 서호[西湖] 물속에[裏] 짐스런 물건
던져버리니[抛擲],
빈 배에[下載] 시원한 바람[淸風] 누구에게[誰]
전해 줄거나[付與].

하나로 뭉쳐 바로 노련하고 오래된 송곳을 밀쳤으나,

젊은 스님이 세상의 모든 존재를 하나로 귀결시킨 뒤, 그 하나가 어디로 돌아가느냐며 아주 노련하고도 날카로운 조주선사를 공격했다.

일곱 근 적삼의 무게를 몇 사람이나 알리오.

조주선사께서는 "내가 청주에 있을 때 베적삼을 만들었는데 무게가 일곱 근이었지."라고 답하셨다. 이 대답의 참뜻을 알 사람이 과연 몇이나 될까? 아마도 온갖 생각으로 답을 찾을 것이다. 그래서 과연 일곱 근 적삼 무게를 알 수 있을까?

이제 서호 물속에 짐스런 물건 던져버리니,

서호는 설두 노인네가 주석하시던 취봉(翠峰)쪽에 있는

호수이다. 설두 노인네는 이제 당신의 소견을 밝혔다. 선객이 짊어진 '하나'건 조주선사의 '적삼 무게 일곱 근'이건 모두 저 서호의 물속에 다 던져버렸다는 것이다. 훌훌 빈손이다.

빈 배에 시원한 바람 누구에게 전해 줄거나.

짐을 잔뜩 싣고 거센 물결 거슬러 오르던 배가 이제 모든 짐 다 내려놓고 흐르는 물결 따라 유유히 내려간다. 게다가 뒤에서는 시원한 바람까지 불어주는구나. 누가 과연 이 경지를 알까보냐. 그러니 누구와 이것을 얘기라도 해 볼거나.

조주 종심선사 진영

다른 곳에서는 '경청선사의 빗방울 소리(鏡淸雨滴聲)' 로도 되어 있음.

설두스님께서 선택한 마흔여섯 번째 얘기는 경청선사(鏡淸禪師)와 어떤 스님과의 문답이다.

경청 도부(鏡淸道怤, 864~937)선사는 설봉(雪峰)선사의 법제자로 운문, 장경 보복선사와 사형제가 된다. 벽암록에는

세 번 등장하며, 절강성 월주(越州)의 경청사(鏡淸寺)에 주
석하셨기에 법호가 되었다.

젊었을 때는 현사 사비(玄沙師備)화상 밑에 있었으나 공
부가 되질 않았다. 어느 날 현사화상께 여쭈었다.

"저는 여기 온 뒤로 열심히 공부하였습니다만 아직 아무런
실마리도 못 찾았습니다. 선(禪)은 어디로 들어가야 합니까?

"저 물소리가 들리는가?"

"네, 잘 들립니다."

"그럼 그리로 들어가게."

경청선사는 훗날 깨달음을 이룬 뒤에 사람들을 지도하면
서 이 방법을 곧잘 썼다.

원오선사의 〈평창〉에 몇 가지 예화가 있어서 옮긴다.

어느 때 옆에 있던 스님에게 물었다.

"문밖에서 들리는 것이 무슨 소리지?"

"비둘기 울음입니다."

"지옥에 떨어지고 싶지 않으면 여래의 올바른 가르침을
비방하지 말라."

어느 때 옆에 있던 스님에게 물었다.

"문밖에서 들리는 게 무슨 소린가?"

"뱀이 개구리를 잡아먹는 소리입니다."

"중생에게 고통이 있으리라고 짐작했더니, 도리어 고통스런 중생(답한 스님)이 있구나."

一槌便成하야 超凡越聖하고 片言可折
일추변성 　　　초범월성 　　　편언가절

하야 去縛解粘하니 如氷凌上行하고 劍刃
　　거박해점 　　　여빙릉상행 　　검인

上走라 聲色堆裏坐하야 聲色頭上行하나
상주 　성색퇴리좌 　　　성색두상행

니 縱橫妙用則且置하고 刹那便去時如
종횡묘용즉차치 　　　찰나변거시여

何오 試擧看하라
하 　시거간

종횡(縱橫) 자유자재하여 거침이 없음.

차치(且置) 뒤로 미루어 둠. 우선 내버려 둠. 그렇다고 침.

수시

한번의[一] 망치질로[槌] 곧바로[便] 이루어[成] 범부를[凡] 뛰어넘고[超] 성인을[聖] 넘어서며[越], 한마디[片] 말로[言] 가히[可] 결단하여[折] 얽힌 것을[縛] 풀고[去] 붙은 것을[粘] 뗀다[解]. 얼음[氷凌] 위를[上] 가고[行] 칼날[劍刃] 위를[上] 달리는 것과[走] 같아서[如], 소리와[聲] 모양의[色] 무더기[堆] 속에[裏] 앉아서[坐] 소리와[聲] 모양의[色] 머리[頭] 위를[上] 간다[行]. 자유자재한[縱橫] 묘한 작용은[妙用] 곧[則] 그렇다 치고[且置], 찰나에[刹那] 문득[便] 초월할[去] 때는[時] 어떠한가[如何]? 다음 얘기를 살펴보자[試擧看].

 **松江**

　준비가 된 사람이라면 한 방망이 후려쳐서 범부니 성인이
니 하는 차별을 넘어서게 하고, 시절인연이 된 사람이라면
한마디 말로 무수히 얽힌 것을 일시에 정리해 버린다. 올바
른 선지식이라면 이런 능력을 지녔다. 물론 준비가 되지 않
은 사람에게는 그저 말의 귀에 동풍이 부는 것(馬耳東風)과
같을 뿐이다.

　선지식의 솜씨는 살얼음판을 쏜살같이 지나가고 칼날 위
를 순식간에 내달리기에, 얼음 속에 빠지지도 않고 칼날에
발이 베이지도 않는다. 그런 솜씨가 있기 때문에 온갖 복잡
한 현실 속에 있으면서도 그 현실이라는 것에 함몰되지 않고
여유롭게 초월해 있다. 과연 누가 이 솜씨를 알아보겠는가.
어쩌다 일반 사람에게 알려 주어도 미처 시선이 쫓아가질 못
한다.

　자유자재한 묘용이야 알려주어도 모르니 잠시 미뤄 두기
로 하자. 그렇다면 눈 깜짝할 사이에 온갖 분별을 초월할 때
는 과연 어떻게 될까? 그 좋은 예가 아래 본칙이다.

죽비가 정수리에 떨어지기 전에 한마디 해 보라

擧 鏡淸이 問僧호대 門外是什麼聲고
거 경청 문승 문외시십마성

僧云 雨滴聲이니다 淸云 衆生顚倒하야
승운 우적성 청운 중생전도

迷己逐物이로다 僧云 和尙作麼生이닛고
미기축물 승운 화상자마생

淸云 洎不迷己로다 僧云 洎不迷己 意
청운 기불미기 승운 기불미기 의

旨如何닛고 淸云 出身猶可易어니와 脫
지여하 청운 출신유가이 탈

體道應難이니라
체도응난

전도(顚倒) 거꾸로 됨, 중요한 것과 그렇지 않은 것을 바꾸어 생각함.

기불미기(洎不迷己) 나를 잃지 않는 데 가깝다. 하마터면 나를 잃을 뻔하다.

출신(出身) 여러 가지 속박 등에서 벗어나 자유로워짐.

탈체(脫體) 본체(體) 전부(脫). 있는 그대로.

이런 얘기가 있다[擧]. 경청선사께서[鏡淸] 어떤 스님에게[僧] 물었다[問].

"문밖에[門外] 무슨[是什麼] 소리인가[聲]?"

질문을 받은 스님이[僧] 말씀드렸다[云].

"빗방울[雨滴] 소리입니다[聲]."

경청선사께서[淸] 말씀하셨다[云].

"어리석은 사람이[衆生] 생각이 뒤집혀서[顚倒] 자기를[己] 잃고[迷] 물건을[物] 따르는구나[逐]."

질문을 받았던 스님이[僧] 여쭈었다[云].

"큰스님께서는[和尙] 뭐라고 하시겠습니까[作麼生]?"

경청선사께서[淸] 말씀하셨다[云].

"나를[己] 잃지[迷] 않는 데[不] 가깝지[洎]"

질문을 받았던 스님이[僧] 여쭈었다[云].

"하마터면 나를 잃을 뻔했다는 것은[洎不迷己] 그 뜻이[意旨] 어떠합니까[如何]?"

경청선사께서[淸] 말씀하셨다[云].

"몸을 빠져나오기는[出身] 오히려[猶] 쉬우나[可易] 있는 그대로를[脫體] 말하는 것은[道] 매우[應] 어렵구나[難]."

松江

    주인공으로 산다는 말을 많이 한다. 어떻게 주인공으로 산다는 말인가? 어지간히 공부한 사람도 어떤 현상을 만나면 곧바로 그 현상에 떨어져 버린다. 마치 모든 것을 초월한 듯이 으스대던 사람도 상대의 한 마디 말에 진흙탕에 거꾸러진다. 공부를 다 마친 도인이라도 된 듯 잘난 체하던 사람도 눈앞에 벌어지는 일에 곧바로 화를 낸다. 그와 같은 예를 지금 경청선사께서는 낱낱이 드러내 보이셨다.

    비가 오는 날 옆에 있던 스님에게 툭 한마디 던지셨다. "문밖에 나는 소리가 뭔가?" 선사께서 빗방울 소리도 몰라서 물었겠는가. 바로 이것이 공부의 점검이다. 아니나 다를까 이 스님은 곧바로 함정에 **빠졌다**. "빗방울 소리입니다." 그러자 선사께서는 친절하게 가르쳐 주셨다. "어리석은 사람 같으니라고, 주인공은 잃고 빗방울 소리를 따라가는구나."

    그래도 이 스님이 밥만 축낸 것은 아니었나 보다. 곧바로 되물을 줄을 아는구나. "그럼 큰스님께서는 뭐라고 답을 하시겠습니까?" 바로 이때 경청선사의 참으로 멋진 답을 듣게 된다. "하마터면 나도 빗방울 소리를 따라갈 **뻔**했구나." 아아, 선지식의 자비여. 주인공도 잃지 않고 빗방울 소리도 살리는구나.

하지만 젊은 스님의 공력은 아직 선사의 경지에 미치지 못하는 것을 어쩌랴. 그래서 다시 질문을 했다. 후학을 위해서는 다행이라면 다행이겠다. "하마터면 빗방울 소리를 따라갈 **뻔**했다는 그 말씀의 뜻이 무엇입니까?" 사람들은 이 젊은 스님을 비웃겠지만, 이런 제자라도 옆에 있다면 그나마 다행이겠다. 대부분 질문마저도 할 줄을 모르니 어쩌겠는가.

여기 경청선사께서는 선지식의 면모를 참으로 멋지게 드러내셨다. "몸을 **빠**져 나오는 것은 오히려 쉬운데, 있는 그대로를 말하는 건 참 어렵구나." 혼자 해탈하는 것은 어렵지 않다. 문제는 그것을 설명하여 인도하는 일이다. 보리수아래에서 정각을 이루신 고타마는 아직 석가모니가 아니다. 일어나 먼지 속으로 걸어 나가셔서 설법을 하실 때부터 석가모니이시다.

비가 쏟아지는 밤 자신과 비를 동시에 살피는 사람 몇이나 되려나

虛堂雨滴聲이여 作者難酬對로다
허 당 우 적 성　　작 자 난 수 대

若謂曾入流인댄 依前還不會니라
약 위 증 입 류　　의 전 환 불 회

會不會여 南山北山轉霶霈로다
회 불 회　　남 산 북 산 전 방 패

입류(入流) : 경전에서는 '성인의 무리에 들어감', '깨달음의 경지에 들어감' 등으로 풀이하지만, 여기에서는 '흐름에 들어감' '빗방울 소리와 하나가 됨' 정도로 보는 것이 좋음.

텅 빈[虛] 집에[堂] 빗방울 떨어지는[雨滴] 소리여[聲]

선지식이라도[作者] 응대하여[酬] 답하기[對] 어렵네[難].

만약[若] 이미[曾] 흐름에[流] 들었다고[入] 말한다면[謂]

이전처럼[依前] 또한[還] 알지를 못한 것이니라[不會].

아는 것과[會] 알지 못하는 것이여[不會],

남산과[南山] 북산엔[北山] 점점[轉] 세차게 비 뿌리네[滂霈].

 **松江**

텅 빈 집에 빗방울 떨어지는 소리여
선지식이라도 응대하여 답하기 어렵네.

설두 노인네의 입은 금빛이다. 텅 빈 집에 빗방울 울리는 소리라니. 과연 누가 이런 표현을 할 수 있을까? 자 이러할 때 무어라고 하겠는가. 입을 다물고 있으면 좋긴 하겠는데, 기어이 한마디 하라고 한다면 어쩌겠는가. 함부로 입 놀리지 말라. 크게 다친다.

만약 이미 흐름에 들었다고 말한다면
이전처럼 또한 알지를 못한 것이니라.

만약 빗방울 소리와 하나가 되었다고 해도 여전히 까마득하다. 왜 그럴까? 그것도 또한 여전히 분별일 뿐이기 때문이다.

아는 것과 알지 못하는 것이여,
남산도 북산도 점점 세차게 비 뿌리네.

이 도리를 알았다고 해도 잘못이고 모른다고 해도 잘못이
다. 끝없이 천지의 빗소리에 끌려가서 흠뻑 젖을 것이다. 독
감 걸릴라 조심하게나.

페이스북의 문선희씨 작품 – 지리산 작은 암자의 비 오는 풍경

제47칙

운문육불수
(雲門六不收)

운문선사의 여섯으로 거둘 수 없음

松江

　설두스님께서 선택한 마흔일곱 번째 얘기는 운문선사(雲門禪師)와 어떤 스님과의 문답이다.

　운문 문언(雲門文偃,864~949)선사는 설봉선사의 법제자이다.

　가난한 집안 사정 때문에 어릴 때 공왕사(空王寺) 지징율사(志澄律師)의 제자가 되어 율장에 대한 공부를 열심히 하였으나, 불법에 대한 목마름을 해결할 수 없자 황벽(黃檗)선사의 제자인 목주(睦州)선사를 찾아가 가르침을 청했다. 목주스님은 그를 보자마자 문을 닫아 버렸다. 문언스님이 열심히 문을 두드리자 목주스님이 물었다.

"넌 누구냐?"

"문언입니다."

"무얼 원하느냐?"

"참 성품을 깨닫고자 가르침을 받으려 합니다."

목주스님이 문을 열고 힐끗 보고는 문을 닫아 버렸다. 문언스님이 이틀간 계속 청했으나 거절당하다가 사흘째 문을 열어 주자 곧바로 문 안으로 발을 들여놓았다. 목주스님이 멱살을 잡고 "말해! 빨리 말해!" 라고 재촉하는데, 문언스님이 잠깐 머뭇거리는 사이 밀어내며 세차게 문을 닫았다. 그 바람에 미처 나오지 못한 문언스님의 한쪽 발목이 부러져 버렸다. 그 순간 시원한 경계를 맛보았다.

이윽고 목주스님의 소개로 설봉스님을 찾아가게 되었는데, 설봉스님이 주석하시는 산 아래에서 한 스님을 만나 부탁을 했다. "설봉스님이 법문을 하러 법당에 들어올 때 '불쌍한 늙은이여, 어찌 목에 걸린 칼을 벗지 않으시오!'라고 말해

보시오." 그 스님이 시킨 대로 하자 설봉스님이 멱살을 잡고 다그쳤다. "말해! 빨리 말해!" 그 스님이 아무 말도 못하자, "누구의 말이냐?"고 다시 물었다. 전후 사정을 들은 설봉스님은 대중을 보내 문언스님을 데려와 제자로 삼았다.

운문스님이 설봉스님께 여쭈었다.

"무엇이 부처입니까?"

"잠꼬대하지 마라!"

운문은 예배하고 물러나 줄곧 삼 년을 지냈는데, 그러던 어느 날 설봉스님이 불러 물었다.

"자네 요즘 생활이 어떤가?"

"예전의 모든 성현들과 더불어 하나도 다르지 않습니다."

훗날 운문산에 30여 년 머물며 지도하였고, 그로 인해 운문선사라 한다.

天何言哉리오마는 四時行焉하며 地何言
천하언재　　　　사시행언　　　지하언

哉리오마는 萬物生焉이라 向四時行處하
재　　　　만물생언　　　향사시행처

야는 可以見體요 於萬物生處엔 可以見
　　가이견체　어만물생처　가이견

用이라 且道하라 向什麽處하야 見得衲僧
용　　차도　　　향십마처　　견득납승

고 離却言語動用과 行住坐臥하며 倂却
　이각언어동용　행주좌와　　병각

咽喉脣吻하고 還辨得麽아
인후순문　　　환변득마

천하언재(天何言哉)～만물생언(萬物生焉) 『논어(論語)』〈양화(陽貨)〉 제17에서 가져온 것.

하언재(何言哉) 어찌 말을 하랴. 아무 말도 하지 않음.

납승(衲僧) 누더기를 입은 스님. 수행자.

하늘은[天] 말이 없어도[何言哉] 사계절이[四時] 운행되고[行焉], 땅은[地] 말이 없어도[何言哉] 만물이[萬物] 자라게 한다[生焉]. 사계절이[四時] 운행하는[行] 곳에서[向處] 본체를[體] 볼 수[見] 있어야 하고[可以], 만물이[萬物] 자라는[生] 곳에서[於處] 작용을[用] 볼 수[見] 있어야 한다[可以].

자, 말해 봐라[且道]. 어느[什麼] 곳에서[向處] 수행자를[衲僧] 볼 수 있겠는가[見得]. 언어와[言語] 동작[動用], 가고[行] 머물고[住] 앉고[坐] 누움을[臥] 떠나고[離却], 아울러[倂] 목구멍과[咽喉] 입술을[脣吻] 버리고서[却] 다시[還] 밝힐 수[辨] 있겠는가[得麼].

 **松江**

하늘의 이치를 알고자 하는가? 봄·여름·가을·겨울이 어떻게 운행되고 있는지를 잘 살펴보라. 대지의 이치를 알고자 하는가? 만물이 어떻게 자라는지를 자세히 보면 곧 알 수 있다. 이미 하늘의 이치를 꿰뚫었다면 진여의 본질이며 법신의 본체를 굳이 설명할 필요가 없을 것이고, 대지의 이치를 밝게 보았다면 구차하게 화신의 미묘한 작용을 설명할 필요가 없을 터이다.

수행자의 진짜 모습을 어떻게 해야 파악할 수 있을까? 그 스님의 법문을 가지고도 파악하려 하지 말고, 그 스님의 일상생활의 모습들로도 파악하려고 하지 말라. 말로 그것을 표현하지도 않으면서 제대로 밝힐 수 있을까?

사람들은 모든 것을 언어로 풀어헤치면 다 안다고 생각한다. 하지만 어림도 없다. 법신은 침묵하지 않고 화신은 말하지 않는다. 모든 언어와 행위를 떠났으되 팔만 사천 법문을 설하고, 돌아서면 싹 쓸어버린다. 여기에 걸리지 않고 똑바로 봐야만 할 것이다.

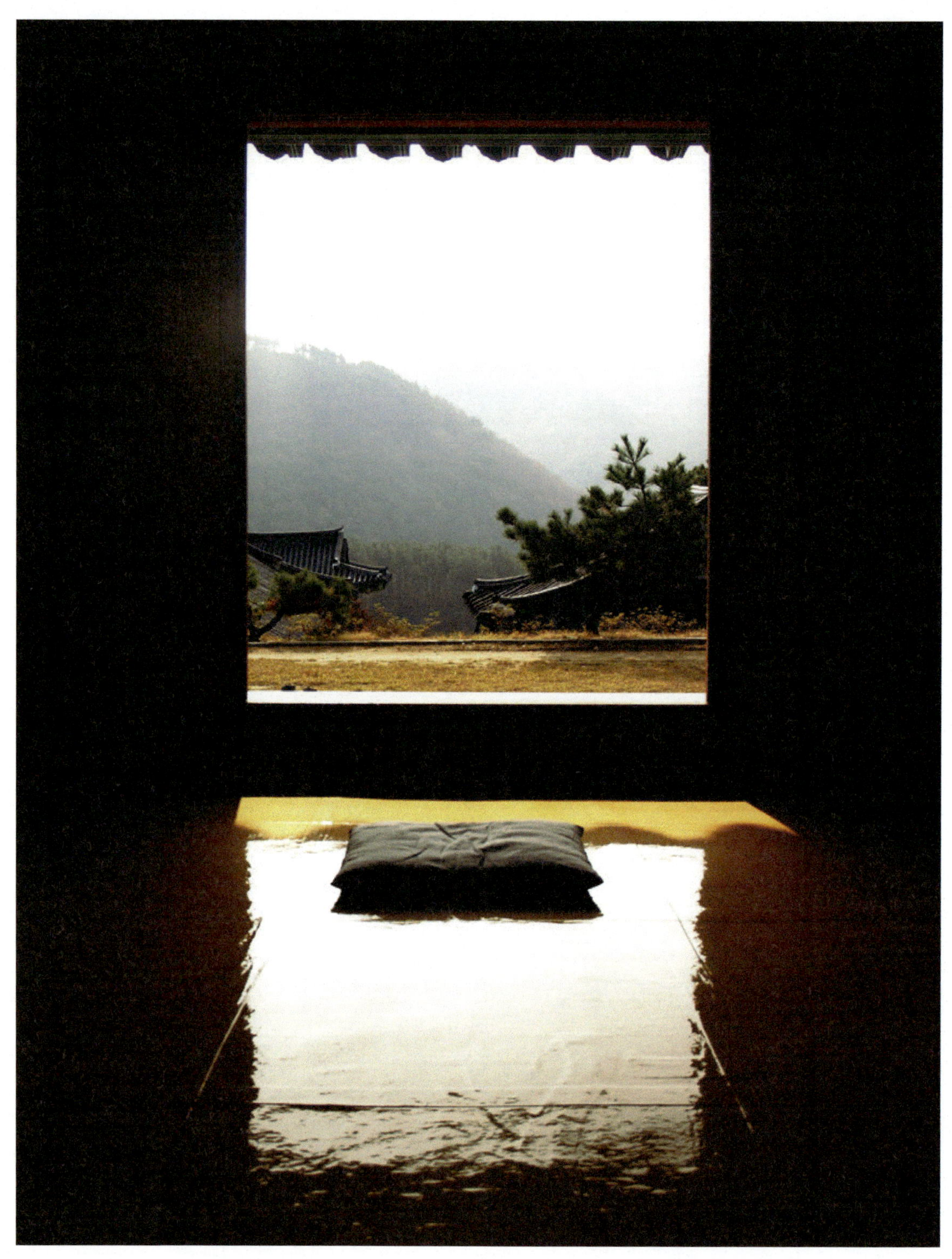

여기에서 수행자의 본질을 꿰뚫을 수 있어야만 하리

擧 **僧問雲門**호대 **如何是法身**이닛고 **門**
거　승문운문　　　　여하시법신　　　　문

云 **六不收**니라
운　육불수

육(六) 우주 만물을 구성하는 여섯 가지 요소인 육대(六大). 즉 지대
(地大 – 땅의 요소)·수대(水大 – 물의 요소)·화대(火大 – 불의 요
소)·풍대(風大 – 바람의 요소)·공대(空大 – 허공의 요소)·식대(識
大 – 인식의 요소)임. 앞의 다섯 가지는 물질 영역이며 뒤의 식대는
정신 영역임.

이런 얘기가 있다[擧].

어떤 스님이[僧] 운문선사께[雲門] 여쭈었다
[問].

"어떤 것이[如何是] 법신입니까[法身]?"

운문선사께서[門] 말씀하셨다[云].

"여섯으로는[六] 거두지[收] 못한다[不]."

 **松江**

불교를 어느 정도 공부한 사람이라면 법신에 대해 설명할 수 있다. 그러나 그는 계속 법신이 궁금할 것이다. 왜 그럴까? 법신에 대한 설명만 사전이나 경전에서 가져왔기 때문이다. 과연 법신을 가져올 수 있을까? 표현은 가져왔으나 실체와는 거리가 멀다.

여기 운문선사께 질문을 한 스님도 그 정도 설명은 이미 알고 있을 것이다. 만약 운문선사께서 이 스님에게 법신이 어떻고 화신이 어떻다고 사전적인 설명을 하셨다면 다리 아픈 놈에게 짐을 지우는 격이 되었을 것이다. 하지만 천하의 운문선사가 아니신가. 상대가 가진 것을 단번에 뺏어버린다. 물질적인 현상세계(地水火風空)와 인식세계(識)로는 결코 진리의 몸인 법신을 담을 수 없다고 일갈하셨다.

아무리 큰 물고기도 바다를 담을 수 없고 그릴 수 없다. 그럼 어째야만 할까?

오대산 중대 적멸보궁에는 빈 방석만 놓여 있다, 그러면 여래의 진신을
잘 나타낸 것인가

一二三四五六이여
일 이 삼 사 오 륙

碧眼胡僧數不足이로다
벽 안 호 승 수 부 족

小林謾道付神光하고
소 림 만 도 부 신 광

卷衣又說歸天竺이로다
권 의 우 설 귀 천 축

天竺茫茫無處尋이라
천 축 망 망 무 처 심

夜來却對乳峰宿이로다
야 래 각 대 유 봉 숙

벽안호승(碧眼胡僧) 푸른 눈의 외국 스님. 달마대사님.

수부족(數不足) 셀 수가 없음.

만도(謾道) 사람들이 거짓말을 함. 헛된 말들을 함.

부(付) 달마대사께서 신광(혜가)스님에게 법을 전함.

천축(天竺) 옛 인도 영역 전체를 일컫는 말.

귀천축(歸天竺) 달마대사께서 입적 후에 신 한 짝만 관 속에 남겨두고 인도로 돌아가셨다는 얘기.

달마대사께서 2조 혜가선사에게 법을 전한 뒤 법적(法敵)에게 독살되시어 웅이산(熊耳山)에 묻혔다. 그 뒤 인도에 사신으로 다녀오던 이가 총령(葱嶺 – 파미르고원)에서 신 한 짝을 지팡이에 매달고 오시는 달마대사를 만났는데, 할 일을 다 마쳐서 고향으로 돌아간다는 말씀을 하셨다. 사신이 돌아와 황제에게 이 일을 보고하니, 이상한 일이라 하여 무덤을 파고 관을 열어보았다. 그랬더니 시신은 사라지고 신 한 짝만 남아 있었다고 한다.

유봉(乳峰) 설두선사께서 주석하신 산봉우리 이름.

하나[一], 둘[二], 셋[三], 넷[四], 다섯[五], 여섯[六]이여!

푸른 눈의[碧眼] 외국 스님도[胡僧] 셀 수가 없구나[數不足].

소림에서[小林] 신광에게[神光] 법 주었다고[付] 헛되이[謾] 말들 하고[道]

가사[衣] 두르고[卷] 천축으로[天竺] 돌아갔다고[歸] 또[又] 떠드네[說].

천축은[天竺] 넓고 아득하여[茫茫] 찾을[尋] 곳이[處] 없음이라[無],

지난밤엔[夜來] 오히려[却] 유봉을[乳峰] 마주보고[對] 잠들었네[宿].

하나, 둘, 셋, 넷, 다섯, 여섯이여!
푸른 눈의 외국 스님도 셀 수가 없구나.

설두 노인네는 참 대단하시다. 자신은 실컷 세고 나서는 달마대사도 셀 수 없다고 선언을 하셨다. 여기서 통해 버리면 더 이상 따질 것이 없다. 하나, 둘, 셋, 넷, 다섯, 여섯이라니…. 운문선사의 말에 떨어져 헤매고 있었다면 이 손길이라도 잡아야 살아날 수 있을 것이다. 운문선사도 달마대사도 설두 노인네 덕분에 겨우 **빠져나왔구나.**

소림에서 신광에게 법 주었다고 헛되이 말들 하고
가사 두르고 천축으로 돌아갔다고 또 떠드네.

세상 사람들은 왜 그리도 주고받는 것을 좋아하는지. 그저 모양 없는 정법의 실체까지도 주고받을 수 있다고 생각해 버린다. 이 헛된 꿈에서 깨어나지 못한다면 팔만대장경으로 한 끼의 밥도 해결 못 할 것이다. 그런데 거기에서 그치는 것이 아니라 이번에는 달마대사께서 죽은 후에 인도로 돌아가셨다고 하여 진짜니 가짜니 따지며 시끄럽다. 이런 사람들이 참 많다. 그래서야 어디 달마대사 본체는커녕 그림자라도 보겠는가.

천축은 넓고 아득하여 찾을 곳이 없음이라,
지난밤엔 오히려 유봉을 마주보고 잠들었네.

인도에 가서 산다고 부처를 만나는 것은 아니다. 범어를 유창하게 구사한다고 부처님의 법을 깨닫는 것은 아니다. 여기서 만나지 못한 부처는 인도에도 없고, 우리말로 깨닫지 못한 불경의 내용은 범어로도 깨닫지 못한다. 만약 지금 자기 안의 모든 것 문득 내려놓을 수만 있다면, 부처와 더불어 거닐고 조사와 더불어 잠잘 수 있을 것이다.

여기서 가을을 보지 못한 사람은 설악에 가도 가을을 만나지 못한다

松江

다른 곳에서는 '왕태부 다회 참석(王太傅煎茶)'으로도 되어 있음.

설두스님께서 선택한 마흔여덟 번째 얘기는 왕태부, 랑상좌, 명초화상의 얘기이다.

왕태부(王太傅)는 천자(天子)를 보필하던 태부(太傅-재상자리에 해당)벼슬을 한 왕연빈(王延彬)이다. 장경 혜릉(長

慶慧稜)선사 아래에서 공부한 거사이다. 복건성(福建省) 천주(泉州) 지방의 책임자로 있을 때 장경선사를 흠모하여 초경사(招慶寺)에 주지로 모셨다고 한다.

랑상좌(朗上座)는 보자 혜랑(報慈慧朗)화상으로 장경선사의 법을 이은 선사이다. 생몰연대는 기록이 없다.

명초(明招)화상은 암두 전활(巖頭全豁)선사의 법손(法孫)인 명초 덕겸(明招德謙)화상이다. 생몰연대는 기록이 없다.

擧 王太傅入招慶煎茶러니 時에 朗上
거 왕태부입초경전다 시 랑상

座與明招把銚라 朗飜却茶銚하니 太傅
좌여명초파요 낭번각다요 태부

見하고 問上座호대 茶爐下是什麼오 朗
견 문상좌 다로하시십마 랑

云 捧爐神이니다 太傅云 旣是捧爐神
운 봉로신 태부운 기시봉로신

인댄 爲什麼하야 飜却茶銚오 朗云 仕官
위십마 번각다요 랑운 사관

千日에 失在一朝라 太傅拂袖便去하다
천일 실재일조 태부불수변거

明招云 朗上座喫却招慶飯了하고 却
명초운 랑상좌끽각초경반료 각

去江外打野榸로다 朗云 和尙作麼生고
거 강외타야최 랑운 화상자마생

招云 非人得其便이니라
초운 비인득기편

雪竇云 當時但踏倒茶爐니라
설 두 운 당 시 단 답 도 다 로

전다(煎茶) 차를 달임. 다회.

다요(茶銚) 찻물을 달이는 다관 같은 것.

봉로신(捧爐神) 화로의 다리에 있는 도깨비 얼굴 같은 것으로 화로를 받드는 신.

강외(江外) 양자강 바깥. 이곳 외. 엉뚱한 곳.

이런 얘기가 있다[擧].

왕태부가[王太傅] 초경사의[招慶] 다회에[煎茶] 참석하였다[入]. 그때[時] 혜랑상좌가[朗上座] 명초화상에게[明招] 차를 드리려고[與] 차관을[銚] 잡고 있었다[把]. 혜랑상좌가[朗] 물 끓이는 다관을[茶銚] 뒤엎고 말았다[飜却].

태부가[太傅] 보고는[見] 상좌에게[上座] 물었다[問].

"찻물 끓이는 화로[茶爐] 아래는[下] 무엇입니까[是什麼]?"

혜랑상좌가[朗] 답하였다[云].

"화로를 받드는 신입니다[捧爐神]."

태부가[太傅] 말하였다[云].

"이미[旣] 봉로신이 있는데[是捧爐神] 어찌하

여[爲什麼] 차관을[茶銚] 엎었습니까[飜却]?"

혜랑상좌가[朗] 말하였다[云]

"벼슬살이[仕官] 천 일에[千日] 잃는 것은[失]
하루아침에[一朝] 있지요[在]."

태부가[太傅] 소매를[袖] 떨치고는[拂] 바로 가
버렸다[便去].

명초화상이[明招] 말씀하셨다[云].

"혜랑상좌는[朗上座] 초경사의[招慶] 밥을[飯]
얻어먹고는[喫却了] 오히려[却] 강 밖 지역으로
[江外] 가서[去] 들판의[野] 타다 남은 나무뿌
리를[椏] 줍는군[打]."

혜랑상좌가[朗] 물었다[云].

"화상께서는[和尙] 어떻게 하시겠습니까[作麼
生]?"

명초화상이[招] 말씀하셨다[云].

"봉로신이[非人] 기회를 얻었군[得其便]."

〈설두스님이[雪竇] 한마디 하셨다[云]. "그 자리에 있었다면[當時] 그냥[但] 차 달이는 화로를[茶爐] 발로 차 뒤엎었을 것이다.[踏倒]"〉

여기 뜻밖의 연극이 한바탕 펼쳐졌다. 왕태부가 스승 장경 선사를 뵙고자 초경사를 방문했으나, 스승은 아니 계시고 동문인 혜랑상좌로부터 차 대접을 받게 되었다. 하필 그때 혜랑상좌가 실수로 물을 끓이던 차관을 떨어뜨려 뒤엎고 말았다. 그것을 보던 왕태부가 장난기가 발동했었나 보다.

"찻물 끓이던 화로 밑에 뭐가 있나 보죠?"

여기에 혜랑상좌가 대수롭지 않게 응대를 했다.

"화로를 보호하는 봉로신이 있지요."

이 실수를 놓칠 왕태부가 아니었다.

"그래요? 화로를 보호하는 신이 진짜 있다면 어째서 차관을 뒤엎었단 말입니까?"

만약 혜랑상좌가 공부가 익었다면 멋진 대응을 했을 것이지만, 이때만 해도 아직은 공부가 익질 못했던가 보다.

"그래요 제가 실수를 했습니다. 하지만 벼슬하는 이들도 한 번의 실수로 하루아침에 물러나는 것 아닙니까?"

이 터무니없는 대응에 왕태부는 소매를 떨치고 바로 돌아가 버렸다.

이것을 옆에서 지켜 본 명초화상이 한마디 던졌다.

"혜랑상좌는 멀쩡하게 초경사 밥을 먹고는 그 값도 못하고 전혀 엉뚱한 일을 하고 말았구려."

그러자 혜랑상좌가 명초화상께 여쭈었다.

"화상께서는 어떻게 하셨겠습니까?"

명초화상이 답하였다.

"봉로신에게 기회를 뺏기고 말았군."

명초화상도 완전히 벗어나질 못하고 말았다.

만약 뒷날 설두 노인네가 이 한마디를 하지 않았다면, 이 연극은 삼류의 형편없는 것으로 끝나고 말았을 것이다.

설두 노인의 이 멋진 말씀 들어보라.

"내가 그 자리에 있었다면 그냥 찻물 끓이는 화로를 차서 뒤엎고 말았을 것이다."

아~ 참, 속이 후련하다.

이 차관은 아무나 쓸 수 없다.
어떤 사람이 마음대로 물을 끓일 수 있을까

來問若成風이나
내 문 약 성 풍

應機非善巧라
응 기 비 선 교

堪悲獨眼龍이여
감 비 독 안 룡

曾未呈牙爪로다
증 미 정 아 조

牙爪開면 生雲雷하리니
아 조 개　　생 운 뢰

逆水之波經幾回오
역 수 지 파 경 기 회

내문(來問) 와서 물어봄. 질문을 함. 왕태부의 질문.

성풍(成風) 『장자(莊子)』 잡편(雜篇)에 나오는 얘기에서 가져왔음. 〈영(郢) 땅의 어떤 사람이 벽에 진흙을 바르다가 작은 구멍이 남아 있자, 진흙을 뭉쳐서 던져 그 구멍을 멋지게 메웠다. 그때 아주 작은 진흙이 미장이의 코끝에 묻었다. 곁에 있던 목수가 미장이의 솜씨를 칭찬하고는 자기가 미장이 코끝의 아주 작은 흙은 도끼로 제거해 주겠다고 나섰다. 미장이는 그렇게 하라고 목수에게 맡겼고, 목수는 도끼를 휘둘러 바람을 일으키며 그 흙을 떼어냈다. 미장이는 얼굴색 하나 변하지 않고 꼼짝 않고 서 있었다. 이 두 사람의 솜씨는 매우 훌륭했다.〉

응기(應機) 응대하는 솜씨. 응답하는 솜씨. 혜랑상좌의 답한 솜씨.

선교(善巧) 훌륭하게 솜씨를 발휘함.

독안룡(獨眼龍) 눈이 하나밖에 없는 용. 명초스님을 가리킴.

정아조(呈牙爪) 어금니와 발톱을 드러냄.

질문을 하는 것은[來問] 바람을 일으키는 것[成風] 같았으나[若]

응답한 것은[應機] 훌륭한 솜씨를 발휘한 것[善巧] 아니었네[非].

아− 슬프구나[堪悲], 눈 하나밖에 없는 용이여[獨眼龍]!

아직[曾] 어금니와[牙] 발톱[爪] 드러내지[呈] 못했구나[未].

어금니와[牙] 발톱[爪] 보이면[開] 구름과[雲] 우레[雷] 생기리니[生],

물을 뒤엎는 파도를[逆水之波] 몇 번이나 지났던가[經幾回].

질문을 하는 것은 바람을 일으키는 것 같았으나
응답한 것은 훌륭한 솜씨를 발휘한 것 아니었네.

　왕태부는 실수를 기회로 삼아 탁월한 질문을 던졌는데, 아직 익지 않은 혜랑상좌는 엉뚱한 얘기만 하고 말았다. 자신에게 날아온 화살을 '화로를 지키는 신'에게 돌리다니 참으로 멍청했구나. 왕태부는 다시 한번 기회를 주었으나, 혜랑상좌는 실수에 대한 변명만 늘어놓고 말았다.

　아– 슬프구나, 눈 하나밖에 없는 용이여!
아직 어금니와 발톱 드러내지 못했구나.

　왕태부는 떠나버리고 명초화상이 혜랑상좌에게 참 쓸데없는 일이나 한다고 나무랐다. 혜랑상좌가 공을 명초화상에게 넘겼더니, 차기는 했으나 골문에는 들지 못하고 말았다. 참으로 안타깝구나. 아직도 봉로신 타령이나 하고 있다니…….

어금니와 발톱 보이면 구름과 우레 생기리니,
물을 뒤엎는 파도를 몇 번이나 지났던가.

아직 쓰지 못한 어금니와 발톱을 제대로 쓰게 된다면 승천
에 필요한 구름과 우레는 자연히 생길 것이다. 저 바닷물을
역류시키며 승천한 모습을 과연 몇 번이나 보았던고. 참으로
쉽지 않은 일이로구나.

이분을 만난 이들은 매 순간 바다가 역류하는 것을 목격하였을 것이다

 **松江**

다른 곳에서는 '삼성의 그물을 뚫고 나온 금빛 물고기(三聖透網金鱗)'로도 되어 있음.

설두스님께서 선택한 마흔아홉 번째 얘기는 삼성화상(三聖和尙)과 설봉화상(雪峰和尙)의 문답이다.

삼성화상은 진주(鎭州) 삼성원(三聖院)의 혜연화상(慧然和尙)이며, 임제선사(臨濟禪師, ?~867)의 법제자이다. 임제선사를 17년간 모셨으며,『임제록(臨濟錄)』을 편집했다. 임제선사께서 입적(入寂)하려 하실 때에 "내가 간 뒤 나의 정법안장(正法眼藏)이 없어지지 않게 하라."고 하시자, 꽥 고함을 질렀다고 전한다. 생몰연대는 밝혀지지 않았다.

설봉 의존(雪峰義存, 822~903)선사는 제4칙에 나온 덕산(德山)선사의 법제자이다. 복건성 천주(泉州) 남안(南安) 출신으로 12세 때 부친과 함께 복건성 옥한사 경현율사(慶玄律師)를 찾아가 출가하고, 17세에 정식으로 수계하고 의존(義存)이라는 법명을 받았다. '설봉(雪峰)'이라는 법호는 뒷날 지도자로서 머물렀던 응천설봉사(應天雪峰寺)에서 연유한다. 이십 대에 동산 양개(洞山良价)선사의 회상에서 공양 짓는 일을 하다가, 동산선사의 지도로 덕산선사를 찾아가 참구하기 시작했다. 설봉스님은 사형인 암두(巖頭)스님과 여행 도중에 사형의 도움으로 깨닫게 되는데, 아래에『선문염송(禪門拈頌)』'781조설(阻雪 – 눈에 막힘)'에 있는 내용을 요약해 옮긴다.

설봉스님이 사형인 암두스님과 함께 풍주(澧州) 오산진(鼇山鎭)에 갔다가 눈에 갇히고 말았다. 그러자 사형인 암두스님은 계속 잠만 잤고, 설봉스님은 계속 좌선을 했다. 어느 날 설봉스님이 암두스님을 흔들어 깨웠다.

암두 무슨 일이오?

설봉 너무 편하게 지내는 것 아니오? 어찌 잠만 자시오.

암두 쯧쯧! 잠이나 자시오. 날마다 평상 위에 앉았으니, 칠촌(七村)의 토지신(土地神)같구먼. 나중에 멀쩡한 사람들을 홀리기 십상이겠구려.

설봉 나는 지금 매우 편치 못합니다. 스스로를 속이고 잠을 잘 수는 없습니다.

암두 나는 그대가 드높은 봉우리에 도량을 일궈 큰 가르침을 펴리라 여겼더니, 아직도 그런 얘기나 하는 게요?

설봉 나는 정말로 마음이 편치 않다니까요?

암두 정말 그렇다면 어디 얘기해 보구려. 옳으면 인정해 줄 것이고, 그릇된 것이라면 내가 지적해 주리다.

설봉 처음 염관(塩官)선사의 회상에서 법문을 듣는데, 색(色)과 공(空)의 이치를 말씀하시는 것을 접하고는 들어갈 곳을 깨달았소이다.

암두 삼십 년 뒤에 행여 잘못 얘기하지 마시구려!

설봉 동산선사의 게송에 이르기를,

혹시라도 다른 곳에서 구하지 말지니

멀고 또 멀어서 나와는 성글도다.

나 이제 홀로 자유로우니,

곳곳에서 그를 만나도다.

그는 이제 내가 아니요,

내가 바로 그로다.

이렇게 알기만 하면,

바야흐로 여여(如如)에 맞으리라.

라고 한 것이 마음에 와 닿았습니다.

암두 그렇게 알아서는 자신도 제대로 구하지 못할 걸!

설봉 덕산선사께 묻기를 '옛날부터 전해오는 가르침의 핵심을 저도 배울 자격이 있습니까?' 하고 여쭈었더니, 선사께서 한 방 치시며 '뭐라는 게야!' 하는 말씀에 통 밑이 빠지는 것 같았습니다.

암두 에잇! '문으로 쫓아 들어오는 자는 집안의 보배가 아니다'는 말도 듣지 못했소?

설봉 이후로 어찌해야 옳습니까?

암두 제대로 묻는구먼. 다음에 큰 가르침을 펴고자 한다면 낱낱이 자기의 가슴에서 우러나와야 '나'와 더불어 하늘과 땅을 덮을 것이오.

설봉 아! 오늘 오산에서 비로소 도를 이뤘도다.

이윽고 덕산선사의 법제자가 된 설봉선사는 나중에 복건성 복주의 상골봉(象骨峰)으로 들어갔다. 874년 선사가 기거하던 절에 응천설봉사(應天雪峰寺)라는 이름이 내려졌고, 882년에는 희종(禧宗)황제가 진각대사(眞覺大師)라는 법호를 내렸다.

문하에 현사(玄沙)·장경(長慶)·고산(鼓山)·운문(雲門)·보복(保福)·경청(鏡淸)·취암(翠巖) 등을 비롯한 40여 인의 걸출한 선사가 배출되었다.

七穿八穴하야 攪鼓奪旗하고 百匝千重
칠천팔혈　　　참고탈기　　　백잡천중

하야 瞻前顧後하며 踞虎頭收虎尾라도 未
첨전고후　　　거호두수호미　　　미

是作家요 牛頭沒馬頭回라도 亦未爲奇
시작가　　우두몰마두회　　　역미위기

特이라 且道하라 過量底人來時如何오
특　　차도　　과량저인래시여하

試擧看하라
시거간

칠천팔혈(七穿八穴) 뒤에 오는 문장과 연결하여 보면, 일곱 번 적진을 뚫고 여덟 번을 쳐들어간다는 뜻. 즉 마음대로 적진을 공략한다는 말.

참고탈기(攙鼓奪旗) 옛날 전정터에서는 북과 깃발이 지휘의 수단이었음. 그러므로 북을 찢고 깃발을 빼앗는다는 것은 승리를 뜻함.

백잡천중(百匝千重) 백 번 두르고 천 번 겹치다. 겹겹이 둘러쳐서 튼튼하게 함.

첨전고후(瞻前顧後) 앞을 살피고 뒤를 돌아옴. 앞뒤를 철저히 살핌.

거호두수호미(踞虎頭收虎尾) 호랑이 머리에 걸터앉고 호랑이 꼬리를 잡음. 호랑이를 마음대로 다룸.

우두몰마두회(牛頭沒馬頭回) 지옥에 있다는 소머리 옥졸도 사라지고 말머리 나찰도 물러가다. 모든 갈등이 사라짐.

과량저인(過量底人) 잴 수 있는 분량을 넘어선 사람. 비범한 사람.

일곱 번[七] 뚫고[穿] 여덟 번을[八] 쳐들어가[穴] 북을[鼓] 찢고[攬] 깃발을[旗] 빼앗으며[奪], 백 번[百] 두르고[匝] 천 번을[千] 겹쳐[重] 앞을[前] 살피고[瞻] 뒤를[後] 돌아보며[顧], 호랑이[虎] 머리에[頭] 걸터앉아[踞] 호랑이[虎] 꼬리를[尾] 잡더라도[收] 이 사람이[是] 완전한 선지식은[作家] 아니다[未].

소머리 옥졸이[牛頭] 사라지고[沒] 말머리 나찰이[馬頭] 물러가더라도[回] 또한[亦] 기이하고 특별한 일이[奇特] 되지[爲] 못한다[未].

자, 말해 보라[且道]. 비범한 사람이[過量底人] 올[來] 때에는[時] 어떻게 해야 할까[如何]. 다음의 본칙을 살펴보자[試擧看].

松江

　상대를 마음대로 요리할 수 있는 뛰어난 솜씨를 지닌 사람이 있다. 그는 상대를 꼼짝 못하게 할 재능이 있고, 자기의 방어능력은 거의 완벽하여 상대가 어찌해 볼 방법이 없게 만들어 버린다. 호랑이같이 무시무시한 사람도 자유자재로 다룰 수 있는 사람이 있다면 참 대단하다고 할 수 있으리라. 그러나 그런 솜씨를 지녔다고 해도 탁월한 선지식이 되는 것은 아니다.

　귀신처럼 동에 번쩍 서에 번쩍 나타났다 사라지는 그 갈등을 제거하여 무애자재하다면 어떤가? 뭐 그걸 가지고 특별하게 생각할 것은 없다.

　자, 아주 비범한 사람을 만났다면 어떻게 그를 대하여야 할까?

개화사 무량수전 목각산신탱화

擧 三聖問雪峰호대 透網金鱗은 未審
거 삼성문설봉   투망금린   미심

以何爲食이닛고 峰云 待汝出網來하야
이하위식   봉운 대여출망래

向汝道하리라 聖云 一千五百人善知識
향여도   성운 일천오백인선지식

이 話頭也不識이로다 峰云 老僧住持事
   화두야불식   봉운 노승주지사

繁이니라
번

투망금린(透網金鱗) 그물을 뚫고 나온 금빛 물고기. 〈수시〉에서 말한 '과량저인(過量底人)' 즉 한계를 벗어난 사람.

주지사(住持事) 가람을 수호하고 대중을 지도하는 일.

이런 얘기가 있다[擧]. 삼성스님이[三聖] 설봉화상께[雪峰] 여쭈었다[問].

"그물을[網] 뚫고 나온[透] 금빛[金] 물고기는[鱗] 무엇으로[以何] 먹이를[食] 삼는지[爲] 잘 모르겠습니다[未審]."

설봉화상께서[峰] 말씀하셨다[云].

"자네가[汝] 그물을[網] 뚫고[出] 나오길[來] 기다려서[待] 자네에게[向汝] 말해주겠네[道]."

삼성스님이[聖] 말하였다[云].

"일천오백인의[一千五百人] 선지식이[善知識] 질문의 뜻도[話頭也] 모르는군[不識]."

설봉화상께서[峰] 말씀하셨다[云].

"나는[老僧] 절과 대중 살피는[住持] 일로[事] 바쁘다네[繁]."

이번 얘기는 거침없는 젊은 선객과 노련한 지도자의 모습을 잘 대비시켜 놓았다. 부처와 조사를 만나도 단번에 쓸어버릴 기세로 삼성스님이 질문을 던졌다.

"세상의 모든 것을 벗어나 버린 사람은 이제 무엇을 해야 합니까?"

대단한 기세다. 그런데 질문 자체에 이미 오류가 있다. 어떤 오류일까? 그 오류를 잘 살필 수 있다면, 설봉스님의 답변을 수긍할 수 있을 것이다.

"우선 자네부터 그물에서 벗어나 보게나. 그럼 말해 주겠네."

설봉선사는 삼성이 무슨 그물에 갇혀있다고 일침을 가한 것일까? 던진 물건에는 눈길도 주지 않고 사람을 곧바로 물어버리는 사자의 솜씨이다.

하지만 이대로 물러날 삼성도 아니었다. 아주 쓸어버릴 기세로 반격을 가했다.

"소위 일천오백 명도 넘는 수행자를 지도한다는 어른이

질문의 핵심도 모르는군.”

어쩌면 여기에 항복할 사람 많았을 것이다. 아마도 지금도 그럴 것이다. 하지만 상대는 노련한 설봉선사였다. 설봉스님은 아마도 이런 드센 선객들을 많이 만났을 것이다. 그래서 상대를 대접하듯이 자기의 모습을 감추어버린다. 만약 눈 밝은 사람이 아니라면 설봉선사의 감춘 모습을 보기 어려울 것이다. 하지만 잘 살펴야 한다. 설봉선사는 단순히 자기 모습을 감춘 것이 아니다. 슬쩍 피하는 듯 삼성의 급소를 쳐버렸다.

“이 늙은이가 이런저런 살필 일들이 하도 많아서 말이네.”

자, 삼성은 어느 급소를 얻어맞은 것일까?

어느 어른이 이처럼 걸림없이 행하실 수 있으랴

透網金鱗이여　休云滯水하라
투 망 금 린　　휴 운 체 수

搖乾蕩坤하고　振鬣擺尾로다
요 건 탕 곤　　진 렵 파 미

千尺鯨噴洪浪飛하고
천 척 경 분 홍 랑 비

一聲雷震淸飈起로다
일 성 뢰 진 청 표 기

淸飈起여　天上人間知幾幾오
청 표 기　　천 상 인 간 지 기 기

그물을[網] 뚫은[透] 금빛[金] 물고기여[鱗],

물에[水] 머문다고[滯] 말하지[云] 말라[休].

하늘을[乾] 흔들고[搖] 땅을[坤] 휘저어서[蕩]

지느러미[鬣] 떨고[振] 꼬리를[尾] 흔드누나[擺].

고래가[鯨] 뿜는[噴] 큰[洪] 물줄기[浪] 천 길을[千尺] 날고[飛],

한 소리[一聲] 우레 울림[雷震] 맑은[淸] 바람[颷] 일으키네[起].

맑은[淸] 바람[颷] 일으킴이여[起]!

천상과[天上] 인간 세상[人間] 아는 이[知] 몇 몇이라[幾幾].

 松江

그물을 뚫은 금빛 물고기여,
물에 머문다고 말하지 말라.

삼성스님의 기개는 참으로 칭찬할 만하지만 아직도 풋내를 풍기는구나. 그물을 뚫었으면 멋들어지게 놀 일이지, 무슨 먹이타령을 하며 주접을 떨고 있담.

하늘을 흔들고 땅을 휘저어서
지느러미 떨고 꼬리를 흔드누나.

설봉선사께서 일침을 놓으셨군. "그물이나 벗어난 뒤에 보세나." 그랬더니 마치 천지를 무너뜨릴 기세로 몸부림을 치는구나. "일천오백 대중의 선지식이 말귀도 모르는군."

고래가 뿜는 큰 물줄기 천 길을 날고,
한 소리 우레 울림 맑은 바람 일으키네.

아직도 물속에서 큰소리치는 물고기여! 물속에서 용트림 하지 말게나. 어찌 하늘로 치솟는 고래의 천길 물줄기를 짐 작이나 하겠는가. 그것이야말로 뇌성벽력 지난 뒤의 청량한 바람 같은 것이리니.

맑은 바람 일으킴이여!
천상과 인간 세상 아는 이 몇몇이랴.

하지만 세상 사람들 여전히 착각하네. 늙은 선사가 궁색한 변명만 늘어놓고 있다고 말들 하지.

한산 화엄선사 그의 진면목을 아는 이 드물더라

운문진진삼매
(雲門塵塵三昧)

운문선사가 티끌삼매를 답함

 松江

　설두스님께서 선택한 쉰 번째 얘기는 어떤 스님의 질문에 대한 운문선사(雲門禪師)의 답이다.

　운문선사는 제47칙을 참조할 것.

垂示

度越階級하고 超絶方便하면 機機相應하고 句句相投라 儻非入大解脫門하야 得大解脫用인댄 何以權衡佛祖하야 龜鑑宗乘이리오 且道하라 當機直截하고 逆順縱橫하야 如何道得出身句오 試請擧看하라

도월(度越) 넘어섬, 초월함.

계급(階級) 등급. 여기서는 수행의 단계.

방편(方便) 중생 교화를 위한 가장 적절한 수단.

기기(機機) 말이나 행동 등 모든 작용.

상응(相應) 서로 맞아 어울림.

구구(句句) 이런 표현 저런 표현의 구절들. 모든 구절. 모든 표현.

상투(相投) 서로 잘 맞음.

권형(權衡) 저울 추(權)와 저울대(衡). 저울. 저울질함. 견줌.

순역(順逆) 뜻대로 되는 것과 거슬리는 것.

출신(出身) 해탈.

수행의 모든 단계를[階級] 뛰어넘고[度越] 교화의 수단도[方便] 초월하면[超絶], 어떠한 작용에도[機機] 서로 맞아 어울리고[相應] 어떤 표현에도[句句] 서로 잘 맞는다[相投].

만일[儻] 큰 해탈의[大解脫] 문으로[門] 들어가[入] 큰 해탈의[大解脫] 작용을[用] 얻지[得] 못하면[非], 어찌[何] 부처님과 조사님들을[佛祖] 저울질하는[權衡] 것으로써[以] 깨달음의[宗乘] 귀감이 되겠는가[龜鑑].

자, 한번 말해 보라[且道]. 문제의 핵심을[機] 만나서[當] 곧바로[直] 간파하고[截] 뜻에 맞는 거슬리는 경우나[逆] 뜻에 맞는 경우에[順] 자유자재하여[縱橫] 어떻게[如何] 해탈의[出身]

한마디를[句] 말할 수[道] 있을까[得]?
다음의 본칙을 보도록 하자[試請擧看].

　불교를 공부하고 수행하다 보면 사람들의 자질에 따라 갖가지 단계를 마련하여 포기하지 않도록 하기 위해 애쓴 것을 알 수 있고, 사람에 따라 갖가지 방법으로 공부할 수 있도록 하였다. 그런데 대부분이 바로 그 단계에 미련을 갖기도 하고 또한 수단을 절대시하여 서로 옳으니 그르니 주장하는 것을 볼 수 있다. 이렇게 어느 한쪽에 치우치기에 만나는 문제마다 자꾸 어긋나고, 어떻게 표현되어 있느냐에 따라 핵심과는 동떨어진 상황으로 해석해 버린다. 그 모든 단계나 수행법들은 그저 임시로 시설한 것에 불과한 수단이지 목적이 아님을 알고 곧바로 뛰어넘어야 한다. 그래야 팔만대장경이든 온갖 선어록이 하나로 통할 수 있다.

　만약 어느 단계에 미련을 두거나 어떤 방법에 매달리고 있다면, 어찌 부처를 볼 수 있으며 조사를 만날 수 있겠는가. 부처와 조사가 그런 주장을 한 바가 없건만 서로 자기가 좋아하는 경이나 어록이 최고라고 주장하기도 하고, 또한 수단으로 제시된 수행법의 우열이나 따지면서 부처와 조사를 이리저리 재단하고 있다. 과연 그것이 생사해탈과 무슨 상관이라도 있단 말인가.

생사해탈이란 곧 우리의 삶에서 항상 핵심을 곧바로 파악해서 말하고 행동함에 걸림이 없는 것이다. 세상일이란 때로는 자기의 뜻에 거슬리는 경우도 있고, 또 자기의 뜻에 잘 맞는 경우도 있다. 이 모든 상황에서 어떻게 해야만 자유자재한 해탈의 한마디를 할 수 있을까?

대해탈의 자리인 보드가야 마하보디 사원
여기 있는 사람들은 모두 부처님을 만나고 있는 것일까

擧 僧問雲門_{호대} 如何是塵塵三昧_{닛고}
거 승문운문   여하시진진삼매

門云 鉢裏飯 桶裏水_{니라}
문운 발리반 통리수

진진삼매(塵塵三昧) 티끌마다 삼매. 『화엄경(華嚴經)』 제14권(실차난타스님이 번역한 80화엄) 〈현수품(賢首品)〉 게송의 '일미진중입삼매(一微塵中入三昧) 성취일체미진정(成就一切微塵定)' 즉 '한 티끌 가운데서 삼매에 들어, 모든 티끌 선정을 이루다'는 것에서 가져온 것. 그러므로 화엄경의 핵심을 묻는 것과도 같음.

이런 얘기가 있다[擧].

어떤 스님이[僧] 운문선사께[雲門] 여쭈었다[問].

"티끌마다 삼매라는 것이[塵塵三昧] 무슨 뜻입니까[如何是]?"

운문선사께서[門] 말씀하셨다[云].

"발우[鉢] 안의[裏] 밥[飯], 통[桶] 속의[裏] 물[水]."

松江

역시 운문선사시다. 이 영감님은 무뚝뚝한 체하면서 자상하시다. 항상 간결하나 더 이상의 설명이 필요 없는 답을 하셨다. 티끌마다 삼매라는 것은 온 세상이 삼매라는 것이다. 어떨 때 그러할까? 한 티끌 가운데서 삼매에 들어갔을 때 그렇다. 한 티끌에서 삼매에 든다는 말은 무엇인가? 자신이 고요하면 온 세상이 편안하다.

밥그릇에는 밥이 들어 있는 것이 너무나 당연하고, 물통 속에는 물이 있는 것이 너무나 분명하지 않은가. 바다에 있으면서 다시 물을 찾지 말고, 숲속에서 노닐면서 다시 나무를 찾지 말라. 그러하거늘 자기가 자기를 찾는다는 것이 또한 우습지 않은가.

수많은 별이 가득한 하늘을 보며 별을 따준다고 헛된 약속하지 말라
누구나 이미 자기 별에 서 있다

鉢裏飯桶裏水_여
발 리 반 통 리 수

多口阿師難下觜_{로다}
다 구 아 사 난 하 취

北斗南星位不殊_요
북 두 남 성 위 불 수

白浪滔天平地起_{로다}
백 랑 도 천 평 지 기

擬不擬 止不止_여
의 불 의 지 부 지

箇箇無褌長者子_{니라}
개 개 무 곤 장 자 자

다구(多口) 말이 많음. 수다스러움.

아사(阿師) 스님. 아(阿)는 중국어에서 친밀감을 나타내는 접두어.

하취(下觜) 부리를 들이대다. 말참견을 하다.

의불의(擬不擬) 헤아리려 해도 헤아려지지 않음.

지부지(止不止) 그치려 해도 그쳐지지 않음.

개개(箇箇) 누구나 다.

발우[鉢] 안의[裏] 밥[飯], 통[桶] 속의[裏] 물이여[水],
말 많은[多口] 스님도[阿師] 참견하기[下觜] 어렵도다[難].
북두와[北斗] 남쪽 별[南星]자리[位] 다르지[殊] 않지만[不],
하늘[天] 덮는[滔] 흰 파도[白浪] 평지에서[平地] 일어나네[起].
헤아리려 해도[擬] 헤아려지지 않고[不擬]
그치려 해도[止] 그쳐지지 않나니[不止],
모두 다[箇箇] 바지도[褌] 없는[無] 부잣집[長者] 아들이네[子].

 **松江**

발우 안의 밥, 통 속의 물이여,
말 많은 스님도 참견하기 어렵도다.

"티끌마다 삼매라는 말이 무슨 뜻이냐?"는 질문에 대해,
"발우 안의 밥이고 통속의 물"이라고 운문선사께서 대답을
하셨다. 이 멋진 대답에 대해서는 그 어떤 설명도 부질없는
것이 되고 말 것이다.

북두와 남쪽 별자리 다르지 않지만,
하늘 덮는 흰 파도 평지에서 일어나네.

운문선사의 답은 마치 북두칠성이 북쪽에 있고 남극성이
남쪽에 그대로 있어서 그대로가 다 삼매인 것과 같다. 만약
있는 그대로 깨달은 사람이라면 딱 들어맞겠지만, 그러나 생
각으로 헤아리는 사람에겐 마치 하늘에 미치는 파도가 평지
에서 일어난 것과 같은 것이다. 모든 것이 확 뒤집힌 경험을

해본 적이 있는가.

헤아리려 해도 헤아려지지 않고
그치려 해도 그쳐지지 않나니,
모두 다 바지도 없는 부잣집 아들이네.

만약 여기에 분별을 일으킨다면 그때부터는 감당할 수 없는 고뇌가 덮칠 것이다. 생각으로는 절대로 알 수도 없고, 시작된 분별은 끝없이 이어질 것이다. 누구나 부처를 품고 있지만, 헐벗은 채로 지옥문을 전전하고 있구나.

여기 어떤 비밀이 감춰져 있을까

 **松江**

다른 곳에서는 '설봉스님의 이게 무엇인가(雪峰是什麼)'로 되어 있음.

설두스님께서 선택한 쉰한 번째 얘기는 설봉화상(雪峰和尙)과 선객의 문답, 그리고 암두화상(巖頭和尙)과 선객의 문답이다.

설봉 의존(雪峰義存,822~903)선사는 제4칙에 나온 덕산

(德山)선사의 법제자이다. 복건성 천주(泉州) 남안(南安) 출신으로 12세 때 부친과 함께 복건성 옥한사 경현율사(慶玄律師)를 찾아가 출가하고, 17세에 정식으로 수계하고 의존(義存)이라는 법명을 받았다. '설봉(雪峰)'이라는 법호는 뒷날 지도자로서 머물렀던 응천설봉사(應天雪峰寺)에서 연유한다. 이십 대에 동산 양개(洞山良价)선사의 회상에서 공양 짓는 일을 하다가, 동산선사의 지도로 덕산선사를 찾아가 참구하기 시작했다. 설봉스님은 사형인 암두(巖頭)스님과 여행 도중에 사형의 도움으로 깨닫게 되는데, 아래에 『선문염송(禪門拈頌)』 '781조설(阻雪 – 눈에 막힘)'에 있는 내용을 요약해 옮긴다.

설봉스님이 사형인 암두스님과 함께 풍주(灃州) 오산진(鼇山鎭)에 갔다가 눈에 갇히고 말았다. 그러자 사형인 암두스님은 계속 잠만 잤고, 설봉스님은 계속 좌선을 했다. 어느 날 설봉스님이 암두스님을 흔들어 깨웠다.

암두 무슨 일이오?

설봉 너무 편하게 지내는 것 아니오? 어찌 잠만 자시오.

암두 쯧쯧! 잠이나 자시오. 날마다 평상 위에 앉았으니, 칠촌(七村)의 토지신(土地神)같구먼. 나중에 멀쩡한 사람들을 홀리기 십상이겠구려.

설봉 나는 지금 매우 편치 못합니다. 스스로를 속이고 잠을 잘 수는 없습니다.

암두 나는 그대가 드높은 봉우리에 도량을 일궈 큰 가르침을 펴리라 여겼더니, 아직도 그런 얘기나 하는 게요?

설봉 나는 정말로 마음이 편치 않다니까요?

암두 정말 그렇다면 어디 얘기해 보구려. 옳으면 인정해 줄 것이고, 그릇된 것이라면 내가 지적해 주리다.

설봉 처음 염관(塩官)선사의 회상에서 법문을 듣는데, 색(色)과 공(空)의 이치를 말씀하시는 것을 접하고는 들어갈 곳을 깨달았소이다.

암두 삼십 년 뒤에 행여 잘못 애기하지 마시구려!

설봉 동산선사의 게송에 이르기를,

혹시라도 다른 곳에서 구하지 말지니

멀고 또 멀어서 나와는 성글도다.

나 이제 홀로 자유로우니,

곳곳에서 그를 만나도다.

그는 이제 내가 아니요,

내가 바로 그로다.

이렇게 알기만 하면,

바야흐로 여여(如如)에 맞으리라.

라고 한 것이 마음에 와 닿았습니다.

암두 그렇게 알아서는 자신도 제대로 구하지 못할 걸!

설봉 덕산선사께 묻기를 '옛날부터 전해오는 가르침의 핵심을 저도 배울 자격이 있습니까?' 하고 여쭈었더니, 선사께서 한 방 치시며 '뭐라는 게야!' 하는 말씀에 통 밑이 빠지는 것 같았습니다.

암두 에잇! '문으로 쫓아 들어오는 자는 집안의 보배가 아니다'는 말도 듣지 못했소?

설봉 이후로 어찌해야 옳습니까?

암두 제대로 묻는구먼. 다음에 큰 가르침을 펴고자 한다면 낱낱이 자기의 가슴에서 우러나와야 '나'와 더불어 하늘과 땅을 덮을 것이오.

설봉 아! 오늘 오산에서 비로소 도를 이뤘도다.

이윽고 덕산선사의 법제자가 된 설봉선사는 나중에 복건성 복주의 상골봉(象骨峰)으로 들어갔다. 874년 선사가 기거하던 절에 응천설봉사(應天雪峰寺)라는 이름이 내려졌고, 882년에는 희종(禧宗)황제가 진각대사(眞覺大師)라는 법호를 내렸다.

문하에 현사(玄沙)·장경(長慶)·고산(鼓山)·운문(雲門)·보복(保福)·경청(鏡清)·취암(翠巖) 등을 비롯한 40여 인의 걸출한 선사가 배출되었다.

암두 전활(巖頭全豁, 828~887)선사는 당대(唐代)의 선지식이며, 암두는 주석하신 절의 이름에서 비롯되었다. 천주(泉州) 출신으로 청원 의공(清原誼公)스님을 만나서 출가하였다. 앙산 혜적(仰山慧寂)선사에게 참학한 후, 덕산 선감(德山宣鑑)선사를 만나 대오하고 법을 이었다. 동정호(洞庭湖)에 접한 와룡산(臥龍山)에 은거했지만 지도를 받길 원하는 후학들이 운집하였다. 시호(諡號)는 청엄대사(清儼大師)이다.

垂示

纔有是非면 紛然失心이요 不落階級이면
재 유 시 비　　분 연 실 심　　　불 락 계 급

又無摸索이라 且道하라 放行卽是아 把
우 무 모 색　　　차 도　　　방 행 즉 시　　파

住卽是아 到這裏하야는 若有一絲毫解
주 즉 시　　도 저 리　　　약 유 일 사 호 해

路라도 猶滯言詮하고 尙拘機境하면 盡是
로　　유 체 언 전　　　상 구 기 경　　　진 시

依草附木이라 直饒便到獨脫處라도 未
의 초 부 목　　　직 요 변 도 독 탈 처　　　미

免萬里望鄕關이니라 還搆得麼아 若未
면 만 리 망 향 관　　　환 구 득 마　　　약 미

搆得인댄 且只理會箇現成公案하라 試
구 득　　　차 지 리 회 개 현 성 공 안　　　시

擧看하라
거 간

재유시비 분연실심(纔有是非 紛然失心) 삼조 승찬대사의 『신심명』
에 나오는 구절. 잠깐이라도 분별을 일으키면 어지럽게 되어 본래의
마음을 잃게 된다는 뜻.

방행(放行) 긍정함. 풀어 놓음. 멋대로 하게 함.

파주(把住) 부정함. 잡아 놓음. 꼼짝 못 하게 함.

저리(這裏) 이 안. 여기.

해로(解路) 이해의 길. 아는 도리. 아는 길.

의초부목(依草附木) 남의 권세를 등에 업고 온갖 나쁜 일을 저지르
는 것. 남에게 빌붙어 사는 것. (중국어 사전)

직요(直饒) 비록~하더라도

독탈처(獨脫處) 홀로 벗어난 곳. 깨달음의 자리.

향관(鄕關) 고향의 관문. 고향.

현성공안(現成公案) 눈앞에 있는 공안. 생생한 공안. 삶 자체인 공안.

수시

잠깐이라도[纔] 옳고 그름을[是非] 가지면[有] 어지러워져서[紛然] 본마음을[心] 잃고[失], 수행의 단계를[階級] 이루지[落] 않으면[不] 또한[又] 깨달음의 돌파구를 찾을 수[摸索] 없다[無]. 자, 말해보라[且道]. 풀어놓는 것이[放行] 곧[卽] 옳은가[是], 잡아두는 것이[把住] 곧[卽] 옳은가[是]. 여기에[這裏] 이르러서는[到] 만약[若] 하나의[一] 털끝만한[絲毫] 아는 길이[解路] 있다면[有] 오히려[猶] 말의 길에[言詮] 막힐 것이고[滯], 또한[尙] 기교와[機] 경계에[境] 사로잡히면[拘] 모두[盡] 이것이[是] 남에게 빌붙어 사는 꼴이다[依草附木].

비록[直饒] 문득[便] 깨달음의 자리에[獨脫處]

이르렀다 하더라도[到], 만리 밖에서[萬里] 고향[鄕關] 그리워함을[望] 면치[免] 못한다[未]. 이젠 알겠는가[還搆得麼]. 만약[若] 모르겠다면[未搆得] 우선[且] 다만[只] 이[箇] 눈앞의 공안을[現成公案] 터득하라[理會]. 다음 얘기를 살펴보자[試擧看].

松江

　우리는 철들자마자 분별하는 것부터 배웠다. 그래서 마음 공부를 하면서도 끝끝내 분별로 답을 얻으려 한다. 하지만 이미 분별이 일어나는 순간 마음공부와는 한없이 멀어져 간다. 분별 자체가 본래의 마음으로부터 멀어졌음을 알지 못하기 때문이다. 그러니 이 방법으로는 결코 깨달음에 이를 수 없다.

　선지식의 말씀을 보면 어떤 이는 완전히 풀어줘 버리고, 어떤 이는 꼼짝 못 하게 해 버린다. 어느 것이 옳을까? 이 두 가지 방법은 상대의 병에 따라 사용된 것일 뿐 옳고 그른 것이 아니다. 그런데 상대를 파악할 힘은 없으면서 다른 이들의 흉내를 내는 사람은 엉뚱하게 사용하여 생사람 잡는 일이 벌어진다. 칼 쓰는 법도 모르면서 남의 보검을 휘두르기 때문이다.

　혹 뛰어난 경지에 이르렀다고 해도, 이르렀다는 생각이 추호라도 있다면 그는 여전히 멀리 있는 사람이다. 바늘 하나도 세울 자리가 없는 사람이라야 비로소 불조와 함께할 수 있을 것이다.

스승님 한산 화엄대선사의 달마도
양자강 건너는 모습

擧 雪峰住庵時에 有兩僧來禮拜라 峰
거 설봉주암시 　유양승래예배 봉

見來하고 以手托庵門하고 放身出云 是
견래 　이수탁암문 　방신출운 시

什麼오 僧亦云 是什麼오 峰低頭歸庵
십마 　승역운 시십마 　봉저두귀암

하다 僧後到巖頭하니 頭問 什麼處來
　승후도암두 　두문 십마처래

오 僧云 嶺南來니다 頭云 曾到雪峰麼
승운 영남래 　두운 증도설봉마

아 僧云 曾到니다 頭云 有何言句오 僧
승운 증도 　두운 유하언구 승

擧前話하니 頭云 他道什麼오 僧云 他
거전화 　두운 타도십마 　승운 타

無語低頭歸庵하더이다 頭云 噫라 我當
무어저두귀암 　두운 희 아당

初悔不向他道末後句로다 若向伊道런
초회불향타도말후구 　약향이도

들 **天下人不奈雪老何**하리라 **僧至夏末**하
천 하 인 불 나 설 노 하　　　승 지 하 말

야 **再擧前話請益**하니 **頭云 何不早問**고
재 거 전 화 청 익　　　두 운 하 부 조 문

僧云 未敢容易니다 **頭云 雪峰雖與我**
승 운 미 감 용 이　　　두 운 설 봉 수 여 아

同條生이나 **不與我同條死**니라 **要識末**
동 조 생　　　불 여 아 동 조 사　　　요 식 말

後句인댄 **只這是**니라
후 구　　　지 저 시

말후구(末後句) 마지막 말. 선에서의 궁극적인 한마디.

이런 얘기가 있다[擧].

설봉스님께서[雪峰] 암자에[庵] 머무실[住] 때[時] 어떤[有] 스님[僧] 둘이[兩] 인사를 여쭈러[禮拜] 찾아왔다[來].

설봉스님께서[峰] 보고는[見來] 손으로[以手] 암자[庵] 문을[門] 열어젖히고[托] 팔을 휘저으며[放身] 나와서[出] 물었다[云].

"이것이 무엇인가[是什麼]?"

방문한 스님도[僧] 또한[亦] 여쭈었다[云].

"이것이 무엇입니까[是什麼]?"

설봉스님께서[峰] 머리를[頭] 숙이고[低] 암자로[庵] 돌아가셨다[歸].

방문했던 스님이[僧] 후일에[後] 암두스님 계신

곳에[巖頭] 이르렀다[到].

암두스님께서[頭] 물었다[問].

"어느[什麼] 곳에서[處] 왔는가[來]?"

찾아온 스님이[僧] 답하였다[云].

"영남지방에서[嶺南] 왔습니다[來]."

암두스님께서[頭] 물었다[云].

"이미[曾] 설봉스님에게[雪峰] 갔었는가[到麼]?"

찾아온 스님이[僧] 답하였다[云].

"이미[曾] 갔었습니다[到]."

암두스님께서[頭] 물었다[云].

"어떤[何] 말이[言句] 있었는가[有]?"

찾아온 스님이[僧] 이전의[前] 얘기를[話] 말씀

드렸다[擧].

암두스님이[頭] 물었다[云].

"그가[他] 무엇을[什麼] 말하던가[道]?"

찾아온 스님이[僧] 답하였다[云].

"설봉스님께서는[他] 말씀을[語] 하지 않고[無] 머리를[頭] 숙이고[低] 암자로[庵] 돌아가셨습니다[歸]."

암두스님께서[頭] 말씀하셨다[云].

"아하[噫], 내가[我] 그때에[當初] 그에게[向他] 마지막 한마디를[末後句] 말해 주지[道] 않은 것이[不] 후회스럽구나[悔]. 만약[若] 그에게[向伊] 말해주었더라면[道] 세상 사람들이[天下人] 설봉노인을[雪老] 어떻게[何] 할 수가 없었을 것이다[不奈]."

방문했던 스님이[僧] 여름안거의[夏] 끝이[末] 되자[至] 다시[再] 앞의[前] 얘기를[話] 거론하며[擧] 가르침을[益] 청했다[請].

암두스님께서[頭] 말씀하셨다[云].

"어째서[何] 진즉[무] 묻지를[問] 않았는가[不]?"

가르침을 청한 스님이[僧] 말씀드렸다[云].

"묻기가[敢] 쉽질[容易] 않았습니다[未]."

암두스님께서[頭] 말씀하셨다[云].

"설봉스님이[雪峰] 비록[雖] 나와[我] 더불어[與] 같은[同] 가풍에서[條] 나왔지만[生], 나와[我] 더불어[與] 같은[同] 방법으로[條] 죽지는[死] 않는다네[不]. 마지막 한마디를[末後句] 알길[識] 바란다면[要] 오직[只] 이것이[這] 그것이네[是]."

松江

　본칙은 깨달음을 이룬 후 설봉스님이 암자에 머물고 있을 때 시작된 얘기이다.

　어느 날 두 사람의 선객이 설봉스님의 소문을 듣고는 인사를 여쭙고자 찾아왔다. 설봉스님은 손수 암자의 문을 열고 서둘러 나와서는 대뜸 "이게 무엇인가?"하고 물었다. 찾아온 선객도 곧바로 "이게 무엇입니까?"하고 되물었다. 그러자 설봉스님은 머리를 숙이고 암자 안으로 들어가 버렸다.

　이 얘기를 두고 비겼다거나 인정했다는 따위의 애길 하면 아득히 멀 뿐이다. 다만 한마디만 해 둔다. "아하, 시절인연이 아니었구나."

　이 선객들이 설봉스님의 사형인 암두스님께서 주석하시는 곳에 안거를 나기 위해 도착하여 암두스님을 뵙게 되었다. 암두스님께서는 선객들이 설봉스님이 머물고 있던 영남 지방에서 온 것을 알고는 설봉스님으로부터 얻은 바가 있는지를 떠 보았다. 하지만 선객들이 설봉스님을 구경만 하고 왔음을 알았다. 바로 그때 암두스님은 탄식을 하였다. 마치 설봉스님에게 무언가를 깨우쳐 주지 못한 듯 표현하는 암두스님의 가르침을 선객들은 전혀 알지 못했다. 두 번째 기회마저도 놓치고 있다.

겨우 삼 개월 후쯤 이 선객들이 암두스님의 가르침에 의심을 가졌다. 마지막 한마디가 무언지를 알고 싶었던 것이다. 하지만 암두스님은 여전히 수수께끼 같은 말만 하셨다.

"같은 가지에서 나왔지만 같은 가지에서 죽지는 않는다."

참 자상도 하시다. 여기서도 안 된다면 또 몇 겁을 기다려야 할까.

암두스님은 참 자상하시다. 오산진에서 설봉스님을 이끌어주던 그 모습이 여기에서도 유감없이 발휘되고 있다. 다른 점이 있다면 오산진에서는 설봉을 얻었으나 여기에서는 허탕을 쳤다는 것이다. 늘 고래를 낚을 수만 있다면 얼마나 좋으랴.

제51칙에서의 설봉선사와 암두선사는 마치 유마거사와 문수보살을 보는 듯하다. 참, 유마와 문수는 높고 낮은 관계가 아님을 잊지 말라.

대만 중대선사의 조사전에서 달마조사를 만나는 사람들
이들은 달마조사를 만났을까

末後句를 爲君說하노니
말 후 구 위 군 설

明暗雙雙底時節이라
명 암 쌍 쌍 저 시 절

同條生也共相知나
동 조 생 야 공 상 지

不同條死還殊絕이로다
부 동 조 사 환 수 절

還殊絕이여
환 수 절

黃頭碧眼須甄別이로다
황 두 벽 안 수 견 별

南北東西歸去來하야
남 북 동 서 귀 거 래

夜深同看千巖雪하리라
야 심 동 간 천 암 설

공상지(共相知) 누구나 아는 것.

수절(殊絶) 남달리 뛰어나게 훌륭함.

황두(黃頭) 석가모니부처님.

벽안(碧眼) 달마조사님.

견별(甄別) 뚜렷하게 분별함.

귀거래(歸去來) 고향으로 돌아감.

마지막 한마디를[末後句] 그대[君] 위해[爲] 설하노니[說],
밝음과[明] 어둠이[暗] 쌍쌍인[雙雙底] 시절이구나[時節].
같은[同] 가지에[條] 난 것은[生也] 누구나[共相] 알지만[知],
같은 가지에서[同條] 죽지 않음[不死] 참[還] 뛰어나다[殊絶].
참으로 뛰어남이여[還殊絶]!
석가와[黃頭] 달마도[碧眼] 반드시[須] 잘 분별해야 하네[甄別].
남쪽[南] 북쪽[北] 동쪽[東] 서쪽[西] 고향으로 돌아가[歸去來],
깊은 밤에[夜深] 일천 바위의[千巖] 눈[雪] 함께[同] 보리라[看].

 **松江**

마지막 한마디를 그대 위해 설하노니,

밝음과 어둠이 쌍쌍인 시절이구나.

절대적 한마디를 과연 누가 할 수 있을까? 그 한마디를 들으면 누구나 깨달을 수 있을까? 참 어림없는 얘기이다.

여기 설두 노인네가 자청해서 매를 벌기로 한 모양이다. 이 노인네의 자비심을 헛되이 하기 싫다면 쓸데없는 분별부터 놓아버려라. 밝음과 어둠이 쌍쌍으로 어울리는 시절을 알겠는가?

같은 가지에 난 것은 누구나 알지만,

같은 가지에서 죽지 않음 참 뛰어나다.

같은 가지에서 나온 것을 누가 모르겠는가. 하지만 같은 가지에서 죽지 않는다는 것을 알겠는가? 암두스님의 탁월함을 여실히 보여주는 한 구절이다.

참으로 뛰어남이여!

석가와 달마도 반드시 잘 분별해야 하네.

암두스님의 이 한마디 말은 너무나 탁월해서, 부처님도 조사님도 뭐라고 입을 열기 어렵다. 그렇다고 포기해서는 안 된다. 석가도 달마도 몰라서 말을 할 수 없다고 생각하면 오산이다, 그런데도 입을 열기는 어렵다.

남쪽 북쪽 동쪽 서쪽 고향으로 돌아가,

깊은 밤에 일천 바위의 눈 함께 보리라.

설두 노인네의 노파심은 참 대단하다. 기어이 비밀을 누설시켜 보여주려 하였다. 동서남북 고향으로 돌아간다는 표현을 하여, 설봉스님이 머리를 숙이고 암자로 돌아간 부분과 암두스님의 '다만 이것뿐'이라는 얘기를 은근히 설명하고 있다. 그뿐인가. "깊은 밤에 일천 바위를 뒤덮은 눈을 함께 보리라"고 밝혀버렸다.

하지만 설두 노인네는 헛수고를 한 듯하다. 첫 구절에서 깨닫지 못한 사람이 과연 마지막 구절에서 의심을 풀 수 있을까?

달마대사께서 입적 후
중국의 사신에게 인도로 돌아가시는 모습을 보였다는 파미르고원
달마대사께서 인도로 돌아가셨다는 것은 무엇을 뜻하는가?
(2010년 8월 6일 촬영)

제52칙

조주석교
(趙州石橋)

조주의 돌다리

 **松江**

다른 곳에서는 '조주선사의 나귀도 건너고 말도 건너고 (趙州渡驢渡馬)'로 되어 있음.

설두스님께서 선택한 쉰두 번째 애기는 어떤 스님과 조주 선사(趙州禪師)의 대화이다.

조주스님(趙州, 778~897)은 종심(從諗)선사이시다. 십대 에 출가하여 다른 절에 있다가 남전 보원(南泉普願)선사를

찾았다. 남전선사는 비스듬히 누운 상태로 어린 사미를 맞았
다.

"어디서 왔느냐?"

"서상원(瑞像院)에서 왔습니다."

"그럼 훌륭한 상(瑞像 – 부처님)은 이미 보았겠구나."

"훌륭한 상은 모르겠으나 누워계신 부처님(누워계신 남전
선사)은 뵈옵니다."

남전선사께서 벌떡 일어나 앉으시며 다시 물었다.

"네게 스승이 있느냐?"

"아직 일기가 찬데 스승님께서 법체 강녕하시옵니까?"

이렇게 남전스님의 제자가 되었고, 남전스님께서 입적하
실 때까지 40년을 모셨다. 60세부터는 여러 곳을 다니시며
운수행각을 하시다가, 80세에 조주현 관음원[현재 백림선사
柏林禪寺]에 주석하시고, 그곳에서 40년을 후학을 지도하시
었다.

擧 僧問趙州호대 久響趙州石橋러니 到
거 승문조주　　　구향조주석교　　　도

來只見略彴호이다 州云 汝只見略彴하고
래지견략작　　　주운 여지견략작

且不見石橋로다 僧云 如何是石橋닛고
차불견석교　　　승운 여하시석교

州云 渡驢渡馬니라
주운 도려도마

구향(久響) 오래전부터 유명함. 오래된 명성. 옛날부터 유명함.

조주석교(趙州石橋)　조주선사께서 주석하셨던 관음원(현재의 백림
선사)에서 30리쯤 떨어진 곳에 있었다고 함. 조주선사께서 생존할
당시에 천하의 삼석교(三石橋)라 하면 천태산(天台山)의 석교와 남
악(南岳)의 석교 및 조주의 석교를 일컬었다고 함.

약작(略彴) 외나무다리.

이런 얘기가 있다[擧].

어떤 스님이[僧] 조주선사께[趙州] 여쭈었다[問].

"오래전부터 명성이 자자한[久響] 조주의[趙州] 돌다리가[石橋] 있다 해서 왔더니[到來] 그저[只] 외나무다리만[略彴] 보이는군요[見]."

조주선사께서[州] 말씀하셨다[云].

"자네가[汝] 다만[只] 외나무다리만[略彴] 봤지[見] 또한[且] 돌다리를[石橋] 보지[見] 못하는군[不]."

스님이[僧] 여쭈었다[云].

"어떤 것이[如何是] 돌다리입니까[石橋]?"

조주선사께서[州] 말씀하셨다[云]."나귀도[驢] 건너고[渡] 말도[馬] 건너지[渡]."

松江

　나름 공부를 했다고 생각한 스님이 조주선사에게 공격을 가했다. "조주의 돌다리가 하도 유명하다기에 와서 봤더니 별 볼일 없는 외나무다리에 불과하지 않습니까?" 자, 이 스님이 말한 조주의 돌다리는 무엇을 가리키는 것일까? 단순히 돌로 만든 다리에 관심이 있어서 이 스님이 조주현에 찾아왔을까? 그것이 아니라면 이 스님의 질문은 너무나 뻔하다. 얼핏 보면 조주 영감님은 조롱을 당한 셈이다.

　조주선사께서는 참으로 자비롭고 원만하시다. 전혀 윽박지르지도 않으시고 자상하게 말씀해 주신다. "자네가 제법 똑똑한 체 돌다리를 거론하며 외나무다리에 불과하다고 비아냥대지만, 자넨 돌다리를 외나무다리로만 봤지 진짜 돌다리는 보질 못하고 있네그려." 여기 외나무다리는 무엇이고 돌다리는 무엇일까? 사실 이 둘은 둘이면서 또한 하나이다.

　하지만 제법 날카롭게 공격한 듯 보였던 이 스님은 금방 백기를 들고 말았다. 그저 허풍을 쳤던 것이다. 그래서 진짜로 궁금했던 점을 여쭈었다. "그럼 큰스님께서 말씀하신 그

돌다리는 어떤 것입니까?” 그는 돌다리의 실체를 모르고 있었던 것이다.

조주선사의 막힘없는 답은 누구도 따르기 어렵다. 전광석화 같은 답인데도 늘 완벽하다. “돌다리란 나귀도 건너고 말도 건너지.” 결국 그 누구라도 건너게 해주는 것이 돌다리의 진면목이라는 말씀이다. 이거야말로 자비의 극치이며 불조(佛祖)의 원력이다. 그럼 나귀는 무엇이고 말은 무엇인가?

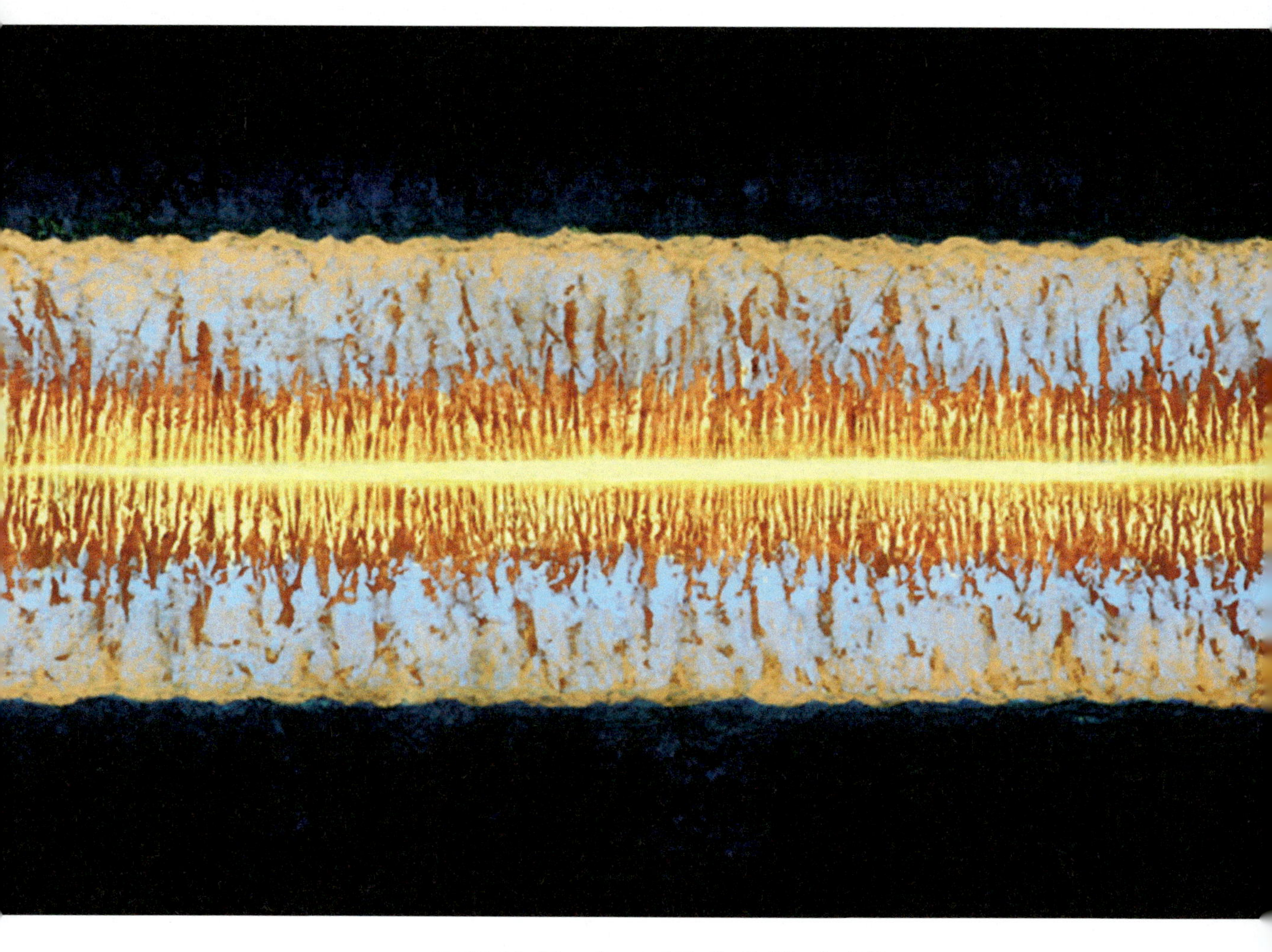

조주의 석교는 모두에게 빛이었음
방혜자 선생 작품

孤危不立道方高니
고 위 불 립 도 방 고

入海還須釣巨鼇라
입 해 환 수 조 거 오

堪笑同時灌溪老여
감 소 동 시 관 계 로

解云劈箭亦徒勞로다
해 운 벽 전 역 도 로

고위불립(孤危不立) 홀로 드높아 짝이 없으나 굳이 그것을 드러내지 않음. 고고한 위세를 드러내지 않음.

도방고(道方高) 드높음을 드러내지 않지만 이미 드높은 경지.

감소(堪笑) 참 우습구나.

동시(同時) 조주선사께서 활동하던 때와 같은 시대.

관계로(灌溪老) 관계 지한화상. 임제선사의 법제자인 관계 지한(灌溪志閑, ?~895)화상은 조주선사보다 2년 앞서 입적하신 스님이시다. 위 게송의 제 4구로 보아『전등록』제 12권의 내용을 가리키고 있음을 알 수 있다. 그 내용은 다음과 같다.

어떤 스님이 관계화상 처소에 와서 말했다.

"오랫동안 관계(灌溪-큰 계곡)의 소문을 들었는데, 와서 보니 웅덩이만 있군요."

"그대는 웅덩이만 보고 큰 계곡(관계)은 보지 못하는군."

"어떤 것이 큰 계곡입니까?"

"화살처럼 빠르게 흐르지."

홀로[孤] 드높음을[危] 내세우지[立] 않으나

[不] 도는[道] 바야흐로[方] 높으니[高],

바다에[海] 들면[入] 오히려[還] 꼭[須] 큰[巨]

거북을[鰲] 낚았네[釣].

참 우습다[堪笑] 같은[同] 시대의[時] 관계[灌

溪] 노인이여[老],

화살처럼 빠르다고[劈箭] 할 줄은[云] 알았으나

[解] 또한[亦] 헛된[徒] 수고였네[勞].

松江

홀로 드높음을 내세우지 않으나 도는 바야흐로 높으니,

바다에 들면 오히려 꼭 큰 거북을 낚았네.

조주선사의 선문답은 대개 80세 이후에 주석하셨던 조주 관음원 즉 현재의 정주 백림선사(柏林禪寺)에서 있었던 일이다. 120세까지 사셨으니, 백세가 넘어서 있었던 일도 많을 것이다. 그래서인지는 모르겠으나 참 부드럽다. 어깨나 목에 힘주는 법이 없다. 아랫배에 힘이 들어가 있는 것도 아니다. 상대가 아무리 억세게 밀고 들어와도 그저 지나가는 말처럼 농담처럼 던지셨다. 그래서 작은 물고기나 새우 따위는 조주선사의 그 깊은 울림을 느끼지 못하고 지나친다. "차 한 잔 하시게!(喫茶去)" "뜰 앞의 측백나무지(庭前柏樹子)." 이런 식의 답을 하셨으니, 너무 깊고 커서 오히려 놓치고 마는 것이었다. 하지만 조주선사의 말씀을 척 알아듣는 경지라면, 그는 저 바다 밑에서 유유히 노니는 큰 바다거북 같은 존재이다.

참 우습다 같은 시대의 관계 노인이여,

화살처럼 빠르다고 할 줄은 알았으나 또한 헛된 수고였네.

설두 노인네는 조주선사가 얼마나 노련한지를 설명하기 위해 같은 시대에 사셨던 관계 지한(灌溪志閑)화상을 예로 들었다. 마지막 구절의 '화살처럼 빠르다(劈箭)'고 한 말은 관계화상의 답에서 가져온 말이다.

관계선사는 임제선사의 법제자로 명성이 드높았던 인물이다. 어느 날 관계선사의 명성을 듣고 찾아온 선객이 관계선사에게 시비를 걸었다.

"세상에서는 관계의 명성이 자자하더니만, 와서 보니 그저 평범한 웅덩이에 불과하구만."

이는 관계(灌溪)라는 법호의 뜻 즉 '큰 계곡'이라는 것을 가지고 '웅덩이'로 표현함으로써, 관계화상의 대응을 보려고 한 것이었다. 그러자 관계화상이 선객을 나무랐다.

"자네는 웅덩이만 보는 안목이로군. 그래서야 어찌 '큰 계곡(관계)'을 보겠는가."

그러자 선객이 단도직입적으로 물었다.

"스님의 진짜 모습은 어떤 것입니까?(무엇이 큰 계곡입니까?)"

그러자 관계화상이 답했다.

"힘껏 당겨서 쏜 화살이 날아가는 것처럼 빠르다네."

참 멋진 답이긴 하다. 이렇게 답하기가 어디 쉬운가. 과연 명성이 자자할 만하지 않은가. 그런데 어째 힘이 들어간 느낌이 들까? 이렇게 힘준다고 모두를 깨닫게 하는 것이 아니다. 그런다고 도가 높아지는 것은 더더욱 아니다.

그럼 다시 조주선사의 모습을 보자.

"무엇이 조주의 진면목입니까?"

"나귀도 건너가고 말도 건너간다네."

이 영감님의 깊고 높으나 한없이 자비롭고 부드럽기만 한 답을 보라. 아, 그래서 더욱 사람들로 하여금 아득하게 만들고 있다. 잔머리 굴려서는 안 된다. 스스로 조주의 돌다리가 되지 않으면 알 수 있는 답이 아니다. 조주선사의 말 아래 깨닫는다면, 그 이후로는 천하 사람들이 그를 어쩌지 못할 것이다.

대문 앞의 사자상이나 인왕상을 보면 잔뜩 힘이 들어가 있고 겁을 주는 모습이다. 그러나 자비로운 미소 머금은 불보살의 자리에는 들어갈 수 없다

다른 곳에서는 '마조대사의 들오리(馬大師野鴨子)' '백장 선사와 들오리(百丈野鴨子)'로도 되어 있음.

설두스님께서 선택한 쉰세 번째 얘기는 마조대사(馬祖大師)와 백장선사(百丈禪師)의 문답이다.

마조스님(馬祖, 709~788)은 도일(道一)선사이시다. 육조 혜능대사의 수제자라고 일컬어지는 남악 회양(南岳懷讓)선사의 법을 이었다. 특이하게도 속성인 마(馬)씨에다 조사(祖師)라는 칭호를 붙였다. 백장(百丈)선사, 남전(南泉)선사, 대매(大梅)선사 등이 모두 제자이다. 혜능-마조-백장-황벽-임제로 이어지는 계보가 워낙 걸출하여 임제종을 이루게 되고, 중국 선종하면 바로 임제종을 떠올릴 만큼 수많은 선승을 배출하였다. '기와를 갈아 거울을 만들려 한다는 일화'는 수행 중인 마조스님을 깨닫게 하기 위한 남악 회양선사의 자비에서 비롯된 것이었다.

'평상심이 곧 도이다〈평상심시도(平常心是道)〉'는 마조선사의 법문 중 가장 많이 알려진 것이라고 할 수 있다.

흔히 '마조록(馬祖錄)'이라고 일컬어지는 『어록(語錄)』 1권이 있다.

백장선사(百丈禪師, 749~814)는 마조 도일선사(馬祖道一禪師)의 법제자인 회해(懷海)선사를 가리킨다. 회해선사에게 귀의한 사람들이 강서성(江西省) 홍주(洪州)의 대웅산(大雄山)에 대지성수선사(大智聖壽禪寺)를 세워드리니, 그곳에서 후학을 지도하셨다. 대웅산은 높고 험준하여 일명 백장산(百丈山)으로 불리기도 했는데, 그 이름을 따서 백장선사라고 존칭하게 되었다.

회해선사는 이곳에서 선원의 자세한 규칙을 제정하여 시행하였는데, 그것이 유명한 백장청규(百丈淸規)이다. 선사는 말년에도 계속 대중과 함께 작업을 하셨는데, 좀 쉬게 해 드리려고 농기구를 감췄더니 그날 공양을 드시지 않으셨다. 바로 유명한 '하루 일하지 않으면 하루 먹지 않는다.'는 일일부작 일일불식(一日不作一日不食)을 몸소 보여주신 것이다.

선사의 제자로서는 중국 선종에 우뚝한 위산 영우(潙山靈祐)선사와 황벽 희운(黃檗希運)선사 등이 있다.

垂示

徧界不藏하니 全機獨露라 觸途無滯하야
편계부장　　　전기독로　　촉도무체

著著有出身之機하고 句下無私하야 頭
착착유출신지기　　　구하무사　　　두

頭有殺人之意라 且道하라 古人이 畢竟
두유살인지의　　차도　　고인　필경

에 向什麼處하야 休歇고 試擧看하라
　향심마처　　　휴헐　시거간

기(機) 기틀. 기교. 기용(機用). 능력.

착착(著著) 낱낱 행위. 모든 경우.

출신지기(出身之機) 몸을 벗어나는 능력. 자유자재할 수 있는 역량.

두두(頭頭) 대개 두두물물(頭頭物物)로 사용됨. 만나는 모든 것. 만나는 모든 상대.

살인지의(殺人之意) 사람을 죽이는 마음. 사람이니 존재니 하는 등의 일체 관념을 부숴버릴 수 있는 마음.

수시

누리에[界] 가득하여[徧] 감추지[藏] 않으니[不], 완벽한[全] 능력[機] 홀로[獨] 드러난다[露]. 만나는[觸] 길마다[途] 막힘이[滯] 없어서[無] 어떤 상황에서도[著著] 자유자재할 수 있는 역량이[出身之機] 있으며[有], 말을 함에[句下] 사사로움이[私] 없으니[無] 누구에게나[頭頭] 관념으로부터 벗어나게 하는 마음을[殺人之意] 갖는다[有].

자, 말해 보라[且道], 옛 사람이[古人] 마침내[畢竟] 어느 경지에서[向什麼處] 쉬었는가[休歇]? 다음 일화를 살펴보자[試擧看].

 **松江**

궁극적인 진리는 어디에나 있다. 그러므로 그것은 어느 한 곳에만 감춰져 있을 수 없는 것이다. 그것은 조금씩 이해할 수 있는 성질의 것도 아니고, 조금씩 그 모습을 볼 수 있는 것도 아니다. 보면 온전하게 전체를 보고, 보지 못했다면 완전히 보지 못하는 것이다. 만약 보지 못했다고 하더라도 감춰져 있어서가 아니다. 그때도 온전히 드러나 있는 것임을 잊어서는 안 된다.

궁극적인 진리를 깨달은 사람이라면 찰나마다 만나는 그 모든 상황에 자유자재하다. 어떤 경우라도 끌려다니지 않고 괴로움에 떨어지지 않는다. 깨달은 선지식의 말은 사사로운 계산이나 분별을 넘어서 있다. 그렇기 때문에 어느 누구에게라도 상대가 마음을 열 준비가 되었다면 그가 가진 망상을 부숴버리고 해탈의 길로 이끌어 준다.

그렇다면 이러한 선지식들의 경지는 도대체 어떤 것일까? 다음 예를 드는 마조대사의 일화를 잘 보기 바란다.

해탈의 경지에 이르렀다는 아라한상
이 조각상을 보면서 부러워할 것이 없다

擧 거 馬大師與百丈行次에 마대사여백장행차 見野鴨子飛 견야압자비

過하고 과 大師云 대사운 是什麼오 시십마 丈云 장운 野鴨子니 야압자

다 大師云 대사운 什麼處去也오 십마처거야 丈云 장운 飛過去 비과거

也니다 야 大師遂扭百丈鼻頭하니 대사수뉴백장비두 丈作忍 장작인

痛聲이어늘 통성 大師云 대사운 何曾飛去오 하증비거

인통성(忍痛聲) 아픔을 참지 못하고 비명을 지름. 여기서 인(忍)은 '참지 못하다'로 풀어야 함.

이런 얘기가 있다[擧].

마조대사께서[馬大師] 백장과[百丈] 더불어 [與] 길을 가다가[行次] 들오리가[野鴨子] 날아[飛] 지나가는 것을[過] 보셨다[見].

마조대사께서[大師] 말씀하셨다[云].

"저것이[是] 무엇이냐[什麼]?"

백장이[丈] 말씀드렸다[云].

"들오리입니다[野鴨子]."

마조대사께서[大師] 말씀하셨다[云].

"어느[什麼] 곳으로[處] 갔느냐[去也]?"

백장이[丈] 말씀드렸다[云].

"날아가[飛過] 버렸습니다[去也]."

마조대사께서[大師] 마침내[遂] 백장의[百丈]
콧대를[鼻頭] 잡아 비트셨다[扭]. 백장이[丈]
아픔을[痛] 참지 못하고[忍] 비명을[聲] 질렀다
[作].

마조대사께서[大師] 말씀하셨다[云].

"어째서[何] 날아갔다고[飛去] 했느냐[曾]?"

　마음공부는 시간을 정해 놓고 하는 것이 아니다. 선지식의 시험은 어떤 규정을 정해 놓고 일정한 시간에 시험을 치듯이 하는 것이 아니다. 마음의 상태는 늘 드러나는 법이다. 그러니 포장된 마음 따위는 통하지 않는다. 성지순례를 하려면 인도를 가도 좋겠지만, 부처를 만나고자 한다면 유적지를 돌아다니지 말라.

　마조대사께서 들오리를 몰랐을까? 날아가 버린 것을 몰라서 물었을까? 백장은 스승 마조대사의 함정에 떨어져 버렸다. 스승의 한마디에 들오리가 되어 멀리 끌려가고 말았다. 만약 백장의 공부가 시원찮았다면 마조대사는 그저 산책이나 했을 것이다.

　마조대사의 자비심은 대단하다. 친히 손을 잡아 이끌어주셨다. 저 멀리로 날아간 들오리를 쫓아 헤매는 백장을 찰나에 돌아오게 하였다. "아야!" 이것은 들오리가 낸 소리도 아니고, 마조대사의 설명도 아니다.

새가 되기를 바라지 말라
새를 구경하느라 구덩이에 떨어지지 말라

野鴨子여 知何許오
야 압 자　지 하 허

馬祖見來相共語로다
마 조 견 래 상 공 어

話盡山雲海月情이나
화 진 산 운 해 월 정

依前不會還飛去로다
의 전 불 회 환 비 거

欲飛去에 却把住여
욕 비 거　각 파 주

道, 道하라
도　 도

하허(何許) 어느 곳.

들오리여[野鴨子]! 어디에 있는지[何許] 알겠는
가[知]?

마조대사[馬祖] 보고는[見來] 서로[相] 함께
[共] 말했도다[語].

산의 구름과[山雲] 바다의 달[海月] 정취[情]
다 말했건만[話盡],

여전히[依前] 알지 못해[不會] 도리어[還] 날아
갔다 하네[飛去].

날아가려[飛去] 하다가[欲] 도리어[却] 붙잡혔
구나[把住].

말해라[道], 말해[道]!

들오리여! 어디에 있는지 알겠는가?

마조대사 보고는 서로 함께 말했도다.

산의 구름과 바다의 달 정취 다 말했건만,

여전히 알지 못해 도리어 날아갔다 하네.

마조스님께서 제자 백장의 현재를 점검하셨다. 바로 눈앞에 날아가는 들오리를 보게 되었으니 참으로 좋은 시험꺼리가 생겼던 것이다. 대사의 예측대로 백장은 아직 정신을 차리지 못한 상태였다. 마조 노인이 자비로운 방편을 두 번이나 펼쳤으나, 백장은 그저 헛소리만 하고 있었다. "들오리입니다" "날아가 버렸습니다"고 했으니, 느닷없이 들오리만 부각되고 말았다. 세상 사람들 늘 엉뚱한 곳을 보며 남의 살림 평가하면서 아주 영리한 줄 안다. 그러니 가만두어도 스스로 속는데, 누군들 마조 영감님의 기막힌 함정을 쉽게 피할 수 있었겠는가. 하지만 이것은 오히려 자비로운 함정이라고 해야 마땅할 것이다. 마조 영감께는 함정에 빠진 백장을 구해낼 특단의 비법이 있었기 때문이다.

날아가려 하다가 도리어 붙잡혔구나.
말해라, 말해!

　백장이 어설픈 사람과 동행하고 있었다면 들오리 따라 정처 없이 고개를 넘어 구천을 떠도는 고혼(孤魂)이 되었을지도 모른다. 하지만 참으로 다행히도 천하의 마조 영감님과 같이 있었던 것이다. 마조스님은 절묘한 한 수로 백장의 혼백을 되돌려 놓았다. 자! 이젠 말해 보라. 아직도 날아갔다고 말할 것인가?

어느 순간 화려한 빛을 뿌렸던 이 불꽃은 어디에 있을까

다른 곳에서는 〈운문선사가 '최근에 어디 있다 왔느냐'고 물었다(雲門近離甚處)〉〈운문선사가 두 손을 펴 보임(雲門 卻展兩手)〉으로도 되어 있음.

설두스님께서 선택한 쉰네 번째 얘기는 운문 문언선사(雲 門文偃禪師)와 어떤 스님의 문답이다.

운문 문언(雲門文偃, 864~949)선사는 설봉선사의 법제
자이다.

가난한 집안 사정 때문에 어릴 때 공왕사(空王寺) 지징율
사(志澄律師)의 제자가 되어 율장에 대한 공부를 열심히 하
였으나, 불법에 대한 목마름을 해결할 수 없자 황벽(黃檗)선
사의 제자인 목주(睦州)선사를 찾아가 가르침을 청했다. 목
주스님은 그를 보자마자 문을 닫아 버렸다. 문언스님이 열심
히 문을 두드리자 목주스님이 물었다.

"넌 누구냐?"

"문언입니다."

"무얼 원하느냐?"

"참 성품을 깨닫고자 가르침을 받으려 합니다."

목주스님이 문을 열고 힐끗 보고는 문을 닫아 버렸다. 문
언스님이 이틀간 계속 청했으나 거절당하다가 사흘째 문을
열어 주자 곧바로 문 안으로 발을 들여 놓았다. 목주스님이
멱살을 잡고 "말해! 빨리 말해!" 라고 재촉하는데, 문언스님
이 잠깐 머뭇거리는 사이 밀어내며 세차게 문을 닫았다. 그
바람에 미처 나오지 못한 문언스님의 한쪽 발목이 부러져 버

렸다. 그 순간 시원한 경계를 맛보았다.

이윽고 목주스님의 소개로 설봉스님을 찾아가게 되었는데, 설봉스님이 주석하시는 산 아래에서 한 스님을 만나 부탁을 했다. "설봉스님이 법문을 하러 법당에 들어올 때 '불쌍한 늙은이여, 어찌 목에 걸린 칼을 벗지 않으시오!'라고 말해 보시오." 그 스님이 시킨 대로 하자 설봉스님이 멱살을 잡고 다그쳤다. "말해! 빨리 말해!" 그 스님이 아무 말도 못 하자, "누구의 말이냐?"고 다시 물었다. 전후 사정을 들은 설봉스님은 대중을 보내 문언스님을 데려와 제자로 삼았다.

운문스님이 설봉스님께 여쭈었다.

"무엇이 부처입니까?"

"잠꼬대하지 마라!"

운문은 예배하고 물러나 줄곧 삼 년을 지냈는데, 그러던 어느 날 설봉스님이 불러 물었다.

"자네 요즘 생활이 어떤가?"

"예전의 모든 성현들과 더불어 하나도 다르지 않습니다."

훗날 운문산에 30여 년 머물며 지도하였고, 그로 인해 운문선사라 한다.

　운문 문언스님은 독설가처럼도 말씀하셨는데, 그 대표적인 것이 부처님 탄생게에 대한 법문이다.

　운문선사가 법상에 올라 법문을 하시며 말씀하셨다.

　"싯다르타가 태어나 사방 일곱 걸음을 걷고는 '이 우주 법계에 내가 오직 존귀하다'고 하였는데, 그때 내가 있었다면 몽둥이로 쳐 죽여 개에게나 던져 주어 세상을 시끄럽지 않게 했을 것이다."

垂示

透出生死_{하야} 撥轉機關_{하며} 等閑截鐵
투출생사　　　발전기관　　　등한절철

斬釘_{하니} 隨處蓋天蓋地_라 且道_{하라} 是
참정　　　수처개천개지　　　차도　　　시

什麼人_의 行履處_오 試擧看_{하라}
십마인　　　행리처　　　시거간

투출(透出) 빠져나옴.

발전(撥轉) 활용함. 발휘함.

기관(機關) 장치. 작용. 깨달음의 관문.

등한(等閑) 아무렇게나 내버려 둠. 예사로 여김. 쉽사리.

행리처(行履處) 활동 범위. 실행하는 곳. 일상생활.

나고 죽는 것으로부터[生死] 벗어나서[透出] 깨달음의 관문을[機關] 마음대로 활용하며[撥轉] 예사로[等閑] 무쇠를[鐵] 끊고[截] 못을[釘] 베어버리니[斬], 이르는 곳마다[隨處] 하늘을[天] 덮고[蓋] 땅을[地] 덮는다[蓋].

자, 말해 보라[且道]. 이[是] 어떤[什麽] 사람이[人] 이렇게 살았는가[行履處]. 다음 일화를 살펴보자[試擧看].

 **松江**

　사람들은 나고 죽는 문제에 얽매여 있다. 나고 죽는 문제란 꼭 태어남과 죽음의 순간을 말하는 것이 아니라 생사윤회의 고통에 매여 있다는 뜻이다. 생사윤회란 해탈하지 못한 상태로 여러 생을 되풀이하며 괴로움을 받는 것이기도 하지만, 끝없이 일어났다가 사라지는 자신의 감정이나 생각 따위에 끌려다니며 괴로워하는 어리석은 삶을 가리키기도 한다.

　열심히 정진하면 이런 문제로부터 자유로워지는 경지가 나타나며, 조사님들이 시험하기 위해 만들어 놓은 관문을 거침없이 통과하게 된다. 그런 사람은 무쇠 같은 번뇌도 단번에 잘라버리고, 못처럼 깊게 박힌 나쁜 견해도 찰나에 베어버린다. 이 경지에 이른 사람은 천지간에 거칠 것 없는 자유자재한 사람인 것이다.

　과연 어떤 사람이 이런 삶을 살았을까? 다음 본칙을 보면 알 수 있을 것이다.

중국 운문산 대각선사(大覺禪寺)에 모셔져 있는 운문 문언선사 진영

擧 雲門이 問僧호대 近離甚處오 僧云
西禪이니다 門云 西禪이 近日有何言句
오 僧이 展兩手하니 門이 打一掌이라 僧
云 某甲話在니다 門이 却展兩手하니 僧
이 無語라 門이 便打하다

서선(西禪)　남전 보원선사(南泉普願禪師)의 제자인 소주(蘇州)의
서선화상(西禪和尙).

이런 얘기가 있다[擧].

운문선사께서[雲門] 어떤 스님에게[僧] 물었다[問]. "요사이[近] 어느[甚] 곳을[處] 떠나왔는가[離]?"

그 스님이[僧] 답하였다[云]. "서선화상 계신 곳입니다[西禪]."

운문선사께서[門] 물었다[云]. "서선화상은[西禪] 요즘[近日] 무슨[何] 법문을[言句] 하시던가[有]?"

그 스님이[僧] 두 손을[兩手] 폈다[展].

운문선사께서[門] 그 스님을 한 대[一掌] 치셨다[打].

그 스님이[僧] 말했다[云]. "제게[某甲] 할 말이 있습니다[話在]."

운문선사께서[門] 반대로[卻] 두 손을[兩手] 폈다[展].

그 스님이[僧] 말을 하지 못하자[無語] 운문선사께서[門] 곧바로[便] 치셨다[打].

松江

‘어느 곳에서 왔느냐?’고 묻는 것은 그냥 단순히 온 곳을 묻는 것처럼 보이지만, 선사들이 상대를 간파하기 위해 흔히 쓰는 수단이다. 선객은 평범하게 자신이 머물다가 온 서선화상의 처소(西禪寺)를 솔직히 말하고 있다. 이에 운문선사께서 ‘요즘 서선화상이 어떤 법문을 하더냐?’고 물었다. 선객도 꽤나 참구한 지 오래되었던지 비장의 묘수를 펼쳤다. 말없이 두 손을 불쑥 펼쳐 보인 것이다. 어떤 말보다도 더 강력한 공격이었다. 이보다 더 멋진 답을 하기도 어려울 것이다. 하지만 운문선사의 질문에 자기도 모르게 끌려들어간 줄을 미처 몰랐다.

상대는 천하의 운문선사였다. 바깥에 정신 팔린 선객을 그대로 후려쳐 버렸다. 다급히 할 말이 있다고 외치는 선객에게 운문선사는 곧바로 상대의 칼(상대가 쓴 수단)을 빼앗아 목을 겨누었다. 안타깝게도 이 선객에게는 운문선사에게서 칼을 빼앗을 능력이 없었다. 그 짧은 순간의 기회를 놓치고 말았으니 살기 어렵게 되었다. 아니나 다를까 운문선사는 선객의 목을 치고 말았다. ‘철썩!’

이 문 안에 들어서는 사람은 찰나의 망설임도 없어야 살아나올 수 있다
중국 운문산 대각선사(大覺禪寺)의 일주문

虎頭虎尾一時收하니
호 두 호 미 일 시 수

凜凜威風四百州로다
늠 름 위 풍 사 백 주

却問不知何太嶮고
각 문 부 지 하 태 험

〈師云 放過一着이로다〉
사 운 방 과 일 착

사백주(四百州) 온 천하.

호랑이 머리와[虎頭] 호랑이 꼬리를[虎尾] 일시에[一時] 잡으니[收]

늠름하고[凜凜] 위엄 있는 풍모[威風] 온 천하에 떨쳤도다[四百州].

다시[却] 묻노니[問] 얼마나[何] 험준한지[太嶮] 몰랐단 말인가[不知]?

〈설두선사께서[師] 말씀하셨다[云]. "한번[一着] 그냥 지나치려 한다[放過]."〉

호랑이 머리와 호랑이 꼬리를 일시에 잡으니

늠름하고 위엄 있는 풍모 온 천하에 떨쳤도다.

호랑이처럼 달려드는 선객의 머리를 단숨에 움켜쥐었고, 다시 퇴로까지 완전히 차단해 버렸다. 어설픈 솜씨를 뽐내려다가 운문선사에게 걸리면 모두 그처럼 살아나기 어렵다. 천하를 통틀어 그를 대적할 사람이 과연 몇이나 되겠는가.

다시 묻노니 얼마나 험준한지 몰랐단 말인가?

〈설두선사께서 말씀하셨다. "한번 그냥 지나치려 한다."〉

운문선사는 발목이 부러지면서 한 경계를 넘었던 분이었고, 설봉스님의 모진 단련을 받았던 분이다. 보여주는 경계마다 너무나 험준하여, 누구라도 감히 덤빌 엄두를 내지 못했던 선사였던 것이다. 자, 만나본 소감이 어떤가?

〈설두선사께서는 대중들에게 본칙을 통해 운문선사를 얼마나 정확히 파악했는지를 묻고 있다. 그래서 자신이 답을 하지 않고 슬쩍 지나치는 것처럼 꾸몄다.〉

비록 탑이 높긴 하지만 운문선사와는 견줄 수 없다
운문산 대각선사의 탑

松江

다른 곳에서는 〈도오선사와 점원의 문상(道吾漸源弔慰)〉으로도 되어 있음.

설두스님께서 선택한 쉰다섯 번째 얘기는 도오 원지화상(道吾圓智和尙)과 제자인 점원 중흥화상(漸源仲興和尙)의 대화, 다시 점원화상과 석상 경저화상(石霜慶諸和尙)의 대화, 그리고 태원 부상좌(太原孚上座)의 말이다.

도오 원지화상(769~835)은 당대(唐代) 스님으로『오등회원(五燈會元)』에는 종지(宗智)화상으로 되어 있다. 강서성(江西省-장시성) 예장(豫章) 해혼(海昏) 출신으로, 어려서 열반화상 문하로 출가하였다. 뒷날 약산(藥山)에 머물면서 정진하여, 약산 유엄선사(藥山惟儼禪師, 745~828)의 법제자가 되었다. 이후 여러 곳을 행각하다가 호남성(湖南省-후난성) 담주(潭州) 장사부(長沙府)의 도오산(道吾山)에 머물며 선풍을 크게 일으켰다.

점원 중흥화상은 당대(唐代) 스님으로 생몰연대는 알 수 없다. 스승 도오화상과 장례식에 참석하여 스승의 생사인연 법문을 듣고는 3년 동안 산속에 은거하여 정진하였다. 어느 날 한 동자가『관음경(觀音經)』을 독송하는 것을 듣고는 문득 깨달았다고 한다. 이후 담주(潭州)의 점원(漸源)에 머물면서 지도를 하였다.

석상 경저화상(807~887)은 당대(唐代) 스님이다. 강서성 길주 신감(新淦) 출신으로 13세에 서산 소감(西山紹鑑)화상에게 출가하였다. 23세에는 영은 숭악(靈隱嵩嶽)화상으로부터 계를 받고 계율을 배웠다. 뒤에 도오 원지화상을 모시고 공부하여 법제자가 되었다. 석상산(石霜山)에 20년간 머물며 후학을 지도하였다.

태원 부상좌는 당말(唐末) 스님으로 생몰 연대는 미상이다. 설봉선사(雪峰禪師, 822~908)의 법제자이지만 은둔의 생활을 하였기에 자세한 기록이 없다. 대원(大原) 부상좌로도 전한다.

垂示

穩密全眞을 當頭取證하며 涉流轉物을
온밀전진　　당두취증　　섭류전물

直下承當이니 向擊石火閃電光中하야
직하승당　　향격석화섬전광중

坐斷淆訛하며 於據虎頭收虎尾處에 壁
좌단효와　　어거호두수호미처　벽

立千仞은 則且置하고 放一線道하야 還
립천인　즉차치　　방일선도　　환

有爲人處也無아 試擧看하라
유위인처야무　시거간

온밀전진(穩密全眞) 말로 설명할 수 없는 경지에서(穩密) 우주의 참 모습이 드러난다(全眞)는 뜻.

당두(當頭) 가까이 닥침. 임박함. 곧바로.

취증(取證) 깨달음을 증득함. 증오(證悟).

섭류(涉流) 모든 사물에 간여함.

전물(轉物) 모든 사물을 포용하고 활용함.

직하(直下) 곧바로. 당장에.

승당(承當) 받아들여 감당함. 증오(證悟)의 뜻으로도 사용됨.

격석화(擊石火) 부싯돌 쳐서 일어나는 불꽃. 아주 짧은 순간

좌단(坐斷) 타파함. 없앰.

효와(淆訛) 과실. 잘못. 결점.

벽립천인(壁立千仞) 벽이 천 길 서 있음. 범접할 수 없이 우뚝한 경지.

즉차치(則且置) 그건 그렇다 치고.

수시

말로 설명할 수 없는 경지에서[穩密] 세상의 참
모습이 드러남을[全眞] 곧바로[當頭] 깨달으며
[取證], 만나는 모든 사물을[涉流] 포용하고 활
용하여[轉物] 곧바로[直下] 받아들인다[承當].
부싯돌 쳐서 불꽃 반짝하고[擊石火] 번갯불 번
쩍하는[閃電光] 그 사이에[向~中] 잘못을[淆
訛] 없애버리고[坐斷], 범의[虎] 머리에[頭] 앉
아[據] 범의[虎] 꼬리를[尾] 잡는[收] 경지에서
[於~處] 범접할 수 없이 우뚝하다[壁立千仞].
그건 그렇다 치고[則且置] 한[一] 가닥[線] 길
을[道] 열어[放] 다시[還] 사람을[人] 위하는
[爲] 부분이[處] 있을까[有~也無]? 아래 얘기
를 살펴보자[試擧看].

 **松江**

　말이 끊어진 바로 그 자리에서 참된 모습을 보게 되면, 이제 차별로 인한 취사선택을 넘어서서 모든 것을 받아들인다. 바로 참된 평등에 이르게 된 것이다. 머리로 헤아리고 분별해서는 결코 도달할 수 없는 경지이다.

　일반적으로는 오래 생각하고 깊게 생각하면 모든 것을 잘 처리할 것이라고 한다. 과연 그러할까? 하지만 참된 모습이란 그렇게 보는 것이 아니다. 생각이 많을수록 군더더기가 많이 붙게 되고, 그럴수록 본래 모습과는 어긋나 버린다. 실상을 본 경지에서는 생각할 필요가 없다. 그냥 보이기 때문이다. 이 경지에서는 모든 것을 완벽하게 파악하고 장악한다. 이 경지에 이르면 어느 누구도 그를 어쩌지 못한다.

　하지만 오직 그것만이 전부는 아니다. 절대의 본질에서야 그 어떤 길도 인정할 수 없지만, 포용하고 활용하여 받아들이는 입장에서는 언제나 길을 열어 상대가 그 길을 보게 한다. 이것이 평등의 또 다른 모습이기 때문이다.

만약 한 가닥 길을 열어 두지 않았다면
달마라는 이름을 아는 이가 없으리라
운문산 대각선사(大覺禪寺) 벽화

擧 道吾與漸源으로 至一家弔慰러니 源
거 도오여점원　　지일가조위　　원

이 拍棺云 生也아 死也아 吾云 生也不
박관운 생야　사야　오운 생야부

道하고 死也不道하리라 源云 爲什麼不
도　　사야부도　　　원운 위십마부

道닛고 吾云 不道不道하리라 回至中路하
도　　오운 부도부도　　　회지중로

야 源云 和尙은 快與某甲道하소서 若不
원운 화상　쾌여모갑도　　　약부

道인댄 打和尙去也리다 吾云 打卽任打
도　　타화상거야　　오운 타즉임타

어니와 道卽不道하리라 源이 便打하다 後
도즉부도　　원　변타　　후

道吾遷化라 源到石霜하야 擧似前話하니
도오천화　원도석상　　거사전화

霜云 生也不道하고 死也不道하리라 源
상운 생야부도　　사야부도　　　원

云 爲什麼不道닛고 霜云 不道不道하리
운 위십마부도   상운 부도부도

라하니 源이 於言下에 有省하다 源이 一日
원   어언하 유성 원 일일

에 將鍬子하고 於法堂上에 從東過西하며
장초자   어법당상 종동과서

從西過東이어늘 霜云 作什麼오 源云 覓
종서과동   상운 작십마 원운 멱

先師靈骨이니다 霜云 洪波浩渺하고 白
선사령골   상운 홍파호묘   백

浪滔天이어늘 覓什麼先師靈骨고
랑도천   멱십마선사령골

〈雪竇着語云 蒼天 蒼天이로다〉
설두착어운 창천 창천

源云 正好著力이니다 太原孚云 先師
원운 정호저력   태원부운 선사

靈骨이 猶在니라
령골 유재

천화(遷化) 입적(入寂). 돌아가심.

거사(擧似) 얘기 등을 그대로 들려줌.

초자(鍬子) 가래. 삽.

영골(靈骨) 사리(舍利).

호묘(浩渺) 넓고 아득함.

창천(蒼天) 비통함을 나타내는 말. 아, 슬프구나! 아이고!

정호저력(正好著力) 바로(正) 잘(好) 드러내기 위해(著) 애씀(力).

천화(遷化) 입적(入寂). 돌아가심.

이런 얘기가 있다[擧].

도오화상이[道吾] 점원상좌와[漸源] 더불어[與] 어느 집에[一家] 이르러[至] 조문을 하는데[弔慰], 점원상좌가[源] 관을[棺] 치면서[拍] 물었다[云]. "살았습니까[生也]? 죽었습니까[死也]?"

도오화상이[吾] 답하였다[云]. "살았다고도[生也] 말하지[道] 않겠고[不] 죽었다고도[死也] 말하지[道] 않겠다[不]."

점원상좌가[源] 물었다[云]. "어째서[什麼] 말하지[道] 않겠다고[不] 하십니까[爲]?"

도오화상이[吾] 답하였다[云]. " 말하지[道] 않겠다[不]. 말하지[道] 않겠다[不]."

돌아오다가[回] 중간쯤에[中路] 이르러[至] 점
원상좌가[源] 말했다[云]. "스님께서는[和尙]
저에게[某甲] 빨리[快] 말씀해[道] 주십시오
[與]. 만약[若] 말씀하시지[道] 않으시면[不] 스
님을[和尙] 치겠습니다[打去也]."
도오화상이[吾] 답하였다[云]. "치려면[打卽]
마음대로[任] 쳐라[打]. 말하라면[道卽] 말하지
[道] 않겠다[不]."
점원상좌가[源] 바로[便] 쳤다[打].

뒤에[後] 도오화상이[道吾] 입적하시고[遷化]
점원스님이[源] (사형인) 석상스님 주석하는 곳
에[石霜] 이르러[到] 앞의 얘기를[前話] 그대로
들려주었다[擧似].
석상스님이[霜] 말했다[云]. "살았다고도[生也]
말하지[道] 않겠고[不] 죽었다고도[死也] 말하

지[道] 않겠다[不].”

점원스님이[源] 물었다[云]. “어째서[什麼] 말하지[道] 않겠다고[不] 하십니까[爲]?”

석상스님이[霜] 답하였다[云]. “ 말하지[道] 않겠다[不]. 말하지[道] 않겠다[不].”

점원스님이[源] 이 말 끝에[於言下] 깨우침이[省] 있었다[有].

점원스님이[源] 어느 날[一日] 삽을[鍬子] 들고[將] 법당[法堂] 위에서[於~上] 동쪽에서[從東] 서쪽으로[西] 가고[過] 서쪽에서[從西] 동쪽으로[東] 갔다[過].

석상스님이[霜] 물었다[云]. “뭘[什麼] 하는가[作]?”

점원스님이[源] 답하였다[云]. “스승님의[先師] 사리를[靈骨] 찾습니다[覓].”

석상스님이[霜] 물었다[云]. “큰[洪] 파도가[波]

넓고[浩] 아득하며[渺] 흰[白] 물결이[浪] 하늘에[天] 넘치거늘[滔], 무엇 때문에[什麽] 스승님의[先師] 사리를[靈骨] 찾는가[覓]?"

〈설두화상이[雪竇] 촌평해[着語] 말하였다[云]. "아이고[蒼天]! 아이고[蒼天]!"〉

점원스님이[源] 답하였다[云]. "(스승님의 가르침을) 바로[正] 잘[好] 드러내기 위해서[著] 애쓰고 있습니다[力]."

(뒷날) 태원 부상좌가[太原孚] 말했다[云]. "선사의[先師] 사리가[靈骨] 그대로[猶] 있구나[在]."

여기 참 멋진 얘기가 있다. 스승 도오선사와 제자 점원이 생사의 문제를 두고 한 치의 양보가 없는 줄다리기를 하고 있다.

관을 두드리며 제자가 묻는다. "살았습니까, 아니면 죽었습니까?"

비록 석가모니 이래로 늘 생사 문제를 다루었지만, 이처럼 덤빈 경우도 드물다. 하지만 바위를 안은 채로 하늘을 날려고 시도한 셈이다.

스승은 그 바위를 내려놓게 하려고 애를 쓰셨다. "살았다고도 죽었다고도 말하지 않겠다." 그러고는 제자가 때리는 것까지 고스란히 맞아준다. 그래도 제자는 스승의 자비가 얼마나 깊은 줄을 모르니 안타깝다. 그렇게 깨닫지 못하고 스승은 입적했다.

여전히 문제를 풀지 못한 점원상좌는 이번엔 사형을 찾아가서 이 문제를 거론했다. 사형 또한 자비롭다. "살았다고도 죽었다고도 말하지 않겠다." 점원이 어째서 말하지 않겠다고

만 하느냐고 다그쳤지만, "말하지 않겠다."만 되풀이했다. 점원스님이 그동안 허송세월만 했던 것은 아니었나 보다. 스승과 똑같은 말만 되풀이한 사형의 답을 듣고 깨달았다. 스스로가 달라져 있었던 것이다.

점원스님은 스승의 은혜를 뼛속 깊이 느꼈을 것이다. 그래서 은혜를 갚는 퍼포먼스를 했다. 삽(가래)을 들고 사리를 찾는 시늉을 한 것이다. 자기에게 베풀어준 스승의 은혜로부터 완전히 벗어나는 시점이다.

사형 석상스님은 그런 사제의 행위가 못마땅했던 모양이다. 깨달았으면 되었지 참 쓸데없는 행동하고 있구나 하고 나무란 것이다. 하지만 이 말도 사족처럼 들린다. 하지 않았어도 좋았을 것이다.

설두 노인네가 곡을 했다. "아이고! 아이고!" 설두 노인의 곡은 누굴 향한 것일까?

부상좌도 노파심이 간절했던 모양이다. "사리가 여전히 있구나." 후학들을 위해 스스로 매를 벌고 있다.

인도 쿠시나가라의 열반당과 사리탑
열반이 이런 모양일까

兎馬有角이요　牛羊無角이로다
토 마 유 각　　우 양 무 각

絶毫絶釐나　如山如嶽이로다
절 호 절 리　　여 산 여 악

黃金靈骨今猶在라
황 금 영 골 금 유 재

白浪滔天何處著고
백 랑 도 천 하 처 착

無處著이라
무 처 착

隻履西歸曾失却이로다
척 리 서 귀 증 실 각

척리(隻履) 외짝 신. 달마대사께서 입적하시어 웅이산(熊耳山)에 묻었으나, 인도에 다녀오던 사신이 파미르고원에서 신 한 짝을 지팡이 끝에 매달고 인도로 돌아가시던 달마대사를 만났다고 한 얘기를 가리킴.

토끼와[兎] 말은[馬] 뿔이[角] 있고[有],

소와[牛] 양은[羊] 뿔이[角] 없구나[無].

터럭을[毫] 끊고[絶] 솜털을[氂] 끊지만[絶],

산과[山] 같고[如] 큰 뫼와[嶽] 같구나[如].

황금[黃金] 사리[靈骨] 지금[今] 그대로[猶] 있음이라[在].

흰 물결[白浪] 하늘에[天] 넘치거늘[滔] 어디서[何處] 찾으랴[著].

찾을[著] 곳이[處] 없음이여[無].

외짝[隻] 신으로[履] 서쪽으로[西] 갈 때[歸] 이미[曾] 잃고[失] 말았네[却].

松江

토끼와 말은 뿔이 있고,
소와 양은 뿔이 없구나.

있다거나 없다거나 하며 따지는 것은 그저 한순간의 현상
일 뿐이다. 사람들은 찰나를 보느라고 전체를 놓치고 만다.
깨달음의 경계를 현상적인 있음과 없음으로 나누어 보려고
하면 문득 두 눈을 잃고 말 것이다.

터럭을 끊고 솜털을 끊지만,
산과 같고 큰 뫼와 같구나.

근본의 자리로 말하자면 터럭 하나도 없지만, 또한 그것이
온 천지에 갖가지 모습으로 드러나 있지 않은가.

황금 사리 지금 그대로 있음이라.
흰 물결 하늘에 넘치거늘 어디서 찾으랴.

진여의 세계가 언제 생기고 없어지는 것이던가. 찾지 않아도 없어지는 것이 아니다. 이미 천지에 가득하거늘 그것을 다시 찾는다는 것이 또한 우습지 않은가.

찾을 곳이 없음이여.
외짝 신으로 서쪽으로 갈 때
이미 잃고 말았네.

물속에 있으면서 물을 찾는다는 것은 웃기는 일이다. 한 주먹 움켜쥐고 이것이 공기라고 외치면 이미 그르쳤다. 그래서 찾을 수 없다고 했다. 만약 달마대사가 외짝 신을 들고 파미르고원을 넘어갔다고 한다면 이미 어긋나 버렸다. 법은 다시 말할 것도 없다.

조선시대 취옹(醉翁) 김명국(金明國, 17세기)의
노엽달마도(蘆葉達摩圖)

흠산일촉
(欽山一鏃)

흠산선사의 화살 한 대

松江

다른 곳에서는 〈흠산선사, 화살 한 대로 세 관문을 뚫다(欽山一鏃破三關)〉로도 되어 있음.

설두스님께서 선택한 쉰여섯 번째 얘기는 흠산화상과 양 선객의 대화이다.

흠산 문수(欽山文邃)화상은 당대(唐代)의 선승으로 복주(福州) 출신이다. 대자 환중(大慈寰中)화상을 은사로 출가하였으며, 덕산 선감(德山宣鑑, 782~865)선사와 동산 양개(洞山良价)선사에게 지도 받았다. 동산선사의 법을 이었으며, 예주(澧州)의 흠산(欽山)에 주석하였다. 암두(巖頭)화상, 설봉(雪峰)화상과 절친한 관계로 셋이 잘 어울려 다녔다고 한다. 생몰연대는 밝혀진 바가 없다.

량선객(良禪客)은 거량(巨良)이라는 선객으로 나중에 선승(禪僧)이 되었다고 한다.

垂示

諸佛不曾出世하고 亦無一法與人하며
제 불 부 증 출 세　　역 무 일 법 여 인

祖師不曾西來하야 未嘗以心傳授어늘
조 사 부 증 서 래　　미 상 이 심 전 수

自是時人이 不了하야 向外馳求하며 殊
자 시 시 인　 불 료　 향 외 치 구　　 수

不知自己脚跟下一段大事因緣은 千
부 지 자 기 각 근 하 일 단 대 사 인 연　 천

聖亦摸索不著이로다 只如今에 見不見
성 역 모 색 불 착　　 지 여 금　　견 불 견

聞不聞 說不說 知不知는 從什麼處得
문 불 문 설 불 설 지 부 지　 종 십 마 처 득

來오 若未能洞達인댄 且向葛藤窟裏하야
래　 약 미 능 통 달　　차 향 갈 등 굴 리

會取하라 試擧看하라
회 취　　 시 거 간

갈등굴(葛藤窟) 갈등을 일으키는 글이나 말. 여기서는 선지식의 공안.

모든[諸] 부처님께서는[佛] 일찍이[曾] 세상에[世] 나오시지[出] 않았고[不], 또한[亦] 하나의[一] 가르침도[法] 사람에게[人] 주신 일[與] 없다[無]. 달마조사께서[祖師] 일찍이[曾] 서쪽에서[西] 오시지[來] 않았고[不], 마음으로써[以心] 전해[傳] 준[授] 것이[曾] 아니다[未].

이것을[是] 요즘 사람들이[時人] 깨닫지[了] 못함으로[不] 말미암아[自] 밖을[外] 향해서[向] 구하느라[求] 내달리며[馳], 특히[殊] 자기[自己] 발꿈치[脚跟] 밑의[下] 한층[一段] 중요한[大事] 인연은[因緣] 모든 성현이[千聖] 또한[亦] 생각하여 찾아도[摸索] 찾지 못함을[不著] 알지[知] 못한다[不].

오직[只] 지금과 같은 경우[如今] 보면서도[見] 보지 못하고[不見], 들으면서도[聞] 듣지 못하며[不聞], 말하면서도[說] 말하지 못하고[不說], 알면서도[知] 알지 못하는 것을[不知] 어느[什麼] 곳으로부터[從~處] 얻을 수 있는가[得來]. 만약[若] (이것을) 밝게 알지[洞達] 못한다면[未能], 우선[且] 옛 선지식의 말을[葛藤窟裏] 대하면서[向] 알아보라[會取]. 다음 얘기를 살펴보자[試擧看].

松江

　수많은 경전에서는 부처님께서 세상에 출현하시어 진리를 가르쳐 주셨다고 얘기하고 있으며, 또한 어록마다 달마대사께서 중국으로 건너오시어 마음으로 마음에 전하는 특별한 선(禪)을 전해 주셨다고 적고 있다. 그렇지만 이것은 어디까지나 낮은 경계의 설명일 뿐이다. 근본적 경지에서는 부처가 출현하는 일이 있을 수 없고, 진리를 가르칠 수도 없는 것이다. 달마대사도 또한 오는 것이 불가능하고, 선(禪)을 전할 수 없는 것이다.

　그렇다고 착각하지 말라. 석존이 모습을 보이기 전과 후는 엄연히 다르며, 달마조사가 오기 전과 후는 분명 차이가 있다.

　사람들은 근본을 깨닫지 못하기에 경전을 보고 공안을 챙기며 깨닫고자 하지만 부질없는 일이다. 만일 그것으로 될 일이었다면 석존이 45년간 애를 썼겠으며, 달마조사가 그 험한 길을 건넜겠는가.

자, 여기 보고 듣고 말하고 다 안다고 생각하지만, 그중에 보지도 듣지도 말하지도 알지도 못하는 '바로 그것'은 어디에서 찾는단 말인가?

이래도 아직 모르겠다면 선지식의 일화를 통해 살펴볼 수밖에 없을 것이다.

석존께서 법을 설하셨던 영취산 오르는 길목
이 여인은 무엇을 구하고 있는가
세상에서 가장 값진 보물이 자신에게 있는 것을 알기나 할까

擧 良禪客이 問欽山호대 一鏃破三關
거 량선객　문흠산　　일촉파삼관

時如何닛고 山云 放出關中主看하라 良
시여하　　산운 방출관중주간　　　량

云 恁麼則知過必改니다 山云 更待何
운 임마즉지과필개　　　산운 갱대하

時오 良云 好箭放이나 不著所在로다하고
시　량운 호전방　　불착소재

便出하거늘 山云 且來闍黎여 良이 回首
변출　　　산운 차래사리　량　회수

라 山이 把住云 一鏃破三關은 卽且止
　산　파주운 일촉파삼관　즉차지

하고 試與欽山發箭看하라 良이 擬議어늘
　　시여흠산발전간　　　량　의의

山打七棒云 且聽這漢疑三十年하라
산타칠방운 차청저한의삼십년

차래(且來) 잠깐 기다려라. 잠깐 오라.

파주(把住) 멱살을 움켜잡다.

사리(闍黎) '도려'로 읽을 수도 있지만 '아사리(阿闍梨)'의 준말인 '사리'로 읽는 것이 옳음. 아사리는 '스승, 대사, 스님'의 뜻.

의의(擬議) 주저하다. 망설이다.

차청(且聽) 또 기다리다.

이런 얘기가 있다[擧].

량[良] 선객이[禪客] 흠산선사께[欽山] 여쭈었다[問].

"한[一] 화살로[鏃] 세[三] 관문을[關] 부쉈을[破] 때는[時] 어떻습니까[如何]?

흠산선사께서[山] 답하셨다[云].

"관문[關] 안의[中] 주인을[主] 내놓아[放出] 보여라[看]."

량 선객이[良] 말씀드렸다[云].

"그러고 보니[恁麼則] 맞히질 못했음을[過] 알겠습니다[知]. 다시 쏘겠습니다[必改]."

흠산선사께서[山] 말씀하셨다[云].

"다시[更] 어느[何] 때를[時] 기다리는가[待]?"

량 선객이[良] 말씀드렸다[云].

"화살은[箭] 잘[好] 쏘셨으나[放] 있어야 할 곳에(맞힐 곳에)[所在] 이르지를[著] 못했군요[不]."하고는 곧바로[便] 나가려 하였다[出].

흠산선사께서[山] 말씀하셨다[云].

"잠깐[且] 오게[來], 대사[闍黎]."

량 선객이[良] 머리를[首] 돌리자[回], 흠산선사께서[山] 멱살을 잡고[把住] 말씀하셨다[云].

"한[一] 화살로[鏃] 세[三] 관문을[關] 부수는 것은[破] 그만두고[即且止], 시험 삼아[試] 나에게[與欽山] 화살을[箭] 쏘아[發] 보게[看]."

량 선객이[良] 머뭇거리자[擬議] 흠산선사께서[山] 일곱[七] 방망이를[棒] 때리며[打] 말씀하셨다[云].

"두고 봐라[且聽], 이놈이[這漢] 30년은[三十年] 참구해야 할 게다[疑]."

 **松江**

거량이라는 선객이 흠산선사를 거세게 몰아붙였다.

"모든 관문을 단번에 통과해 버린 뛰어난 인물이 나타난다면 어떻게 하시겠습니까?"

참 대단한 공격이다. 이 정도의 공격을 하긴 결코 쉽지 않다. 하지만 흠산선사는 노련한 선지식이시다. 상대의 전략에 휘말리지 않고 곧바로 지휘본부를 공격해 버렸다.

"그렇다면 관문 안의 주인을 잘 알겠군. 어디 한번 보여 주게."

역습을 당한 거량은 후퇴했다. 그러나 항복은 아니다.

"제가 관문의 주인을 맞추지 못했으니, 다시 쏘도록 하겠습니다."

하지만 흠산선사는 재차 몰아쳐 버렸다.

"뭘 기다리겠다는 게야. 지금 당장 쏘아야지."

그러자 거량 선객이 반격을 가했다.

"이 노인네가 화살은 잘 쏘시면서 맞히지는 못하시는군."

쏘아붙이고는 몸을 돌려 나가려 하였다. 참 멋진 역습이었다. 하지만 흠산선사에게 그 정도의 역습은 통하지 않는다. 바로 불러세웠다.

"이보게 대사 잠깐 오게."

이 공격을 잘 막았어야 했다. 하지만 거량은 역부족이었다. 걸음을 멈추고 돌아보고 말았다. 그러자 흠산선사의 마지막 일격이 가해졌다.

"단번에 모든 관문을 통과하는 것은 그만두고, 어디 나부터 한번 통과해 보게."

이 예상치 못한 반격에 거량이 멈칫거리자, 흠산선사는 주장자로 치면서 말씀하셨다.

"이놈이 30년을 참구해야 겨우 의심을 벗어버리겠군."

흠산선사의 자비로운 주장자를 맞으면서도 그 즉시 깨닫지를 못하다니, 안타까운 일이다.

비 오는 밤 개화사 마당에 비친 연등의 그림자
아름답긴 하지만 진짜는 아니다

與君放出關中主하노니
여 군 방 출 관 중 주

放箭之徒莫莽鹵하라
방 전 지 도 막 망 로

取箇眼兮耳必聾이요
취 개 안 혜 이 필 롱

捨箇耳兮目雙瞽니라
사 개 이 혜 목 쌍 고

可憐一鏃破三關이여
가 련 일 촉 파 삼 관

的的分明箭後路로다
적 적 분 명 전 후 로

君不見가　玄沙有言句여
군 불 견 　 현 사 유 언 구

大丈夫先天爲心祖라
대 장 부 선 천 위 심 조

방전지도(放箭之徒) 화살을 쏘는 무리. 거량 선객과 같이 공격하기를 좋아하는 선객들.

망로(莽鹵) 함부로 함. 경솔하게 함. 되는대로 마구 함.

가련(可憐) 사랑할 만함. 어여삐 여길 만함.

현사(玄沙) 현사 사비(師備)선사. 설두스님은 '대장부선천위심조'를 현사스님의 게송으로 보았으나 원오스님은 평창에서 귀종 지상(歸宗智常)스님의 게송이라고 하였음.

그대에게[與君] 관문[關] 안의[中] 주인을[主] 내보내노니[放出],

화살 쏘는 무리들은[放箭之徒] 함부로 굴지[莽鹵] 말라[莫].

눈을 취한다면[取箇眼兮] 귀가[耳] 반드시[必] 먹을 것이고[聾],

귀를 버린다면[捨箇耳兮] 눈이[目] 둘 다[雙] 머느니라[瞽].

멋지다[可憐] 한 화살로[一鏃] 세 관문[三關] 뚫음이여[破],

화살[箭] 지난[後] 길이[路] 또렷하고[的的] 분명하다[分明].

그대 알지 못하는가[君不見], 현사스님[玄沙]

하신 말씀[有言句].

대장부는[大丈夫] 하늘보다[天] 먼저[先] 마음

으로[心] 근본을[祖] 삼느니라[爲].

그대에게 관문 안의 주인을 내보내노니,
화살 쏘는 무리들은 함부로 굴지 말라.

　내보낸다고 볼 수 있으려나? 그 자리는 연습해서 보는 자리가 아니니 함부로 나대서는 곤란만 자초할 것이다. 내보낼 수 있고 볼 수 있다면 그게 관문 안의 주인이라고 할 수 있겠는가. 그림자놀이에 불과한 것을.

　눈을 취한다면 귀가 반드시 먹을 것이고,
귀를 버린다면 눈이 둘 다 머느니라.

　참 난처하게 되었다. 설두 노인이 또 시험을 한다. 보려고 한다면 듣지를 못할 것이고, 듣지 않으려고 한다면 눈마저도 멀게 된다고 하는구나. 이처럼 자상한 설명을 하는데도 두리번거리며 무엇을 찾으려고 하는가. 취사선택하는 놈치고 온전한 놈 보지 못했다.

멋지다 한 화살로 세 관문 뚫음이여,
화살 지난 길이 또렷하고 분명하다.

거량 선객의 도발은 참 멋지지 않은가. 아무나 할 수 있는
말이 아니다. 화살 한 대로 세 관문을 꿰뚫을 수 있다는 배포
라니, 그만하면 칭찬받을 만하다. 그러나 화살의 궤적이 너
무 쉽게 보이는구나. 모양도 없고 흔적도 없는 그런 화살을
쏠 정도는 되어야 비로소 몽둥이를 맞지 않을 것이다.

그대 알지 못하는가, 현사스님 하신 말씀.
대장부는 하늘보다 먼저 마음으로 근본을 삼느니라.

요즘 공부한다고 하는 사람들은 그저 티끌만 한 것을 얻었
다고 자랑이 심하지. 만일 천하를 얻었다면 어쨌겠는가. 하
지만 그 모든 것 그저 한바탕 꿈일지니, 공부한다는 사람이
라면 무엇이 핵심인지 정도는 알고는 있어야지.
아차차 설두 노인네의 노파심이 또 일어났구나. 마음으로
근본을 삼는다는 잠꼬대까지 하다니.

새인가 배인가 해인가 바다인가 하늘인가
행여 '마음'이라는 헛소리는 하지 말라

제57칙

조주불간택
(趙州不揀擇)

조주선사의 간택하지 않음

松江

  다른 곳에서는 〈조주선사의 지도무난(趙州至道無難)〉 〈조주선사의 명청이(조주전고노(趙州田厙奴))〉로도 되어 있음.

  설두스님께서 선택한 쉰일곱 번째 얘기는 조주선사와 어떤 스님의 대화이다. 조주선사는 제2칙에서 이미 나왔다.

  조주(趙州, 778~897)선사는 종심(從諗)스님이시다. 십대에 출가하여 다른 절에 있다가 남전 보원(南泉普願)선사를 찾았다. 남전선사는 비스듬히 누운 상태로 어린 사미를 맞았다.

"어디서 왔느냐?"

"서상원(瑞像院)에서 왔습니다."

"그럼 훌륭한 상(瑞像 - 부처님)은 이미 보았겠구나."

"훌륭한 상은 모르겠으나 누워계신 부처님(누워계신 남전선사)은 뵈옵니다."

남전선사께서 벌떡 일어나 앉으시며 다시 물었다.

"네게 스승이 있느냐?"

"아직 일기가 찬데 스승님께서 법체 강녕하시옵니까?"

이렇게 남전스님의 제자가 되었고, 남전스님께서 입적하실 때까지 40년을 모셨다. 60세부터는 여러 곳을 다니시며 운수행각을 하시다가, 80세에 조주현 관음원(현재 백림선사 柏林禪寺)에 주석하시고, 그곳에서 40년을 후학을 지도하시었다.

垂示

未透得已前은 一似銀山鐵壁이어니와 及
미투득이전　일사은산철벽　급

乎透得了하야는 自己元來是銀山鐵壁
호투득료　자기원래시은산철벽

이라 或有人間호대 且作麼生고하면 但向
혹유인문　차자마생　단향

他道호대 若向箇裏하야 露得一機하며 看
타도　약향개리　노득일기　간

得一境하면 坐斷要津하야 不通凡聖이
득일경　좌단요진　불통범성

未爲分外어니와 苟或未然인댄 看取古人
미위분외　구혹미연　간취고인

樣子하라
양자

투득(透得) 꿰뚫어 얻음. 분명하게 깨달음.

좌단(坐斷) 장악함. 차지함.

요진(要津) 배로 건너는 중요(重要)한 길목이 되는 나루.

분외(分外) 분수에 넘치는 일.

분명하게 깨닫지[透得] 못한[未] 이전에는[已前] 오로지[一] 은으로 된 산[銀山] 쇠로 된 벽과[鐵壁] 같지만[似], 분명하게 깨달아[透得] 마치게[了] 되면[及乎] 자기가[自己] 원래부터[元來] 바로[是] 은으로 된 산이며[銀山] 쇠로 된 벽이다[鐵壁].

혹[或] 어떤[有] 사람이[人] '그래서[且] 어쩌라는 것인가[作麽生]?' 하고 묻는다면[問], 다만[但] 그에게[向他] 말하겠다[道]. "만약[若] 이[箇] 안을[裏] 향해서[向] 한 선기를[一機] 드러낼 수[露] 있고[得] 한 경지를[一境] 살필 수[看] 있다면[得], 중요한 나루터를[要津] 장악하여[坐斷] 범부와 성인이[凡聖] 통행하지 못하게 하는 것도[不通] 분수에 넘치는 일이[分外] 되지[爲] 않는다[未]."

만약[苟] 혹[或] 그렇지[然] 못하다면[未] 옛사람의[古人] 모습을[樣子] 살펴보도록 하라[看取].

 **松江**

도를 깨닫기 전에는 경전도 어록도 화두도 모두 나아갈 수 없는 은산철벽이다. 정말로 치열하게 공부한 사람이라면 진퇴양난의 경계에 서 봤을 것이다. 만일 그런 경험이 없다면 아직도 제대로 수행다운 수행을 해 보지 않았다고 생각해도 틀린 것이 아닐 것이다.

그런데 깨닫고 나면 그때부터는 그 무엇도 자신을 어쩌지 못한다는 것도 확실히 알게 된다. 갑자기 새로운 인물이 만들어진 것이 아니라 본래부터 그랬던 것이다. 다만 모르고 있었을 뿐이다.

어떤 사람은 착각을 해서 '그럼 그렇게 알고 있으면 되겠구나.'라고 생각하겠지만, 자신의 모습을 잘 살펴봐야 할 것이다. 만약 스스로가 주인공 자리에 당당하게 서 있다면, 범부의 어리석음에도 떨어지지 않고 부처님의 뒤를 좇아 동분서주하지도 않을 것이다.

그렇지 못한가? 그렇다면 조주스님을 잘 살펴보는 것이 좋을 것이다.

스스로 은으로 된 산이고 쇠로 된 벽인 그 경지에 서 있는가

舉 僧이 問趙州호대 至道無難이나 唯嫌
揀擇이라하니 如何是不揀擇이닛고 州云
天上天下唯我獨尊이니라 僧云 此猶是
揀擇이니다 州云 田庫奴야 什麼處是揀
擇고 僧無語라

지도무난(至道無難) 유혐간택(唯嫌揀擇)　중국 선종의 제3조인 승찬 대사의 『신심명(信心銘)』 처음에 나오는 구절. "도에 이르는 것은 어려울 것이 없다. 오직 가리고 선택함을 꺼릴 뿐이다."

전고노(田庫奴)　중국 복주(福州)지방의 욕이라고 함. '창고나 지키다 굶어 죽을 놈' '어리석은 놈'.

이런 얘기가 있다[擧].

어떤 스님이[僧] 조주선사께[趙州] 여쭈었다[問]. "도에[道] 이르는 것은[至] 어려움이[難] 없으나[無] 오직[唯] 가리고 선택함을[揀擇] 싫어한다고 하니[嫌], 어떤 것이[如何是] 가리고 선택하지[揀擇] 않는 것입니까[不]?"

조주선사께서[州] 말씀하셨다[云]. "온 우주에서[天上天下] 오직[唯] 내가[我] 홀로[獨] 존귀하니라[尊]."

그 스님이[僧] 말씀드렸다[云]. "이것도[此] 역시[猶] 가리고 선택하는 것입니다[是揀擇]."

조주선사께서[州] 말씀하셨다[云].

"어리석은 놈아[田庫奴]! 어느 곳이[什麼處] 가리고 선택하는 것이냐[是揀擇]?"

그 스님이[僧] 아무 말도 하지 못했다[無語].

　깨달음에 대해 참 많은 것을 아는 이들이 있다. 그런데 정작 본인은 늘 괴로워한다. 세상에는 도인이 참 많다. 그런데 진짜 도인은 정말 드물다. 이름만 도인인 것이다.

　어떤 이들은 여러 성현들의 말씀을 토해내며 사람들을 꾸짖지만, 꾸짖는 그 마음은 결코 성현과 닮아 있지도 않다. 그것은 비록 성현의 말씀이긴 하나 그 말을 사용하는 사람은 그저 정보로써 사용할 뿐이기 때문이다.

　도(道)는 그냥 삶인 것이지, 아는 지식이 아니다. 도는 대상이 아니라 자기 자신인 것이다. 그러니 밖에서 찾는다고 찾아지는 것도 아니고, 도에 대한 표현을 많이 외우고 있다고 도인이 되는 것도 아니다.

　조주선사께 질문을 한 스님은 도의 실체에 접근하고 싶었던 것이다. 그래서 '가리고 선택하지 않는 도인의 경지'를 여쭈었다. 조주스님은 '오직 스스로 이 우주의 주인이 되는 것이다.'고 아주 멋진 답을 하셨다. 하지만 어쩌겠는가. 상대는 여전히 분별을 넘어서지 못하고 있는 것을. 조주선사의 호통에도 그는 그저 얼이 빠져 있을 뿐이다.

여기에 무슨 가리고 선택함이 있는가
금산사 대장전大藏殿의 상단

頌

似海之深이요　如山之固로다
사 해 지 심　　여 산 지 고

蚊蝱弄空裏猛風이요
문 맹 롱 공 리 맹 풍

螻蟻撼於鐵柱로다
누 의 감 어 철 주

揀兮擇兮여　當軒布鼓로다
간 혜 택 혜　　당 헌 포 고

포고(布鼓) 가죽 대신 베를 발라 북 모양을 만든 것. 북이지만 전혀 소리가 나지 않는다. 소리 없는 북.

바다의 깊음과[海之深] 같고[似], 산의 견고함과[山之固] 같구나[如].

모기와[蚊] 등에가[蝱] 허공[空] 속[裏] 거친 바람[猛風] 희롱하고[弄],

땅강아지와[螻] 개미가[蟻] 쇠로 된 기둥을[於鐵柱] 흔드는구나[撼].

가림이여[揀兮] 선택함이여[擇兮], 난간에 매단[當軒] 베 북이로다[布鼓].

 **松江**

바다의 깊음과 같고, 산의 견고함과 같구나.

깨달은 이는 바다처럼 깊고 산처럼 견고하다. 자로써 측량할 수 없고 도구로써 허물 수가 없다. 질문을 던진 스님은 아직 조주선사의 진면목을 보지 못했다.

모기와 등에가 허공 속 거친 바람 희롱하고,
땅강아지와 개미가 쇠로 된 기둥을 흔드는구나.

모기와 등에 같은 소견이라도 평소라면 허공을 날 수 있지만, 강풍이 분다면 어찌 감당할 수 있겠는가. 땅강아지와 개미 정도의 능력으로도 땅이나 썩은 나무는 잘 파겠지만, 단단한 무쇠로 된 기둥은 어림도 없는 것이다. 도(道)가 그러하고 깨달은 이가 그러하다.

철딱서니 없는 스님이 강풍 같고 쇠기둥 같은 조주선사를 알 리가 있나.

가림이여 선택함이여, 난간에 매단 베 북이로다.

따지는 분상에 있는 사람은 간택이니 불간택(不揀擇)이니 하는 것이 따로 있는 줄로 알지만, 그건 오직 자기의 머리에 나 있는 것일 뿐이다. 바로 그것 때문에 도에 이르지 못하는 것이다. 소리를 듣고서 비로소 아는 정도로는 아직 까마득하다. 도를 알고 싶은가? 소리 나지 않는 북이다.

보드가야의 마하보디사원은 탑이 커서 붙여진 이름도 아니고, 나이 많은 보리수가 있어서 붙여진 이름도 아니다

다른 곳에서는 〈조주선사의 요즘 사람의 소굴(趙州時人
窠窟)〉로도 되어 있음.

설두스님께서 선택한 쉰여덟 번째 얘기는 바로 앞칙에서
나온 조주선사와 어떤 스님의 대화이다. 주제는 역시『신심
명(信心銘)』의 '지도무난(至道無難)'이다.

擧 僧이 問趙州호대 至道無難이나 唯嫌
거 승　　문 조 주　　　지 도 무 난　　　유 혐

揀擇이라함은 是時人窠窟否아 州云 曾
간 택　　　　시 시 인 과 굴 부　　주 운 증

有人問我어늘 直得五年分疏不下로다
유 인 문 아　　　직 득 오 년 분 소 불 하

시인(時人) 요즘 사람–조주선사를 빗대어 말한 것이기도 함.

과굴(窠窟) 새와 짐승의 보금자리인 둥지와 굴이니, 머무는 곳이면서 또한 집착하는 것이라는 뜻이 된다.

직득 ~ 불(直得 ~ 不) 다만 ~ 하지 못했다.

분소(分疏) 조목조목 나누어 설명함.

이런 얘기가 있다[擧].

어떤 스님이[僧] 조주선사께[趙州] 여쭈었다[問]. "도에[道] 이르는 것은[至] 어려움이[難] 없으나[無] 오직[唯] 가리고 선택함을[揀擇] 싫어한다고 했는데[嫌], 이것은[是] 요즘 사람이[時人] 소굴처럼 집착하는 것 아닙니까[窠窟否]?"

조주선사께서[州] 말씀하셨다[云]. "이전에[曾] 어떤[有] 사람이[人] 내게[我] (같은 것을) 물었는데[問], 다만[直] 5년이 되도록[五年] 자세한 설명을[分疏] 하지 못했네[得不下]."

松江

　여기 날카로운 선객이 나타났다. 조주선사께서 자주 승찬대사의 『신심명(信心銘)』 첫 구절인 '도에[道] 이르는 것은[至] 어려움이[難] 없으나[無] 오직[唯] 가리고 선택함을[揀擇] 싫어한다[嫌]'는 말씀을 인용하시자, 바로 이것을 공격하였다. "스님께서는 마치 그것이 유일한 보물이나 되는 듯이 집착하시는 것 아닙니까?"

　참 대단한 공격이다. 이 날카로운 공격을 받아넘길 사람이 몇이나 되겠는가. 그러나 상대는 천하의 조주선사이다. 언제나 부드러운 말로 제자나 후학을 상대하셨지만, 선사의 부드러운 한마디는 몽둥이나 고함을 능가한다. "이전에도 누가 자네와 같은 질문을 했었네. 그런데 끝끝내 나는 한 마디도 할 수 없었지."

　날카로운 이는 자기의 날카로움만 알지 자신의 허물을 보지 못한다. 자신의 허물로 상대를 보니, 그 허물이 상대의 거울에 고스란히 비춰 나타난다. 언어를 넘어선 경지를 언어로 더럽히지 말라. 가령 5백 년을 설명한다 해도 어리석은 사람의 귀에는 허물만 가득해진다.

카메라로는 얼마든지 찍을 수 있지만, 설산에 이른 것은 아니다
그러니 등반가에게 따지지 말라

象王嚬呻_{이요} 獅子哮吼_{로다}
상 왕 빈 신　　사 자 효 후

無味之談_{이여} 塞斷人口_라
무 미 지 담　　색 단 인 구

南北東西_에 烏飛兎走_{로다}
남 북 동 서　　오 비 토 주

빈신(嚬呻) 얼굴을 찡그리고 끙끙거림. 기지개를 켬. 하품을 함.

오(烏) 금오(金烏)—해.

토(兎) 옥토(玉兎)—달.

코끼리 왕이[象王] 하품을 하고[嚬呻],

사자가[獅子] 울부짖는구나[哮吼].

맛이 없는 한 말씀이여[無味之談],

사람의 입을[人口] 막고 끊었네[塞斷].

이 세상 온 천지에[南北東西],

해와 달이 뜨고 지는 것을[烏飛兎走].

코끼리 왕이 하품을 하고, 사자가 울부짖는구나.

선객의 질문이 태산을 무너뜨릴 기세였으나 상대는 코끼리 왕이며 사자인 것을 어찌하랴. 코끼리는 코끼리라야 상대할 수 있고, 사자는 사자라야 겨룰 수 있는 것이다. '한 마디도 할 수 없었다'는 이 사자후를 알아듣기나 했을까?

맛이 없는 한 말씀이여, 사람의 입을 막고 끊었네.

조주선사의 '한마디도 할 수 없었다'는 이 말은 뭐라고 분별할 수 없다. 그래서 맛이 없는 말이라고 한 것이다. 본디 있는 그대로의 맛이니 양념에 찌든 혀가 어찌 그 맛을 알아보겠는가. 그저 벙어리가 될 수밖에.

이 세상 온 천지에, 해와 달이 뜨고 지는 것을.

밝으니 어두우니 사람들은 항상 차별적인 상황을 따지지만, 세상 그 어디인들 해와 달 없는 곳이 있겠는가. 동쪽 사람들은 동쪽을 싫어하여 서쪽이 좋다 하고, 서쪽 사람들은 서쪽을 싫어하여 동쪽이 좋다고 하는구나.

松江

다른 곳에서는 〈조주선사의 가리고 선택함을 꺼림(趙州唯嫌揀擇)〉〈조주선사의 어찌 다 인용하지 않는가(趙州何不引盡)〉로도 되어 있음.

설두스님께서 선택한 쉰아홉 번째 얘기는 바로 앞 칙에서 나온 조주선사와 어떤 스님의 대화이다. 주제는 역시 『신심명(信心銘)』의 '지도무난 유혐간택(至道無難 唯嫌揀擇)'이다.

垂示

該天括地하며 越聖超凡하야 百草頭上에
지출열반묘심 간과총리 점정납

指出涅槃妙心하며 干戈叢裏에 點定納

僧命脈하나니 且道하라 承箇什麼人恩力

이관대 便得恁麼오 試擧看하라

수시

하늘을[天] 품고[該] 땅을[地] 담으며[括], 성인을[聖] 넘어가고[越] 범부를[凡] 뛰어넘으니[超], 모든[百] 풀끝 위에서[草頭上] 깨달음의[涅槃] 미묘한 마음을[妙心] 가리켜[指] 내보이며[出], 방패와[干] 창이[戈] 모인[叢] 가운데[裏] 수행자의[納僧] 목숨을[命脈] 점검하고[點] 결정한다[定].

자 말해보라[且道]. 이는[箇] 어떤[什麼] 사람의[人] 은혜의[恩] 힘을[力] 이었기에[承] 곧[便] 이렇게[恁麼] 할 수 있는가[得]. 다음의 얘기를 살펴보자[試擧看].

수행자의 목표는 분명하다. 어떤 사람이 되어야 하느냐 하면 온 우주를 품을 수 있어야 하고, 성인이니 범부니 하고 따지고 분별하는 따위를 훌쩍 뛰어넘어야 한다.

그렇게 된다면 이 세상 모든 곳에서 부처를 만나고 보살을 보게 될 것이다. 뿐만 아니라 그저 간단한 질문(창)과 답(방패)을 통해서 상대가 얼마나 치열하게 공부했으며, 어느 지점까지 초월해 있는지를 단박에 가려낼 수 있다.

이러한 능력은 어떻게 생길까? 아니면 누구로부터 물려받는 것일까? 아하! 미루어 짐작하는 순간 이미 아득히 멀어질 것인데….

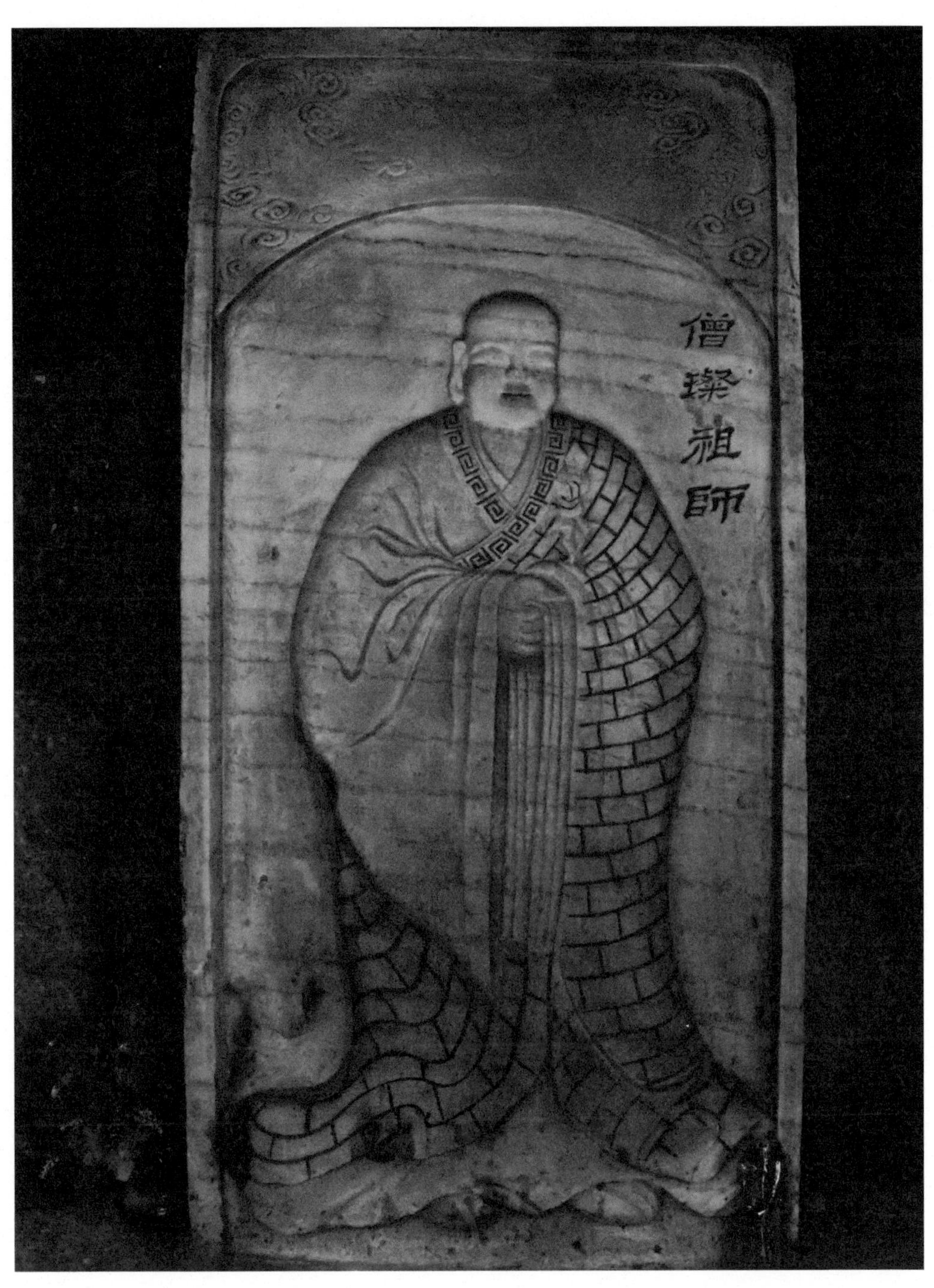

중국 삼조사에 모셔져 있는 삼조 승찬대사 진영비
이 모습을 보면 삼조대사의 경지를 짐작할 수 있을까

擧 僧이 問趙州호대 至道無難이나 唯嫌
거 승 문조주 지도무난 유혐

揀擇이라하니 纔有語言하면 是揀擇이라
간택 재유어언 시간택

和尙은 如何爲人이닛고 州云 何不引盡
화상 여하위인 주운 하불인진

這語오 僧云 某甲은 只念到這裏니다 州
저어 승운 모갑 지념도저리 주

云 只這至道無難 唯嫌揀擇이니라
운 지저지도무난 유혐간택

이런 얘기가 있다[擧].

어떤 스님이[僧] 조주선사께[趙州] 여쭈었다[問]. "도에 이르는 것은 어려움이 없으나[至道無難] 오직 가리고 선택함을 싫어한다고 하였으니[唯嫌揀擇], 잠깐이라도[纔] 말을 하는 것이[語言] 있다면[有] 이것이[是] 가리고 선택함입니다[揀擇]. 스님께서는[和尙] 어떻게[如何] 사람들을[人] 지도하시겠습니까[爲]?"

조주선사께서[州] 말씀하셨다[云]. "어째서[何] 이[這] 말을[語] 다[盡] 인용하지[引] 않는 것인가[不]?"

질문했던 스님이[僧] 말씀드렸다[云]. "저는[某甲] 다만[只] 생각이[念] 여기까지만[這裏] 이르렀습니다[到]."

조주선사께서[州] 말씀하셨다[云]. "다만[只] 이것이[這] '도에 이르는 것은 어렵지 않으나 가리고 선택함을 싫어할 뿐이다'이다[至道無難 唯嫌揀擇]."

대단한 선객이다. 천하의 조주선사에게 '한 마디라도 하면 이미 가리고 선택하는 것이 되는 것인데, 스님께서 한 마디의 간택을 하지 않고도 가르치실 수 있는 것입니까? 그건 불가능한 일 아닙니까?' 하고 공격을 했다.

그런데 조주스님은 상대의 무기를 자유자재로 사용하시는 분이시다. 선객의 무기를 곧바로 사용하여 공격해 버렸다. "어째서 이 구절을 끝까지 인용하지 않는 것인가?"

얼떨결에 공격을 당한 선객은 궁색한 변명을 늘어놓고 말았다. "저는 다만 여기까지만 생각하였는데요."

조주선사의 살인검(殺人劍)이자 활인검(活人劍)이 빛을 뿌렸다. "이것이 바로 자네가 따지고 있는 '도에 이르는 것은 어렵지 않으나 다만 간택을 싫어할 뿐이다'라는 바로 그 도리이지." 참 무서운 노인네다. 자! 조주선사의 자비심을 보았는가. 선사께서는 선객의 칼을 빼앗아 선객의 목을 잘라버렸다. 순간 금강의 목이 솟아났다면 조주를 만난 것이지만, 다만 떨어지고 말았다면 그냥 시체일 뿐이다.

천수천안
손이 몇 개인지 눈이 몇 개인지 따지면 곧바로 어긋난다

水灑不著하고
수 쇄 불 착

風吹不入하니
풍 취 불 입

虎步龍行이요
호 보 용 행

鬼號神泣이라
귀 호 신 읍

頭長三尺知是誰오
두 장 삼 척 지 시 수

相對無言獨足立이로다
상 대 무 언 독 족 립

두장삼척(頭長三尺) 머리의 길이가 석 자.

* 어떤 스님이 동산 양개(洞山良价)선사에게 '무엇이 부처입니까?'
하고 여쭈었더니, 선사께서 '머리 길이는 석 자요(頭長三尺), 목 길
이는 두 치니라(頸長二寸)'고 답한 것을 인용.

물로[水] 씻어도[灑] 젖지[著] 않고[不]

바람이[風] 불어도[吹] 스미지[入] 않으니[不],

호랑이[虎] 걸음에[步] 용의[龍] 움직임이요[行]

귀신이[鬼] 부르짖고[號] 신령이[神] 우는구나
[泣].

머리 길이[頭長] 석 자[三尺] 이[是] 누군지[誰]
알겠는가[知]?

마주 보고[相對] 말없이[無言] 한 발로[獨足]
서 있구나[立].

 **松江**

물로 씻어도 젖지 않고
바람이 불어도 스미지 않으니,

조주선사께서 보인 자리는 물에 젖거나 바람에 움직이는 그런 상대적인 것이 아니다. 그러니 머리 굴리지 말라.

호랑이 걸음에 용의 움직임이요
귀신이 부르짖고 신령이 우는구나.

객이여! 그대는 상대를 잘못 택했다. 조금만 움직여도 호랑이 같고 용 같으니, 그의 경지는 귀신도 통곡하고 물러갈 정도이다. 그러니 죽음을 각오하지 않았다면 섣불리 시비하지 말라.

머리 길이 석 자 이 누군지 알겠는가?

상식을 넘어선 경지를 상식으로 재려고 하지 말 것. 부처
는 부처라야 아는 법이지.

마주 보고 말없이 한 발로 서 있구나.

만일 그대가 의지하는 것이 있다면 버려라. 그것은 모두가
상대적인 것일 뿐이다. 말도 버리고 글도 버려라. 부처도 버
리고 조사도 버려라. '지도무난(至道無難) 유혐간택(唯嫌揀
擇)'도 버려라. 그리고 홀로 서 보라. 그때 조주선사를 볼 수
있을 것이다.

조주선사가 거닐던 백림선사에 왔다면
애타게 선사를 부르지 말고 곧바로 보라

제60칙

운문주장
(雲門拄杖)

운문선사의 주장자

松江

다른 곳에서는 〈운문선사의 주장자가 용이 되다(雲門拄杖化爲龍)〉로도 되어 있음.

설두스님께서 선택한 예순 번째 얘기는 운문(雲門)선사의 법문이다.

운문 문언(雲門文偃, 864~949)선사는 설봉선사의 법제자이다.

가난한 집안 사정 때문에 어릴 때 공왕사(空王寺) 지징율 사(志澄律師)의 제자가 되어 율장에 대한 공부를 열심히 하였으나, 불법에 대한 목마름을 해결할 수 없자 황벽(黃檗)선 사의 제자인 목주(睦州)선사를 찾아가 가르침을 청했다. 목 주스님은 그를 보자마자 문을 닫아 버렸다. 문언스님이 열심히 문을 두드리자 목주스님이 물었다.

"넌 누구냐?"

"문언입니다."

"무얼 원하느냐?"

"참 성품을 깨닫고자 가르침을 받으려 합니다."

목주스님이 문을 열고 힐끗 보고는 문을 닫아 버렸다. 문언스님이 이틀간 계속 청했으나 거절당하다가 사흘째 문을 열어 주자 곧바로 문안으로 발을 들여 놓았다. 목주스님이 멱살을 잡고 "말해! 빨리 말해!" 라고 재촉하는데, 문언스님이 잠깐 머뭇거리는 사이 밀어내며 세차게 문을 닫았다. 그 바람에 미처 나오지 못한 문언스님의 한쪽 발목이 부러져 버렸다. 그 순간 시원한 경계를 맛보았다.

이윽고 목주스님의 소개로 설봉스님을 찾아가게 되었는

데, 설봉스님이 주석하시는 산 아래에서 한 스님을 만나 부탁을 했다. "설봉스님이 법문을 하러 법당에 들어올 때 '불쌍한 늙은이여, 어찌 목에 걸린 칼을 벗지 않으시오!'라고 말해보시오." 그 스님이 시킨 대로 하자 설봉스님이 멱살을 잡고 다그쳤다. "말해! 빨리 말해!" 그 스님이 아무 말도 못하자, "누구의 말이냐?"고 다시 물었다. 전후 사정을 들은 설봉스님은 대중을 보내 문언스님을 데려와 제자로 삼았다.

운문스님이 설봉스님께 여쭈었다.

"무엇이 부처입니까?"

"잠꼬대하지 마라!"

운문은 예배하고 물러나 줄곧 삼 년을 지냈는데, 그러던 어느 날 설봉스님이 불러 물었다.

"자네 요즘 생활이 어떤가?"

"예전의 모든 성현들과 더불어 하나도 다르지 않습니다."

훗날 운문산에 30여 년 머물며 지도하였고, 그로 인해 운문선사라 한다.

운문 문언스님은 독설가처럼도 말씀하셨는데, 그 대표적

인 것이 부처님 탄생게에 대한 법문이다.

운문선사가 법상에 올라 법문을 하시며 말씀하셨다.

"싯다르타가 태어나 사방 일곱 걸음을 걷고는 '이 우주 법계에 내가 오직 존귀하다'고 하였는데, 그때 내가 있었다면 몽둥이로 쳐 죽여 개에게나 던져 주어 세상을 시끄럽지 않게 했을 것이다."

垂示

諸佛衆生이 本來無異라 山河自己가
제불중생　　본래무이　　산하자기

寧有等差리오 爲什麼하야 却渾成兩邊
영유등차　　위십마　　각혼성양변

去也오 若能撥轉話頭하야 坐斷要津이
거야　　약능발전화두　　좌단요진

라도 放過卽不可니라 若不放過인댄 盡大
방과즉불가　　약불방과　　진대

地不消一捏이니라 且作麼生이 是撥轉
지불소일날　　차자마생　　시발전

話頭處오 試擧看하라
화두처　　시거간

수시

모든 부처님과[諸佛] 중생이[衆生] 본래[本來] 다름이[異] 없음이라[無], 산하와[山河] 자기가[自己] 어찌[寧] 차이가[等差] 있겠는가[有]. 그런데 어찌하여[爲什麼] 도리어[却] 어리석게도[渾] 상대적 두 편을[兩邊] 이루는[成] 것인가[去也].

만약[若] 능히[能] 이 문제를[話頭] 다스려[撥] 깨달아[轉] 중요한 길목을[要津] 제압하더라도[坐斷] 그대로 지나치는 것은[放過卽] 안 된다[不可]. 만약[若] 그대로 지나치지[放過] 않는다면[不] 온[盡] 대지가[大地] 한 번의 붙잡음도[一捏] 필요 없는 것이다[不消].

자[且] 어떻게 하는 것이[作麼生] 곧[是] 이 문제를[話頭] 다스려 깨닫는[撥轉] 것인가[處]? 다음의 얘기를 살펴보자[試擧看].

모든 경전에서 한목소리로 부처와 중생이 다르지 않다고 했다. 이 말을 듣는 순간 그냥 다름이 없는 경지가 되면 될 것이다. 만약 모든 이들이 그렇게 된다면 이 세상에 무슨 대립과 다툼이 있겠는가. 심지어 부처님의 그 말씀을 두고도 또 갈라서서 대립하고 다투고 있으니 참으로 괴이한 일이라고 할 수밖에 없다.

왜 그럴까? 어떤 이는 머리로 부처를 만나고, 어떤 이는 가슴으로 조사를 만나기 때문이다. 온몸으로 쑥 들어가 버리면 곧 하나가 될 터이지만, 이리저리 따지고 분석하느라 정신들이 없다.

혼신의 힘을 다해 근본 문제를 해결했다고 치자. 그럼 다 된 것일까? 거기 머물면 낭패를 본다. 거기에도 머물지 않는 장부라야 비로소 온 우주를 다 준다 해도 눈 하나 깜빡이지 않을 것이다. 왜 그럴까?

누가 절을 하며 누가 절을 받는가
누가 높고 누가 낮은가
틀렸다

擧 雲門이 以拄杖으로 示衆云
거 운문　　이주장　　　시중운

拄杖者化爲龍하야 吞却乾坤了也라
주장자화위룡　　　탄각건곤료야

山河大地甚處得來오
산하대지심처득래

주장(拄杖) 흔히 주장자(拄杖子)라고 함. 스님들이 짚고 다니는 지팡이를 가리키는데, 이전에는 큰스님들이 법상에서 설법할 때 이 주장자를 들어 보이며 법문을 하는 경우가 많았음.

이런 얘기가 있다[擧]. 운문선사께서[雲門] 주장자로써[以拄杖] 대중에게[衆] 보이시며[示] 말씀하셨다[云].

"주장자가[拄杖者] 변하여[化] 용이[龍] 되어서[爲] 온 세상을[乾坤] 삼켜[呑却] 버렸다[了也]. 산과[山] 강[河] 대지를[大地] 어느 곳에서[甚處] 찾겠는가[得來]?"

松江

    운문선사는 한두 마디 말로 모든 것을 다 드러내는 솜씨를 지니신 분이다. 그런데 운문선사는 눈먼 사람은 통과할 수 없는 비밀장치를 잘 설치하기로도 유명하신 분이다. 자, 이번에는 주장자이다.

    주장자를 번쩍 들어 대중들에게 보이시고는 이렇게 말씀하셨다. "이 주장자가 용이 되어서 온 우주를 다 삼켜 버렸다. 이제 산과 강, 대지 따위를 어느 곳에서 찾을 수 있을까?"

    이 질문에는 참 함정이 많다. 시선을 흩어버리는 시설물이 참으로 많다. 우선 주장자에 시선을 뺏겼다면 이미 눈이 먼 것이다. 다음으로는 용이다. 용이 온 우주를 삼키는 그림을 그리고 있다면, 이도 역시 눈 뜬 장님이다. 만약 산하대지를 더듬거리며 찾는다면 무량겁이 지나도 운문선사의 함정에서 빠져나올 수 없을 것이다.

    그럼 어쩌란 말인가? 굳이 운문선사의 주장자를 뺏을 필요도 없다.

용이 된 운문선사의 주장자는 어디에 숨겨져 있을까
중국 운문산 대각선사의 대숲

拄杖子吞乾坤이라
주 장 자 탄 건 곤

徒說桃花浪奔가
도 설 도 화 랑 분

燒尾者는 不在拏雲攫霧어니
소 미 자　　부 재 나 운 확 무

曝腮者가 何必喪膽亡魂이리요
폭 시 자　　하 필 상 담 망 혼

拈了也로다 聞不聞가
염 료 야　　　문 불 문

直須灑灑落落이어니
직 수 쇄 쇄 낙 락

休更紛紛紜紜하라
휴 갱 분 분 운 운

七十二棒且輕恕니
칠 십 이 방 차 경 서

一百五十難放君이로다
일 백 오 십 난 방 군

〈설두스님의 법문을 기록하던 이가 붙인 말〉

師驀拈拄杖하야 **下座**하니
사 맥 염 주 장　　　　하 좌

大衆이 **一時**에 **走散**하다
대 중　　일 시　　주 산

도화랑분(桃花浪奔) 복사꽃이 떨어져 물살에 내달린다는 말. 이것은 중국의 전설을 차용한 것임, 즉 우문(禹門) 또는 용문(龍門)이라는 곳은 삼단 폭포가 있고 물이 거칠어 일반 고기들은 이 폭포를 오를 수 없다. 복사꽃이 피는 삼월이 되면 물이 불어나는데, 이때 잉어들이 이 폭포에 모여들어 오르려고 시도를 한다. 만약 이 폭포를 뛰어넘는 잉어는 용이 된다고 하는데, 이때 번개가 쳐서 잉어의 꼬리를 태우면 용으로 변하여 구름을 잡고 안개를 움켜쥔 채로 날아간다고 하였다. 또 실패한 잉어는 이마에 점이 찍힌 채 모래더미에서 아가미를 드러낸 채 숨을 헐떡이며 괴로워한다는 것이다.

쇄쇄낙락(灑灑落落) 마음이 맑고 걸림이 없는 상태.

분분(紛紛) 뒤섞이어 어지러움.

운운(紜紜) 어지러운 모양.

주장자가[拄杖子] 온 세상을[乾坤] 삼켜 버렸구나[呑].
부질없이[徒] 복사꽃[桃花] 물살에 내달음을[浪奔] 말하랴[說].
꼬리를[尾] 태운[燒] 놈도[者] 구름을[雲] 붙잡고[拏] 안개를[霧] 움켜쥔 채[攫] 있지[在] 않나니[不],
아가미를[腮] 말리는[曝] 놈이[者] 어찌[何] 꼭[必] 정신을[膽] 잃고[喪] 넋을[魂] 잃으랴[亡].
법문은 끝났다[拈了也]. 들었는가[聞], 못 들었는가[不聞]?
곧바로[直] 반드시[須] 맑고 걸림이 없어야 하나니[灑灑落落],

다시[更] 뒤섞어 어지럽게 하는 것을[紛紛紜紜]
멈추어라[休].
일흔두 번[七十二] 몽둥이질도[棒] 또한[且] 가
벼운[輕] 용서이니[恕],
일백오십 번으로도[一百五十] 그대를[君] 풀어
주기[放] 어렵도다[難].

〈다음은 설두스님의 법문을 기록하던 이가 상황을
추가한 것〉

설두스님께서[師] 갑자기[驀] 주장자를[拄杖]
집어 들고[拈] 법좌에서[座] 내려오시니[下]
대중이[大衆] 일시에[一時] 달아나 버렸다[走
散].

 **松江**

주장자가 온 세상을 삼켜 버렸구나.

운문선사의 법문 요지를 설두 노인네가 간추렸다. 용으로 변했다는 말을 생략해 버렸다. 운문선사의 자비이면서 한편으로는 함정이기도 한 것을 제거해 버리니, 운문선사의 뜻이 분명해졌다. 그런데 주장자를 모른다면 운문선사의 뒷모습도 보지 못하였다.

부질없이 복사꽃 물살에 내달음을 말하라.
꼬리를 태운 놈도 구름을 붙잡고 안개를 움켜쥔 채 있지 않나니,
아가미를 말리는 놈이 어찌 꼭 정신을 잃고 넋을 잃으랴.

설두 노인네가 운문선사의 뜻을 보다 명확하게 하기 위해 우문(禹門) 또는 용문(龍門)의 전설을 끌어왔다. 사람들은 도화 필 무렵 잉어가 용이 되는 전설을 얘기하지만, 참 부

질없는 얘기일 뿐이다. 꼬리를 태우고 용이 되었다는 그놈을
구름 속에서 안개 속에서 찾지 말라. 용이 되었다는 것도 부
질없는데, 하물며 폭포를 넘지 못했다고 좌절하는 것은 또
무슨 바보 같은 짓이냐!

법문은 끝났다. 들었는가, 못 들었는가?

여기까지 설명한 것도 이미 지나치게 말이 많았다. 그러니
귀 있는 자라면 응당 바로 알아들었을 것이다.

곧바로 반드시 맑고 걸림이 없어야 하나니,
다시 뒤섞어 어지럽게 하는 것을 멈추어라.

들은 사람은 마음이 응당 허공처럼 되었을 것이다. 이제
다시 이러니 저러니 궁리할 것이 없는 것이다. 아직도 그렇
지 않은가?

일흔두 번 몽둥이질도 또한 가벼운 용서이니,

일백오십 번으로도 그대를 풀어주기 어렵도다.

아직도 헛소리하고 있다면 그 죄가 참으로 무겁다. 설령 그렇다고 하더라도 설두 노인네의 자비는 참으로 크다. 마지막까지 포기를 하지 않고 손잡아 주시려고 한다. 두들겨 패서라도…….

〈다음은 설두스님의 법문을 기록하던 이가 상황을 추가한 것〉

설두스님께서 갑자기 주장자를 집어 들고 법좌에서 내려오시니 대중이 일시에 달아나 버렸다.

설두스님의 자비를 받을 수 있는 그릇이 없었구나. 안타깝도다.

중국 낙양의 용문석굴
운문선사의 주장자는 누가 가지고 있는가

松江

다른 곳에서는 '풍혈선사의 만약 한 티끌을 세우면(風穴若立一塵)'으로도 되어 있음.

설두스님께서 선택한 예순한 번째 얘기는 풍혈 연소화상(風穴延沼和尙, 896~973)의 법문이다.

연소스님은 남원 혜옹화상(南院慧顒和尙)의 제자이며, 임제화상(臨濟和尙)의 4대 법손(法孫)이다. 여주(汝州) 풍혈산(風穴山)에 주석했으므로 풍혈화상이라고 한다.

화상은 여항(餘杭) 출신으로 처음엔 월주(越州)의 경청순덕화상(鏡淸順德和尙)에게 출가하였으나 깊은 경지에 이르지 못했다. 이윽고 양주(襄州)의 화엄원(華嚴院)에서 남원화상의 제자인 수랑(守廊)스님을 만나 남원화상을 찾게 되었다.

처음 남원화상을 찾아갔을 때 절도 하지 않은 채 불쑥 물었다.

"입문(入門)해서는 반드시 주인(主人)을 가려야 하는데, 그 참된 뜻을 분별해 주십시오."

남원화상이 왼손으로 무릎을 만지자 연소가 할(喝)을 하였다. 남원화상이 다시 오른손으로 무릎을 만지자 연소가 또 할(喝)을 하였다. 이에 남원이 왼손을 들면서 말했다.

"이것은 그대를 따르겠다."

다시 오른손을 들면서 말했다.

"그럼 이것은 어찌하겠는가?"

연소가 말했다.

"눈멀었구나."

남원화상이 주장자를 들려는데, 연소가 말했다.

"무엇하려고요? 주장자를 **뺏어** 노화상을 때려도 말하지 못했다고 하지 마십시오."

남원화상이 말했다.

"30년 주지를 지냈으나 오늘에야 누런 얼굴의 절강성 사람이 문턱에 와서 비단 짜는 꼴을 보았다."

"화상께서는 마치 발우도 얻지 못한 이가 거짓으로 시장하지 않다고 말하는 것 같습니다."

"그대는 언제 남원에 왔는가?"

"그게 무슨 말씀입니까?"

"노승이 분명한 것을 그대에게 물었느니라."

"그래도 놓치지 말아야 합니다."

"우선 앉아서 차나 마셔라."

연소가 비로소 제자의 예를 올렸다.

垂示

建法幢 立宗旨는 還他本分宗師요 定
건법당 입종지　환타본분종사　정

龍蛇 別緇素는 須是作家知識이니라 劍
룡사 별치소　수시작가지식　검

刃上에 論殺活하고 棒頭上에 別機宜는
인상　논살활　봉두상　별기의

則且置하고 且道하라 獨據寰中事一句를
즉차치　차도　독거환중사일구

作麼生商量고 試擧看하라
자마생상량　시거간

법당(法幢) 이전에 큰 선지식이 계시는 곳이나 수행의 근본도량이 되는 곳에는 그 당간(幢竿)이라는 큰 깃대를 세우고 특징이 있는 깃발을 올렸다. 지금도 부탄 등의 큰 사원 앞에 높이 매달아 놓은 깃발을 볼 수 있다.

종지(宗旨) 종교나 종단의 근본 취지. 주장의 핵심.

본분종사(本分宗師) 근본자리인 본래면목(本來面目)을 깨달아 후학을 지도할 수 있는 훌륭한 선지식.

치소(緇素) 불교적으로는 출가자와 일반인을 뜻하는 경우가 많지만, 여기에서는 검은 것과 흰 것 또는 물든 것과 깨끗한 것으로 보는 것이 좋겠다.

봉두상(棒頭上) 후학을 가르칠 때 몽둥이로 깨우쳐 주려고 시도하는 것.

기의(機宜) 공부하는 사람에게 훌륭한 자질이 있어 교화(敎化)하기에 알맞음.

환중(寰中) 천하. 전 세계. 온 우주.

수시

법의[法] 깃발을[幢] 세우고[建] 근본 취지를 [宗旨] 내세우는 것은[立] 저[他] 근본자리를 깨달은 훌륭한 선지식에게[本分宗師] 돌려야 하고[還], 용과[龍] 뱀을[蛇] 판정하고[定] 검은 것과[緇] 흰 것을[素] 구분하는 것은[別] 모름지기[須] 탁월한[作家] 선지식이라야[知識] 가능하다[是].

칼날[劍刃] 위에서[上] 살림과 죽임을[殺活] 논하고[論], 몽둥이질을 함에 있어[棒頭上] 깨우치기에 알맞은지를[機宜] 가리는 경지는[別] 잠시 덮어두기로 하자[則且置].

자 말해보라[且道]. 온 우주 일을[寰中事] 다 아우르는[獨據] 한마디를[一句] 어떻게[作麼生] 헤아릴까[商量]? 다음 본칙을 살펴보자[試擧看].

松江

　본래면목을 완벽하게 깨달은 선지식이라면 진리의 깃발을 드높여 휘날릴 것이고, 무엇이 핵심인지를 분명히 드러낼 것이다. 또한 탁월한 지도자라면 깨달은 이와 범부를 곧바로 가릴 것이고, 지혜로운 이와 어리석은 자를 순식간에 구분할 것이다.

　뛰어난 선지식이라면 후학을 지도함에 있어 부정적 방법을 쓸 것인지 긍정적 방법을 쓸 것인지를 명확히 알 뿐더러, 후학이 시기적으로 적절한지 어느 정도의 강약으로 다스려야 할지를 확실하게 안다. 그러나 그런 문제는 잠시 덮어두기로 하자.

　공부한 사람이라면 적어도 온 우주를 삼켜버릴 한마디쯤은 해야 되지 않겠는가? 만약 그런 한마디를 하는 이를 만난다면 그 한마디를 어떻게 알아볼 수 있을까?

　가장 멋진 예가 아래 본칙이다.

우주를 삼킨 한마디 설법을 듣는가
중국 대동 운강석굴의 부처님

擧 風穴이 垂語云 若立一塵인댄 家國
거 풍혈 수어운 약립일진 가국

이 興盛하고 不立一塵인댄 家國이 喪亡하
흥성 불립일진 가국 상망

나니라 雪竇拈拄杖云 還有同生同死底
설두념주장운 환유동생동사저

衲僧麼아
납승마

진(塵) 티끌. 번뇌. 생각.

이런 얘기가 있다[擧]. 풍혈선사께서[風穴] 법문을[垂語] 말씀하셨다[云]. "만약[若] 한[一] 티끌을[塵] 세우면[立] 나라가[家國] 흥성하고[興盛], 한[一] 티끌을[塵] 세우지[立] 않으면[不] 나라가[家國] 망해 버린다[喪亡]."

설두선사께서[雪竇] 주장자를[拄杖] 들고[拈] 이르셨다[云]. "자[還], 함께 살고 함께 죽을[同生同死底] 수행자가[衲僧] 있느냐[有~麼]?"

이 세상의 모든 것은 모두 한 생각에서 비롯되었다. 옳다 거나 그르다거나 하는 것도 한 생각이 만든 것이고, 깨달음 이니 번뇌니 하는 것도 또한 한 생각의 작품이다. 이처럼 한 생각이 움직이면 온갖 것이 일어나는 것이다. 온갖 철학과 종교가 경쟁하듯 일어난 것도 한 생각에서 벌어진 일인데, 온갖 것 다 만들어 놓고 다시 우열을 가리고 옳고 그름을 논 한다.

그럼 어떻게 이 세상을 평화롭게 만들 것인가? 어떻게 하 면 모든 사람이 행복해질까? 이미 모든 가르침 다 펼쳐 놓았 는데 무얼 다시 보태려고 하는가. 한 생각도 두지 말라. 그러 면 적멸해지리라.

〈설두스님이 풍혈선사의 이 멋진 법어를 예로 든 후에 노 파심이 일었나 보다. 주장자를 치켜들고는 후려칠 듯이 쏘아 보며 일갈하셨다. "이 풍혈선사와 생사를 같이할 자가 있느 냐?" 그러나 안타깝게도 아무도 한 마디 못한 걸 보니, 그 경 지에 이른 자가 없었군그래.〉

이들은 모두 어디에서 왔을까
중국 오대산 수상사(殊像寺) 대문수전의 나한상들

野老從教不展眉라도
야 로 종 교 부 전 미

且圖家國立雄基하리라
차 도 가 국 립 웅 기

謀臣猛將今何在오
모 신 맹 장 금 하 재

萬里淸風只自知로다
만 리 청 풍 지 자 지

종교(從敎) ~하도록 함.

부전미(不展眉) 눈썹을 펴지 않음. 눈썹을 찡그림.

시골 노인[野老] 눈썹을[眉] 펴지[展] 않는다[不] 하더라도[從敎],

우선[且] 국가의[國家] 웅대한 터전[雄基] 세우도록[立] 하리라[圖].

지모의[謀] 신하와[臣] 용맹한[猛] 장수는[將] 지금[今] 어디[何] 있는가[在]?

만 리의[萬里] 맑은 바람[淸風] 다만[只] 스스로[自] 알 뿐이네[知].

시골 노인 눈썹을 펴지 않는다 하더라도,
우선 국가의 웅대한 터전 세우도록 하리라.

앞 본칙에서 풍혈선사의 세워 흥하는 것과 세우지 않아 멸
망하는 것의 두 가지 중에서 설두스님은 흥하는 쪽을 들고 있
다. 그래서 한 티끌을 세워 나라가 흥성할 때 한가로운 시골
의 노인이 귀찮아하며 눈썹을 찡그린다고 하더라도, 자신은
웅대한 국가의 터전을 세우겠다고 하였다. 석가모니께서 성
을 나가시어 보리수 아래 깨닫고 천하를 다니신 것이나, 달마
대사가 머나먼 동녘으로 오신 것이 바로 그러하기 때문이다.

지모의 신하와 용맹한 장수는 지금 어디 있는가?
만 리의 맑은 바람 다만 스스로 알 뿐이네.

하지만 웅대한 국가를 세우는 것은 아무나 하는 것이 아니
다. 모든 것을 다 꿰뚫고 그 어떤 것도 두려워하지 않는 지혜

와 자비로운 보살심이 아니면 불가능한 일이기 때문이다. 선지식 노릇하는 것이 어디 그냥 되는 일이던가. 과연 그것을 갖춘 이가 있기는 한 것인가?

만약 그 경지에 이른 사람이라면 천하가 본래 적멸하며, 언제나 맑은 바람 분다는 것을 알 것이다.

먼지 하나를 세우니 문득 거대한 보로부두르 대탑이 솟아났다

 **松江**

다른 곳에서는 〈운문선사의 그 가운데 한 보물(雲門中有一寶)〉로도 되어 있음.

설두스님께서 선택한 예순두 번째 얘기는 운문(雲門)선사의 법문이다. 운문 문언(雲門文偃, 864~949)선사는 설봉선사의 법제자이다.

가난한 집안 사정 때문에 어릴 때 공왕사(空王寺) 지징율

사(志澄律師)의 제자가 되어 율장에 대한 공부를 열심히 하였으나, 불법에 대한 목마름을 해결할 수 없자 황벽(黃檗)선사의 제자인 목주(睦州)선사를 찾아가 가르침을 청했다. 목주스님은 그를 보자마자 문을 닫아 버렸다. 문언스님이 열심히 문을 두드리자 목주스님이 물었다.

"넌 누구냐?" "문언입니다." "무얼 원하느냐?" "참 성품을 깨닫고자 가르침을 받으려 합니다."

목주스님이 문을 열고 힐끗 보고는 문을 닫아 버렸다. 문언스님이 이틀간 계속 청했으나 거절당하다가 사흘째 문을 열어 주자 곧바로 문 안으로 발을 들여 놓았다. 목주스님이 멱살을 잡고 "말해! 빨리 말해!" 라고 재촉하는데, 문언스님이 잠깐 머뭇거리는 사이 밀어내며 세차게 문을 닫았다. 그 바람에 미처 나오지 못한 문언스님의 한쪽 발목이 부러져 버렸다. 그 순간 시원한 경계를 맛보았다.

이윽고 목주스님의 소개로 설봉스님을 찾아가게 되었는데, 설봉스님이 주석하시는 산 아래에서 한 스님을 만나 부탁을 했다. "설봉스님이 법문을 하러 법당에 들어올 때 '불쌍한 늙은이여, 어찌 목에 걸린 칼을 벗지 않으시오!'라고 말해

보시오.” 그 스님이 시킨 대로 하자 설봉스님이 멱살을 잡고 다그쳤다. “말해! 빨리 말해!” 그 스님이 아무 말도 못하자, “누구의 말이냐?”고 다시 물었다. 전후 사정을 들은 설봉스님은 대중을 보내 문언스님을 데려와 제자로 삼았다.

운문스님이 설봉스님께 여쭈었다.

“무엇이 부처입니까?” “잠꼬대하지 마라!”

운문은 예배하고 물러나 줄곧 삼 년을 지냈는데, 그러던 어느 날 설봉스님이 불러 물었다.

“자네 요즘 생활이 어떤가?”

“예전의 모든 성현들과 더불어 하나도 다르지 않습니다.”

훗날 운문산에 30여 년 머물며 지도하였고, 그로 인해 운문선사라 한다. 운문 문언스님은 독설가처럼도 말씀하셨는데, 그 대표적인 것이 부처님 탄생게에 대한 법문이다.

운문선사가 법상에 올라 법문을 하시며 말씀하셨다.

“싯다르타가 태어나 사방 일곱 걸음을 걷고는 ‘이 우주 법계에 내가 오직 존귀하다’고 하였는데, 그때 내가 있었다면 몽둥이로 쳐 죽여 개에게나 던져 주어 세상을 시끄럽지 않게 했을 것이다.”

垂示

以無師智_로 發無作妙用_{하고} 以無緣慈
이 무 사 지　　발 무 작 묘 용　　　이 무 연 자

_로 作不請勝友_라 向一句下_{하야} 有殺有
　작 불 청 승 우　　향 일 구 하　　　유 살 유

活_{하고} 於一機中_에 有縱有擒_{이라} 且道_하
활　　어 일 기 중　　유 종 유 금　　　차 도

_라 什麼人_이 曾恁麼來_오 試擧看_{하라}
　십 마 인　　증 임 마 래　　시 거 간

무사지(無師智)　배워 익힌 지식이 아니라 자기 안에서 저절로 나오는 지혜.

무작묘용(無作妙用)　계산하여 억지로 맞추려는 노력이 아니라 자연스럽게 나오는 활동의 능력.

무연자(無緣慈)　인연이 없어도 이끌어주려는 자비심. 절대 평등의 사랑.

작불청승우(作不請勝友)　부탁을 받지 않아도 괴로움에 빠진 사람을 제도하여 훌륭한 벗이 되어주는 선지식의 행위.

수시

스승에게 배우지 않아도 나오는 지혜로[以無師智] 작위가 없는[無作] 미묘한 활동을[妙用] 펼치고[發], 절대 평등의 사랑으로[以無緣慈] 부탁을 받지 않고도[不請] 뛰어나 벗이[勝友] 된다[作].

한 구절[一句] 아래에서[向~下] 죽이기도[殺] 하고[有] 살리기도[活] 하며[有], 한 행위[一機] 가운데서[於~中] 놓아주기도[縱] 하고[有] 사로잡기도[擒] 한다[有].

자 말해보라[且道]. 어떤[什麼] 사람이[人] 일찍이[曾] 이렇게[恁麼] 했는가[來]. 다음의 본칙을 보자[試擧看].

배운 것들은 모두가 과거에 일어났던 것에 의한 경험상 생긴 정보이다. 그런데 삶은 늘 변화하고 새롭다. 사람들은 대개 같은 나날이 되풀이된다고 생각하지만, 어느 한순간인들 똑같은 일이 일어나는가? 다만 그렇게 생각할 뿐 잘 살펴보면 낱낱이 다르다. 그런데도 과거의 지식으로 해결하려고 하니 자꾸만 어긋난다.

참다운 지혜는 누구에게서 배워 얻는 것이 아니다. 본래 자기 안에서 즉각적으로 나오는 것이다. 정해진 틀이 없기 때문에 낱낱이 다른 일들에 대해 낱낱이 다른 대응을 하게 되는 것이다. 모르는 이들이 보면 경이롭지만 사실은 너무나 자연스러운 활동일 뿐이다. 뿐만 아니라 이미 집착과 차별로부터 자유롭기에 모든 이들을 평등하게 잘 인도하는 선지식이 되어주는 것이다.

지혜로운 이는 한 마디로 중생의 삿됨을 죽여 없애기도 하고, 웅크린 자를 활짝 살려놓기도 한다. 하나의 손길로 그물에 걸려 옴짝달싹 못 하는 이를 풀어주기도 하며, 날뛰는 망상을 순식간에 잡아들이기도 한다. 이런 사람을 불교에서는 자유로운 사람이라고 하는 것이다.

지혜와 자비가 완벽함을 표현하는
관세음보살님의 천 개의 눈과 천 개의 손

擧 雲門이 示衆云호대 乾坤之內 宇宙
거 운문 시중운 건곤지내 우주

之間에 中有一寶하니 秘在形山이라 拈
지간 중유일보 비재형산 염

燈籠向佛殿裏하며 將三門來等籠上이
등롱향불전리 장삼문래등롱상

니라

형산(形山) 육체. 몸.

등롱(燈籠) 등불을 넣어 걸어두거나 들고 다닐 수 있게 만든 기구. 대나 철사 등으로 등살을 만들고 종이기름이나 얇은 천으로 발라서 만듦. 처음엔 승방 안에서 쓰던 것을 뒤엔 법당에서 쓰게 되고, 또는 정원이나 길가에도 세워서 오가는 사람의 편리를 꾀함.

삼문(三門) 절 입구에 있는 세 개의 문으로 다음을 상징한다. (1) 열반(涅槃)으로 들어가는 세 가지 해탈문(解脫門). 곧 공문(空門), 무상문(無相門), 무작문(無作門) (2) 지혜(智慧), 자비(慈悲), 방편(方便).

이런 얘기가 있다[擧]. 운문선사께서[雲門] 대중에게[衆] 가르쳐[示] 이르셨다[云]. 하늘과 땅의 안[乾坤之內], 우주의 사이[宇宙之間] 그 가운데[中] 한 가지 보물이[一寶] 있으니[有], 우리의 몸에[形山] 숨겨져[秘] 있다[在]. 등롱을[燈籠] 들고[拈] 불전[佛殿] 안으로[裏] 들어가서[向], 세 가지 문을[三門] 가져다가[將] 등롱의[等籠] 위에[上] 놓아라[來].

 **松江**

운문선사께서 대중들의 시선을 시방세계로 옮겨 놓고, 그 우주 가운데 한 가지 보물이 있다고 말씀하셨다. 그리고는 비밀을 곧바로 실토하고 말았다. 그것은 다름 아닌 각자의 몸 안에 있다고 가리켜 보인 것이다. 그러고도 마음이 놓이질 않았는지 등을 들고 불전 안으로 들어가라고 하였다. 이 정도면 충분할 것이다. 그런데 또 한 마디 더 붙였다. 세 가지 문을 가져다가 그 등 위에 올려놓으라는 것이다. 운문선사는 이처럼 자비로우시다.

마음을 내어 수행하려고 하니, 참 배울 것도 많고 익힐 것도 많다. 이리저리 살피느라 청춘은 속절없이 지나가고 어느덧 시간이 별로 남지 않은 것 같다. 소승이 어떻고 대승이 어떻고 따지다 보니 어떤 것이 옳은지도 잘 모르겠다. 팔만대장경 살피느라 그저 눈만 침침해지고 말았다. 운문선사께서 그것을 보다 못해 한 마디 던지셨다. 찾는 보물이 각자의 안에 있건만 어디서 찾는단 말인가.

밤마다 켜는 등이건만 바깥을 비추고 다니느라 지친 이들에게 운문선사께서 또 한말씀을 하셨다. 등을 들고 불전 안으로 들어가라. 상상하지 말고 들어가 보면 안다. 그러나 본대로 믿어서는 안 된다. 그럼 어째야 할까? 모양을 넘어선 공(空)의 이치도 등에 올리고, 관념을 초월한 무상(無相)의 이치도 등에 올리고, 생멸변화를 초월한 무작(無作)의 이치도 등에 올려놓으라고 하셨다. 그럼 어떻게 될까? 그렇게 해 보면 저절로 알게 될 것이다.

깊은 불전(佛殿)에 들어가 불을 밝히면 무엇이 보이는가
제대로 보고 있는 것인가

看看하라
간 간

古岸何人把釣竿고
고 안 하 인 파 조 간

雲冉冉 水漫慢이여
운 염 염 수 만 만

明月蘆花君自看하라
명 월 로 화 군 자 간

고안(古岸) 오래된 언덕, 아주 오래전부터 있던 언덕. 깨달음의 세
계.

파조간(把釣竿) 낚싯대를 잡고 있다. 낚싯대를 드리우다. 무엇을 낚
으려 하고 있다.

살펴보고[看] 살펴보라[看]!

옛 언덕에[古岸] 어떤[何] 사람이[人] 낚싯대를 [釣竿] 드리웠나[把]?

구름은[雲] 뭉게뭉게[冉冉] 물은[水] 넘실넘실 [漫慢],

환한 달빛과[明月] 갈대꽃을[蘆花] 그대여[君] 스스로[自] 살펴보라[看].

 松江

살펴보고 살펴보라!

설두 노인네는 도대체 무엇을 살펴보라고 하는 것일까? 운문이 가리킨 곳인가? 아니면 낚싯대 드리운 사람인가? 아니면 다른 그 무엇인가? 아차하면 속는다. 놓치지 말아야 한다.

옛 언덕에 어떤 사람이 낚싯대를 드리웠나?

옛 언덕이니 새로 만들어진 것이 아님을 알 것이다. 언제부터 있던 언덕일까? 헤아릴 수 없을 것이다. 고기를 잡아 생계를 유지하는 이가 아닐진대 무엇 때문에 그는 낚싯대를 드리운 것인가? 그이는 누구란 말인가? 직접 해보지 않았으니 알 리가 없을 터이다. 그럼, 지금이라도 그이를 찾아가 만나 보면 되지 않겠는가.

구름은 뭉게뭉게 물은 넘실넘실,

이처럼 이미 다 드러나 있지만 보는 사람마다 다르게 보니 그것이 문제이다. 하긴 본다는 것 자체가 이미 어긋난 것이다. 어떻게 해야 할까? 너울너울 춤이라도 추면 가깝다고 할 수 있으려나?

환한 달빛과 갈대꽃을 그대여 스스로 살펴보라.

굳이 따져서 구별하려고 하지 말라. 바로 그것이 항상 병통이었다. 본래 하나도 없는 것이거늘, 벌써 셋으로 나누었단 말인가.

가로등 아래 떨어지는 눈송이들
가로등 빛인가 눈송이의 빛인가

松江

　설두스님께서 선택한 예순세 번째 얘기는 남전 보원(南泉 普願, 748~834)선사의 일화이다.

　남전 보원선사는 당대(唐代)의 고승으로 마조 도일(馬祖 道一)선사의 법제자이다. 하남성(河南省)의 신정(新鄭)에서 출생했다. 속성이 왕씨(王氏)로 10살 때 하남성 밀현(密縣) 대외산(大隈山)의 대혜 종고(大慧宗杲)화상에게 출가하여 삼장(三藏)을 익히고, 777년 비구계를 받은 뒤에도 경론(經

論)을 공부했으나 부족함을 느껴 마조선사를 찾아뵙고 지도를 받아 깨달음에 이르렀다. 795년에 안휘성(安徽省) 지양(池陽) 남전산(南泉山)에 들어가 나무하고 농사를 지으며 선풍을 떨치기 시작했으며, 30년간 한 번도 산을 나가지 않았으며, 말년에는 속성을 따서 스스로 왕노사(王老師)라고 칭했다. 제자로 조주 종심(趙州從諗)·장사 경잠(長沙景岑)·자호 이종(子湖利蹤) 등의 걸출한 이들이 많이 있고, 속가의 제자로는 육환 대부가 유명하다.

意路不到하니 正好提撕요 言詮不及이니
의 로 부 도　　　정 호 제 시　　　언 전 불 급

宜急著眼하라 若也電轉星飛인댄 便可
의 급 착 안　　　약 야 전 전 성 비　　　변 가

傾湫倒嶽이라 衆中에 莫有辨得底麽아
경 추 도 악　　　중 중　　　막 유 변 득 저 마

試擧看하라
시 거 간

제시(提撕) 이끌어 깨우침, 후학을 지도함.

언전(言詮) 말로써 설명함.

착안(著眼) 어떤 일의 근본을 깨달음.

생각의[意] 길이[路] 이르지[到] 못하나니[不] 후학 지도를[提撕] 똑바로 잘 해야 하며[正好], 말로 설명해서는[言詮] 미치지 못하니[不及] 마땅히[宜] 서둘러[急] 근본을 깨달아라[著眼].

 만약에[若也] 번개가[電] 치고[轉] 별똥이[星] 나르듯 한다면[飛], 문득[便] 못을[湫] 기울이고[傾] 높은 산을[嶽] 거꾸러뜨릴[倒] 수 있을 것이다[可].

대중[衆] 가운데에[中] 그럴 수 있는 이가[辨得底] 없는가[莫有~麼]? 다음 얘기를 살펴보자[試擧看].

松江

　생각으로 헤아려 도달할 수 있는 경지는 어디까지일까? 안타깝게도 겉으로만 맴돌 뿐이다. 하지만 다양한 겉모양으로 전문가 노릇을 할 수도 있고, 다른 사람을 얼마든지 속일 수도 있다. 만약 똑바로 지도를 하려고 생각한다면 인기 따위를 기대하지 않는 것이 좋을 것이다. 인기가 아니라 곁에 사람이 머물기를 크게 기대하지 않아야 할 것이다.

　말로 설명할 수 있는 세계는 어디까지일까? 멋진 설계도야 만들 수 있겠지만 초막 하나도 지을 수 없는 것이니 어쩌랴.

　선지식의 지도는 번개보다도 빠르고 별똥보다도 신속하다. 만일 누군가 진정한 선지식을 만난다면 자신이 깊은 못의 물보다도 풍부한 지식을 가졌어도 순식간에 쏟아버릴 것이고, 험준한 산 같은 전문적 이론으로 무장했을지라도 단숨에 거꾸러뜨릴 것이다.

　이러할 때 한눈에 알아볼 수 있는 이가 과연 있을까? 머리 끝까지 화를 내며 물러가거나, 아니면 애꿎은 눈만 멀뚱거릴 것이다.

이 노인네 직접 만나 눈 마주치기 전까지는
그저 인기 많은 스타로만 생각했었지

擧 南泉一日에 東西兩堂이 爭猫兒어늘
거 남전일일　　동서양당　　쟁묘아

南泉見하고 遂提起云 道得卽不斬하리라
남전견　　　수제기운　도득즉불참

衆無對라 泉斬猫兒爲兩段하다
중무대　　전참묘아위양단

남전일일(南泉一日) 선어록에서 자주 보이는 표현법으로 '남전의 어느 날'로 번역. '남전산에서의 어느 날' 또는 '남전선사회상에서의 어느 날'이라는 뜻.

동서양당(東西兩堂) 남향의 사찰에서 중심 법당 앞쪽의 동쪽과 서쪽에 있는 승당. 여기서는 '동서 양쪽 승당의 스님들'을 가리킴,

이런 얘기가 있다[擧]. 남전선사 회상에서의 어느 날[南泉一日] 동쪽과 서쪽[東西] 두 승당의 스님들이[兩堂] 고양이를 두고[猫兒] 다투었다[爭]. 남전선사께서[南泉] 그것을 보시고[見] 드디어[遂] 고양이를 집어 들고[提起] 말씀하셨다[云]. "한마디 할 수 있다면[道得即] 베지[斬] 않겠다[不]." 대중이[衆] 대꾸가[對] 없었다[無]. 남전선사께서[泉] 고양이를[猫兒] 베어[斬] 두 동강으로[兩段] 만들었다[爲].

 **松江**

　남전선사께서 지도하고 계시던 도량에서 어느 날 소란스러운 일이 생겼다. 동서 양쪽의 승당에서 공부하던 스님들이 고양이 한 마리를 두고 다투고 있었다. 설마 제멋대로 오고 가는 고양이를 두고 소유권을 주장하는 것은 아니었을 것이고, 혹시 불성의 존재 유무를 따지기라도 한 것이었을까? 어쨌거나 최고 어른이신 남전선사께서 보게 될 정도로 소란스러웠던 모양이다.

　세상사 소란스러움이야 늘 있는 일이지만, 선지식의 입장에서는 그 소란스러움마저도 그냥 스쳐 보내지를 않는다. 잠시 엉뚱한 일로 시끄럽긴 하지만, 그래도 수행하는 스님들 아닌가. 남전선사께서는 이것을 기회로 후학들에게 공부의 길을 열어보이시려 하셨다. 그래서 문제가 된 고양이를 잡고는 칼을 뽑아든 채로 질문하셨다.

　"자, 소란스럽게 굴지 말고 누구라도 제대로 된 말 한마디 해 봐라. 그러면 이 고양이를 베지 않고 살려 주겠다."

　그러나 어쩌랴. 고양이를 살릴 수 있는 안목을 지닌 이가 없었나 보았다. 하긴 그런 안목이 있었다면 어찌 온 도량을 시끄럽게 했겠는가. 묵묵히 기다리시던 남전선사께서는 그대로 칼을 휘둘러 고양이를 두 동강 내고 말았다. 여기에 무자비하다던가 하는 생각을 일으킨다면 그 즉시 남전선사의 칼에 목숨을 잃을 것이다. 자 어떻게 해야 고양이를 살릴 수 있었을까? 아직도 목이 붙어 있는지 살펴보라.

무수한 참배객들의 발길이 바로 옆을 지나가도 법당 바닥에서 꼼짝도 하
지 않고 부동(不動)의 경지를 보여준 고양이 선지식
2012년 11월 21일 미얀마 바간 틸로민로 사원에서

兩堂俱是杜禪和라
양 당 구 시 두 선 화

撥動煙塵不奈何로다
발 동 연 진 불 내 하

賴得南泉能擧令하야
뇌 득 남 전 능 거 령

一刀兩斷任偏頗로다
일 도 양 단 임 편 파

두선화(杜禪和) 두(杜)는 두찬(杜撰)을 가리키는 것으로 엉터리라는 뜻. 구양수(歐陽修)와 같은 시대의 사람인 두묵(杜默)은 남의 시(詩)를 읊는 데는 뛰어났으나 직접 지은 시(詩)는 엉터리였다는 데서 유래하는 말.

선화(禪和)는 선승(禪僧)의 다른 말.

연진(煙塵) 연기처럼 일어나는 자욱한 먼지

양쪽 승당[兩堂] 모두[俱] 이[是] 엉터리 선승들[杜禪和],

자욱한 먼지[煙塵] 일으켰지만[撥動] 어쩌지를[奈何] 못하네[不].

다행히도[賴] 남전이[南泉] 법령을[令] 거행할 수[能擧] 있어서[得],

멋대로[任] 치우친 주장들[偏頗] 단칼에[一刀] 두 동강 내었네[兩斷].

양쪽 승당 모두 이 엉터리 선승들,
자욱한 먼지 일으켰지만 어쩌지를 못하네.

말없이 오래 앉아 있는 것을 자랑하면 무얼 하랴. 겉모습이야 근사해 보이지만 쉴 줄도 모르고 가릴 줄도 모르는 것을. 부질없이 고요함을 지키려 공력을 낭비하다가, 고양이 한 마리 나타나면 시비 분별이 불길처럼 일어나 버린다. 아차차! 한 번 분별이 일어나니, 그간의 고요함이 소용이 없구나. 분별은 또 다른 분별을 일으키니, 온 천하가 분별의 먼지로 가득해져 버린다. 옳고 그름을 가리려다 오히려 옳고 그름에 빠져 버린다.

그나저나 고양이를 보기는 했는가?

다행히도 남전이 법령을 거행할 수 있어서,
멋대로 치우친 주장들 단칼에 두 동강 내었네.

평소에 제법 공부했다고 으스대던 선객들이 자욱한 먼지 속에 뒹구는 것을, 다행히 천하의 남전선사께서 보시게 되었구나. 이 판국에 어느 편을 거들며 또 어느 편을 나무라겠는가. 그렇게 되면 더욱 어려워지고 만다. 다행히 남전선사께서는 눈이 밝으신 분이셨다. 잽싸게 고양이를 쥐고 칼을 뽑아 드니, 백 가지 의견이 일시에 사라지는구나.

자, 이제 누군가 솜씨를 발휘해서 남전선사의 칼을 **빼앗고** 고양이를 풀어줘야 한다. 하지만 불행히도 그런 솜씨를 지닌 선객이 없구나. 부득이 남전선사의 칼이 빛을 뿌리니, 한 놈만 살아서 가고 나머지는 모두 목이 떨어지고 마는구나.

어느 부처가 가장 중요한 부처인가
라닥 알치 곰파의 불화

松江

  설두스님께서 선택한 예순네 번째 얘기는 남전 보원(南泉普願, 748~834)선사와 제자인 조주 종심(趙州從諗, 778~897)선사의 대화이다. 바로 앞 63칙에 이어지는 내용이다.

擧 南泉이 復擧前話하고 問趙州하니 州
거 남전　　부거전화　　문조주　　주

便脫草鞋하야 於頭上戴出이라 南泉云
변탈초혜　　어두상대출　　남전운

子若在런들 恰救得猫兒러니라
자약재　　흡구득묘아

자(子) 상대를 존중해서 호칭할 때 사용함. 자네, 그대 등의 뜻.

흡(恰) 꼭, 반드시.

이런 얘기가 있다[擧]. 남전선사께서[南泉] 앞의 얘기를[前話] 다시[復] 거론하여[擧] 조주스님에게[趙州] 물었더니[問], 조주스님이[州] 곧바로[便] 짚신을[草鞋] 벗어서[脫] 머리 위에[於頭上] 이고[戴] 나가버렸다[出].
남전스님께서[南泉] 말씀하셨다[云]. "자네가[子] 만약[若] 있었더라면[在] 틀림없이[恰] 고양이를[猫兒] 구할 수[救] 있었을 텐데[得]."

　그 스승에 그 제자라는 말이 이를 두고 하는 말이다. 낮에 고양이 소동이 벌어졌을 때는 출타하여 없었던 제자 조주스님이 돌아와 스승 남전선사께 인사를 여쭈자, 남전선사께서 "자네라면 뭐라고 했겠는가?" 하고 물으셨다. 그러자 조주스님은 아무 말도 하지 않고 짚신을 벗어서 머리에 이고 나가 버렸다.

　이 도리를 알겠다고 신을 벗어서 머리에 이는 어쭙잖은 짓거리 따위를 해서는 안 된다. 그랬다간 곧 머리가 진흙 밭에 처박힐 것이다.

　이런 조주스님의 행동을 본 남전선사가 한 마디 하셨다. "그때 자네가 있었더라면, 그 고양이는 틀림없이 살았을 터인데… 쯧쯧."

　남전선사께서는 슬퍼하셨을까, 아니면 기뻐하셨을까? 함부로 말을 뱉었다가는 남전선사의 칼이 혀를 자를 것이다.

산 사람이 죽은 이를 따르는가
아니면 죽은 이가 산 사람을 따르는가

公案圓來問趙州하니
공 안 원 래 문 조 주

長安城裏任閑遊로다
장 안 성 리 임 한 유

草鞋頭戴無人會하니
초 혜 두 대 무 인 회

歸到家山即便休로다
귀 도 가 산 즉 편 휴

공안원래(公案圓來) 남전스님이 다투던 스님들에게 내었던 문제를 그대로 설명함.

장안성(長安城) 당나라의 수도.

문제를[公案] 빠짐없이 설명하고[圓來] 조주에게[趙州] 물으니[問],
장안성[長安城] 안에서[裏] 마음대로[任] 한가로이[閑] 노니네[遊].
짚신[草鞋] 머리에[頭] 인 것을[戴] 아는[會] 사람[人] 없으니[無],
고향 산천으로[家山] 돌아가서[歸到] 곧[即] 편히[便] 쉬도다[休].

 松江

문제를 빠짐없이 설명하고 조주에게 물으니,
장안성 안에서 마음대로 한가로이 노니네.

아주 멋진 그림 하나가 펼쳐졌다. 그리고 그 그림의 가치를 제대로 아는 이를 만났다. 여기에는 다툼도 없고 승패도 없다. 죽는 놈도 없고 사는 놈도 없다. 그저 서울 한복판에서 어깨춤을 추며 멋지게 한바탕 놀면 될 뿐이다.

짚신 머리에 인 것을 아는 사람 없으니,
고향산천으로 돌아가서 곧 편히 쉬도다.

아무리 아름다운 그림이라도 알아보지 못하면 휴지나 다름이 없다. 어떤 이는 그림을 분석하느라 즐겁기는커녕 머리만 아프다고 아우성이다. 또 어떤 이는 그림의 재료가 어떻고 구도가 어떻고 야단이다.

그냥 있는 그대로 그림을 보라. 그리고 함께 기뻐하라. 만약 그럴 만한 이가 없다면 그림을 걷어 집에 돌아가 잠이나 자면 된다.

풍간선사와 한산 습득 및 산신(호랑이)이 모인 사성도(四聖圖)
한산 화엄 대선사 작품

벽암록 맛보기 중권
(30칙~64칙)

글, 사진	시우송강 時雨松江
표지 그림	방혜자
발행일	2025년 6월 25일
펴낸곳	도서출판 도반
펴낸이	김광호
편집	김광호, 이상미
대표전화	031-983-1285
이메일	dobanbooks@naver.com
홈페이지	http://dobanbooks.co.kr
주소	경기도 김포시 고촌읍 신곡리 1168번지